The Unique World

方
寸

方寸之间　别有天地

India

A History
in Objects

〔英〕T.理查德·布勒顿 著
T. Richard Blurton

杨怡爽 译

India

A History in Objects

大英博物馆

印度次大陆

简史

社会科学文献出版社
SOCIAL SCIENCES ACADEMIC PRESS (CHINA)

目录

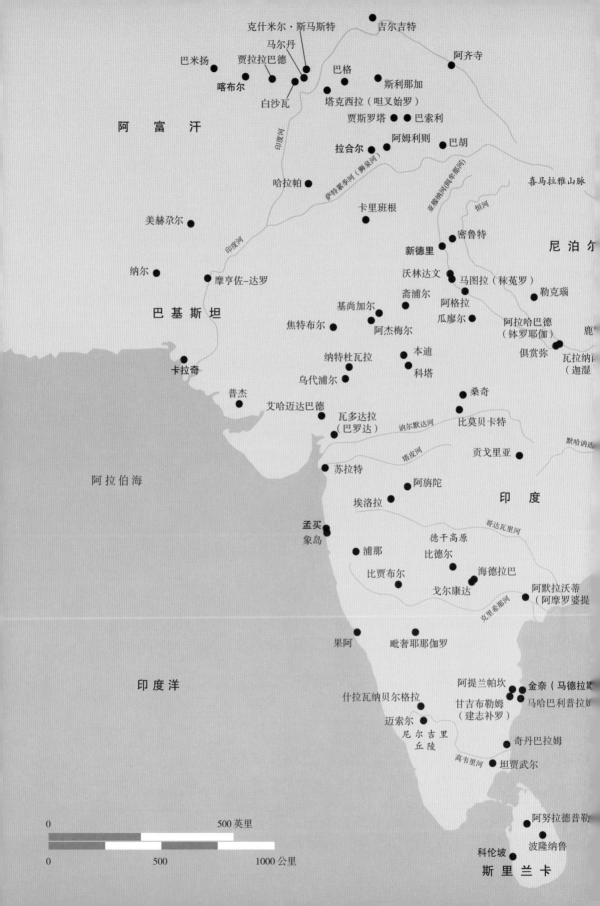

克什米尔·斯马斯特
马尔丹
贾拉拉巴德
巴米扬
喀布尔
白沙瓦
吉尔吉特
阿齐寺
巴格
斯利那加
塔克西拉（呾叉始罗）
贾斯罗塔　巴索利
阿姆利则　巴胡
拉合尔
哈拉帕
卡里班根
喜马拉雅山脉
密鲁特
新德里
尼泊尔
美赫尕尔
沃林达文
马图拉（秣菟罗）
勒克瑙
纳尔
摩亨佐-达罗
斋浦尔
阿格拉
阿拉哈巴德
（钵罗耶伽）
鹿
巴基斯坦
基尚加尔
焦特布尔
阿杰梅尔
瓜廖尔
俱赏弥
瓦拉纳西
（迦湿
卡拉奇
纳特杜瓦拉
本迪
乌代浦尔
科塔
普杰
桑奇
艾哈迈达巴德
瓦多达拉
（巴罗达）
比莫贝卡特
默哈讷迪
阿拉伯海
苏拉特
贡戈里亚
阿旃陀
印　度
埃洛拉
哥达瓦里河
孟买
象岛
德干高原
浦那
比德尔
比贾布尔
海德拉巴
阿默拉沃蒂
（阿摩罗婆提
戈尔康达
克里希那河
印度洋
果阿
毗奢耶那伽罗
阿提兰帕坎
金奈（马德拉斯
什拉瓦纳贝尔格拉
甘吉布勒姆
（建志补罗）
马哈巴利普拉姆
迈索尔
尼尔吉里
丘陵
奇丹巴拉姆
高韦里河
坦贾武尔
阿努拉德普勒
科伦坡
波隆纳鲁
斯里兰卡

阿富汗
印度河
萨特累季河（狮泉河）
亚穆纳河（阁车那河）
恒河
讷尔默达河
塔皮河

0　　　　　　500 英里
0　　　　500　　　　1000 公里

南亚及邻近地区

　　本书中，"印度"一词主要指历史意义上的印度，大多数情况下指的是南亚，而不是被称为印度的现代国家。因此，今天的巴基斯坦、印度、尼泊尔、孟加拉国和斯里兰卡等国的历史和文化都将涵盖在内。

　　近几十年来，现代南亚的一些地名发生了变化，而且变化还在继续。在提到历史上的地点时，本书将使用当时的名称，但在涉及现代的地点时，则使用现代名称，例如，孟买在过去被称为"Bombay"，而现在被称为"Mumbai"。

中　　国

西藏自治区

加德满都

不　丹

雅鲁藏布江

特那（华氏城）

那加兰邦

恒河

潘杜阿

孟加拉国

菩提伽耶

穆尔希达巴德

达卡

圣蒂尼克坦

加尔各答

普里

孟加拉湾

安达曼尼科巴
群岛

引 言

本书以南亚文化史为研究主题，该地区如今由以下国家组成：巴基斯坦、印度、尼泊尔、孟加拉国、斯里兰卡、不丹以及马尔代夫。* 在今日南亚，印度是世界上除中国之外人口最多的国家。然而，这一排名可能很快就会发生改变，印度将成为人口最多的国家。目前，印度的人口已接近 14 亿。** 这一巨大数字也昭示了这片次大陆的另一个特点 —— 宏大的文化范畴。本书将在其中挑选部分文化主题进行介绍和说明，因为范畴过于宏大，只能有所取舍。这些主题将被置于一个广泛的时间框架内，但有些主题跨越了时间的界限，例如象牙的使用、讲故事的悠久传统，或是《罗摩衍那》等史诗。书中所涉及的最早物品来自旧石器时代，可追溯至大约 150 万年前；最新的则是 2016 年制作的艺术品。

南亚在语言、文字、民族、宗教和建筑等方面的多样性十分引人瞩目。仅从第一个方面 —— 语言来看，就可见其丰富性。在南亚使用的数百种语言中，有 4 个完整的语系 —— 印欧语系、达罗毗荼语系、南岛语系和藏缅语族。如今，仅印度就有 20 多种官方语言和大量文字体系。所有这些共同造就了巨大的地区差异和各行其道的发展。许多南亚文字衍生自古代婆罗迷文，婆罗迷文本身则可能是在与波斯帝国使用的阿拉姆文字体系的接触中产生的，因为波斯帝国的一部分就在今天的巴基斯坦境内。后来的文字则反映了较近期的历史，如用于波斯语和乌尔都语的阿拉伯文字以及用于英语的罗马文字。

20 世纪，语言一直是有争议的领域，经常被用来定义国家（巴基斯坦使用乌尔都语；孟加拉国使用孟加拉语）以及现代印度的地域单元（安得拉邦使用泰卢固语；泰米尔纳德邦使用泰米尔语；喀拉拉邦使用马拉雅拉姆语）。对这个话题的讨论可能总是会与偏误相伴。然而，在大多数情况下，次大陆北部的语言，包括乌尔都语、旁遮普语、印地语、尼泊尔语、孟加拉语和其他语言，都属于印欧语系。但这并不意味着讲这些语言的人都是同源的；民族与语言并不是一回事。事实上，南亚民族繁多，一望而知；这种多样性反映了交往、旅行、贸易和兵戈相见的历史。鉴于这种情况，多语言共用现象如此普遍，既令人叹为观止，又势在必行。

* 关于阿富汗是否属南亚国家，说法不一。从地理角度讲，阿富汗应属于西亚国家。但它又是南亚区域合作联盟的成员国之一，其文化受到南亚文化影响，本书中也多处涉及阿富汗。—— 译者注（书中脚注除特别说明皆为译者注，后不再标示）

** 截至 2022 年底，印度人口已经超过 14 亿。

1. 毗奢耶那伽罗（今卡纳塔克邦汉皮）的异目者神庙

在德干地区南部，年代久远的岩石敞露在地面之上，而图中前景里裸露的石头表面和远处千岩万壑的巨石景观便是此地的典型特征。前景中古代印度建筑的柱梁技术在整个德干地区都随处可见，其表现形式为屋顶是平的，或由叠加的、越来越小的部分构成，就像图中后方神庙的两个塔门（gopura）。

地理

印度次大陆在地质上由两个基本要素构成，即南部地区和北部地区。南部地区在地图上呈倒三角形，西部与阿拉伯海相邻，东部与孟加拉湾相接，它主要由自西向东倾斜的德干高原中部和南端的现代泰米尔纳德邦平原构成。再往南则是斯里兰卡，虽然它今天是一座岛屿，但在地质上与泰米尔纳德邦相连。德干高原非常古老。在那里可以看到世界上最古老的裸露岩石表面，可以追溯到大陆漂移使该地区与北方的欧亚板块接触之前的时代。由于石头无处不在，石构建筑在这一地区很常见（1）。

在德干高原之外的北部地区以喜马拉雅山脉（2）为标志。此处山脉是在较近的地质年代因古老的德干高原与欧亚大陆板块碰撞形成的，这一过程今天还在继续。南部板块被压在北部板块之下，地面由此被向上推起形成山脉。从喜马拉雅山脉流淌而出的许多河流——其中最重要的河流包括印度河、亚穆纳河、恒河和雅鲁藏布江——千百年来在河谷中沉积了大量淤泥，从而确保了印度北部平原的肥沃，也由此使得此地在远古时代森林密布。然而，一旦森林被清除，这些地区的肥沃程度就取决于季风——即每年的降雨时节。北部的雨季从 6 月开始，东南部的雨季从 10 月开始。这些河谷冲积物丰富，但与之相应的是石头资源相对匮乏。这意味着该地

区大多是砖构建筑。在历史上，只有宫殿、堡垒和富人的祭拜场所是用石头建造的，这些石头通常来自很远的采石场（信德省西南部、古吉拉特邦和拉贾斯坦邦是例外，这些地区有建筑石料产出）。从山区向西北延伸的山谷为熙攘往来的商人以及进入南亚的军队提供了通道。

　　南亚的地理多样性产生了从山地松树林一直过渡到亚热带硬木林的各色俱全的植被。但这也意味着这片次大陆的大部分历史都是分散展开的，而非围绕单一中心。这里虽也曾有过强大的中央政权主宰一切的时候，但这在历史上十分鲜见。不同的周边地带经常以地理区域为基础，并往往与上述不同的语言区相合。

宗教

　　南亚一直是一个宗教繁多的地区。世界上有四大宗教 —— 佛教、印度教、耆那教和锡克教 —— 都起源于此。来自次大陆以外的其他宗教，如琐罗亚斯德教、伊斯兰教和基督教，也在此处获得重要地位。佛教、印度教和耆那教都留下了跨越两千年的建筑和雕塑实例；基督教的历史较短，但也有相关古迹遗存。锡克教和伊斯兰教较不注重造像，但它们也在礼拜场所 —— 谒师所和清真寺的建造上占据重要的一席之地。

2. 尼泊尔喜马拉雅山脉中的朗塘山谷

喜马拉雅山脉横亘中国、巴基斯坦、印度、尼泊尔和不丹北部，世界上最高的几座山峰皆位于其中，即位于尼泊尔和中国边境的珠穆朗玛峰、巴基斯坦的K2（世界第二高峰）以及印度与尼泊尔边境的干城章嘉峰（世界第三高峰）。对印度次大陆的大多数居民来说，遥远的山区似乎总是非常令人向往：它凉爽宜人，是精神苦修和成就的所在地，也是众神的家园。

将神祇想象为人类形态是印度文化的特点之一，这在佛教和印度教中尤为明显。而这一特点尤其体现在寺庙的外部通常以人形雕塑来装饰。在南亚文化中，人的形态也经常被用来作为某种观念的象征：语言被尊称为伐求女神，喜马拉雅山脉或恒河等地理特征被视为男性或女性，文献中所载的哲学概念也被拟人化，例如佛教神祇般若佛母，其名字的意思是"已臻完美的智慧"。

南亚的宗教都践行朝圣的理念：朝圣者的路线在这片土地上纵横交错，信徒们收集的神圣纪念品被从大陆一端带到另一端。与此紧密关联的是土地的神圣性质及其要素 —— 河流、山脉和神圣的岛屿。尽管这些特点在印度教和佛教的朝圣中得到了最鲜明的体现，但朝圣在南亚的所有宗教中均很常见（3）。

各种各样的不同材料被运用在雕塑的制作之中。石头和青铜乃是社会精英的常用材料，我们对南亚文化理解的主要源头 —— 寺庙使用的就是这样的材料。木材只在山区使用，如喜马拉雅山麓或孟买以南的高止山脉。然而，陶土曾经是并且现在仍然是最常见的雕塑材料。公元前 6000 年，泥塑就已经出现，且这个传统一直延续到当代乡村作坊和城市工作室的作品中，让我们想起大地母亲在南亚的神圣性（4）。

3. 圣人尼桑木丁·欧利亚的墓祠
尼桑木丁·欧利亚（1238 – 1325）是苏菲派契斯提教团的最著名成员，他定居于德里，并最终埋葬于此。他的墓祠吸引了来自次大陆各地的朝圣者，特别是在他每年的"乌尔"（urs，死亡纪念日）之时。穆斯林和印度教徒都尊崇这位圣人，并进行"卡瓦里"（qawwali）表演，即在圣地进行充满深情的苏菲咏唱。在这个建筑群中还有其他人的陵墓，包括诗人阿米尔·胡斯劳（1253 – 1325）。

4. 蒂鲁吉拉帕利附近的维拉利马莱供奉给艾耶纳尔神的陶马

这是泰米尔纳德邦的特色，这些色彩鲜艳的陶马被献给守卫村子边界的神祇——艾耶纳尔。这位村神照看着村庄的安全，他接受信徒们献上的马匹，以便可以在入夜后施行警戒。马的各个部分——腿、躯干、头——都是在陶轮上单独制作的，然后用湿黏土连接在一起，再进行细节雕刻和整体上色。在整个印度的乡村露天神殿中，都可以看到向当地神祇送上的陶马，有时还有陶制大象和老虎。

从公元前 1 千纪中期开始，王公贵族的住宅就不再在南亚景观中占据主要地位，成为主体的乃是神祇的居所——寺庙、清真寺、圣坛和陵墓。例如，我们对印度南部朱罗王朝的宫殿建筑几乎一无所知（它无疑是木结构的，没有保存下来），然而，同一时期的寺庙（如坦贾武尔的布里诃丁湿伐罗神庙）的宏丽之姿却得以留存下来。在南亚，建造神圣建筑是展示地位、财富和权力的标准方式。直到近代早期，从伊斯兰教传入次大陆开始，尤其是在莫卧儿及其继承者，以及后来的英治时期，世俗建筑才与之并驾齐驱。我们可以在此举出的例子包括莫卧儿皇帝沙贾汗建造的阿格拉堡垒、焦特布尔的梅兰加尔堡垒，或在英治下的新德里为英国副王建造的宅邸宫殿（现为印度总统府）。这里列举的世俗建筑在宏伟程度上可与七八百年前建造的布里诃丁湿伐罗神庙一较高下。

纺织品与色彩

色彩是南亚文化中最明显、最持久、最令人愉悦的元素之一（5）。印度的世界观从古至今都是以绚丽的色彩来构思的，无论是印度南部寺庙塔门上陈列的彩塑，还是集市上出售的大众版画。世世代代以来，艺术家和工匠都很娴熟地掌握了这些色彩组合的表现技艺。印度绘画清楚地表明了这一点，将不同的颜色与不同的心绪状态联系起来的理论确保了观赏绘画

5. 马拉巴的迷幻戏特雅姆

每年在喀拉拉邦北部的寺庙内，特雅姆（theyyam）的仪式表演者都会被神祇附身。在喀拉拉邦北部彻鲁库努地区的乌库马尔柴门蒂神庙，湿婆的一种形态古哩甘（Gulikan）戴着雕刻的彩绘木制面具，穿着用切开的椰子树嫩叶制成的服装，挥舞着一把三叉戟，身上涂满米糊。特雅姆女神查蒙迪的猩红色头饰背面构成了古哩甘的生动背景。南亚文化的古老元素是显而易见的，通过戏剧性的故事、强烈的色彩、戴面具的祭祀者和入神状态来展示神的世界，同时还有对神性理所当然会存在于人类世界的理解。

是一种令人兴奋的体验。对色彩力量的这种理解，加上早早就掌握了棉织品和丝织品技术（二者均出现在公元前 3 千纪），意味着印度的彩色纺织品令世界各地为之目眩至少已经有两千年的历史，无论是古罗马，中世纪的东南亚、中国和日本，还是最近几个世纪的欧洲和非洲，或者 21 世纪的米兰高级时装店。

结语

本书的目的是通过大英博物馆的藏品在艺术作品和历史变迁之间建立联系。250 多年来累积起来的这些藏品可谓洋洋大观，反映了印度次大陆的文化特征。本书中许多艺术作品的价值纯粹是建立在其审美意义上的。然而，在我们这个全球化的世界里，还有一个更深远的目的。很明显，若是我们对自身以外的文化一无所知，我们必因此而衰弱。南亚人占世界人口的五分之一 —— 包括居住在亚洲和如今分散在其他各大洲的人口，因此开展这项工作至关重要。本书就是为此而做的一个小小尝试。

大事年表

约 150 万年前	南亚最早的人造工具，发现于泰米尔纳德邦的阿提兰帕坎
公元前 45000－前 10000 年	南亚细石器文化
约公元前 7000 年	俾路支省最早城市
约公元前 2500－前 1800 年	印度河文明
约公元前 2450－前 2220 年	南亚棉织品和丝织品的最早证据
约公元前 2000－前 1000 年	印度中部的铜器窖藏文化
约公元前 1500 年	《吠陀》以口传形式编撰
公元前 2 千纪后期－约前 100 年	印度南部的铁器时代
约公元前 8 世纪	恒河流域城市化
约公元前 700 年	早期《奥义书》以口头方式编撰
公元前 5 世纪	佛陀时代
公元前 5 世纪	大雄时代
约公元前 400 年	第一枚铸币
约公元前 4 世纪或更早	语法学家帕你尼活跃时期
公元前 4 世纪初	斯里兰卡阿努拉德普勒的防御工事
公元前 269/8－前 232 年	阿育王统治时期；以婆罗迷文书写印度文字的首个实例也见于阿育王的石刻铭文

1

史前史及早期历史

150 万年前至公元前 3 世纪

1. 阿提兰帕坎的发掘沟
在泰米尔纳德邦北部的阿提兰帕坎进行的发掘展现了印度南部阿舍利文化的石器技术经历的漫长时期。从最早的土层发掘出来的工具现在已经被确定为来自150万年前。包括金奈夏尔马遗产教育中心进行的研究在内，此类新研究正在改写南亚早期人类的故事。

南亚早期文化史相当零散，但很明显，人类在很早之前便开始在南亚地区定居。在泰米尔纳德邦的阿提兰帕坎等遗址中，人们发现了用于狩猎和剥取野生动物皮以及挖掘树根的石制工具（1）。最早的工具可追溯至大约150万年前。通过这些工具，我们可以了解这些人类族群是如何与世界打交道的，甚至对他们而言什么是具有美感的。印度南部的旧石器时代文化持续时间很长，但到了公元前45000年，凿石技术已经发展到足以制造精密细石器的程度。此时，洞穴也开始被用来作为栖身之所。这是该地区漫长的穴居传统的开始，这项传统后来在佛教和耆那教建筑以及《罗摩衍那》等史诗中依然有所体现。最早的一些绘画作品也来自这样的洞穴（2）。

这些广泛传播的文化后来让位于新石器时代文化，有证据表明，从公元前7千纪开始，就有了陶器的制造，以及小麦、绵羊和山羊的驯化，但这些都离印度南部很远。在俾路支省美赫尔尔的发掘工作彻底改变了人们对南亚早期的认识。20世纪，印度河文明的发现同样具有启示意义；在今天的巴基斯坦、印度和阿富汗等国发现了可追溯到约公元前2500－前1800年的遗址。如摩亨佐－达罗（3）、哈拉帕（巴基斯坦）、卡里班根和多拉维拉（印度）这样的城市中心展现了这些定居点的先进性。

印度河文明衰落的原因尚不清楚，从考古资料中没有发现单一灾难性事件的迹象。口口相传的文献《吠陀》（可能出现于约公元前 1500 年，但几个世纪后才写成文字）让我们对讲早期梵语（属印欧语系）的人们有所了解。《吠陀》是南亚现存最早的文献，分为四部分。第一部分《梨俱吠陀》，记载了五河流域——旁遮普地区的生活，而后面的部分则记述了印度河－恒河分界线以外的地域，这意味着这些人是由西向东迁徙的。今天大多数学者认为，讲印欧语的人来到这里，与印度河流域的本地人通婚。《吠陀》并未讲述城镇定居的过程，而是描绘了一个以牧牛为生的游牧民族，大部分内容是关于祭祀和正确执行祭祀的方式，以及如何向神祇祈求保护等，但它们并非历史。

尚未有考古遗迹或人工制品被认定与这些部族相关。然而，后来到了公元前 8 世纪，印度北部的河流沿岸再度出现城市化（4）。这些城邦也为哲思提供了空间，其中大部分哲思对《吠陀》中规定的程式化祭祀提出了质疑；同样被质疑的还有种姓等级制度，因为它规定婆罗门是社会中唯一可以触碰神性的阶层，比起战士（刹帝利）、商人（吠舍）和农业工人（首陀罗）都要高一等。其他群体的成员，特别是印度的森林人口（可能是次大陆最

4. 俱赏弥的河边城墙
俱赏弥位于亚穆纳河畔,就在现代阿拉哈巴德的上游地区。俱赏弥面积广大的废墟提供了恒河流域充满活力的早期城市文化的线索:围墙、堡垒、护城河、蓄水池、水井和寺院设施仍然清晰可见。最早的建筑层可能建造于公元前 8 世纪,但主要城市活动可能是在 3 个世纪之后,当时大量人口被组织起来,建造了城墙这样的大规模公民工程(见第 38 页)。

古老的居民),被视为贱民。尽管有许多复杂的职业细分领域,但这是种姓制度的历史基础。从城镇里诞生的对旧日成法的质疑中,产生了像《奥义书》这样的重要文献,这些文献一直在印度教的框架内延续,满载着智识探询。在这个哲学思想风起潮涌的时代诞生了两位领袖,那就是大雄(耆那教的领袖)和佛陀(5),他们的遗产迄今依然鲜活。

很难想象在亚洲历史上有比佛陀(其字面意思是"觉者",佛陀出生时的名字是悉达多)诞生更重要的事件。但是,尽管佛陀具有如此重要的地位,我们对他生活的史实却知之甚少。今天,我们甚至不能确定他生活的年代,尽管他可能在公元前 5 世纪就去世了(早期学者认为是约公元前 480 年,但现在看来公元前 400 年前后更有可能)。佛陀主要在现今的比哈尔邦和北方邦东部进行传教。大雄很可能与佛陀时代相近,他构造起了今天被称为耆那教的宗教体系;佛教文献中也提到了他的存在。佛陀和大雄都属于那个质疑吠陀祭祀的辩争时代,这样的争论发生在新建立的城市中,那里财富丰盈,足够支持这种缺乏经济价值的活动。我们对这些城市的理解在很大程度上得益于记录大雄和佛陀教义的文献,尽管它们写就之时,前尘往事早已年湮世远。

5. 佛立像

这尊青铜像是现存最早的佛像之一，以失蜡法铸造而成。随着神学嬗变，人像化佛陀、个性化表现佛陀的做法得到鼓励，在次大陆西北部制造这种佛像因而成为可能。

铜
4-5世纪
高 41.6 厘米，宽 16.5 厘米
犍陀罗，或出自今巴基斯坦的马尼基阿拉窣堵坡
P.T. 布鲁克·塞维尔捐赠
馆藏编号 1958,0714.1

这一时期结束时，首次出现了一种今天仍可阅读的文字：梵文。这与孔雀王朝君主阿育王有关，他的理念类似佛教，甚至可能实际上就是佛教，他通过铭文在其王国里颁布法令，这些铭文大多铭刻在柱子或露天岩面上。他劝说他的臣民和平共处，谴责内斗分裂。这些禁令的效果如何尚不清楚，但自从婆罗迷文于1837年首次被破译后，阿育王便被视作一个理想的、"现代"的统治者而声名显赫。

1 | 1 最早的聚落

帕拉瓦拉姆遗址位于泰米尔纳德邦金奈南部。1863 年，地质学家布鲁斯·富特（1834 – 1912）在这里发现了旧石器时代的石制工具。富特是记录印度石器时代工具的先驱者，他的藏品今天主要保存在金奈政府博物馆，还有一小部分保存在大英博物馆（1、2）。

富特还曾造访金奈西北部的阿提兰帕坎遗址，在那里发现了证明人类在南亚最早居住时间的石器（见第 16 页）。在该处，现代发掘者利用古地磁测年法将该遗址的时间定在大约 150 万年前，相对来说，这与公认的人类离开非洲的时间比较接近。可惜的是，在这些遗址中没有发现骨骼化石，所以还无法精确识别工具的制造者（1）。

在旧石器时代晚期，被称为细石器的更小的石片被制造出来，它们由石英石、黑曜石或玛瑙削成，对晶体岩材料的使用展现出了极高的技巧（3）。如果把这种小刀片装在木柄上，就可以制造出具备切割刃的有用工具，在印度半岛和斯里兰卡都发现了这种工具。

在印度中部比莫贝卡特石窟中发现的壁画可能就是这一时期的作品（见第 17 页），不过这一洞穴被居住的时间可能还要更早。中石器时代的绘画大多是关于动物和狩猎的，并且是用矿物颜料来绘作的。在这里，我们看到了南亚第一批艺术家的作品。在之后的比莫贝卡特石窟，我们还可以了解到狩猎采集者群体如何与更遥远的城市社会共存。多个世纪以来，这些群体提供了一处文化蓄水池，直到今天，定居者群体都在从中汲取营养。

1. 两把石刀
这两把刀中较大的一把来自阿提兰帕坎遗址，最近的发掘工作将人类在次大陆出现的日期推到了大约 150 万年前。这种工具被用来清理野生动物的尸体和加工皮毛。

石英石
约公元前 100 万年
左：
长 16 厘米、宽 9.8 厘米
泰米尔纳德邦阿提兰帕坎
伦敦大学学院考古研究所捐赠
馆藏编号 1989,0104.1907
右：
长 12.1 厘米、宽 8.2 厘米
北方邦米尔扎布尔
J. 科克伯恩捐赠
馆藏编号 1894,1227.2

2. 手斧

像这样用石英岩砾石削制而成的斧头，提供了南亚早期居民的技术知识和审美意识的证据。这件物品由布鲁斯·富特发现，后来成为威廉·斯特奇博士在全世界范围内收集的大量石制工具藏品中的一件。

石英石
约公元前 100 万年
长 21.3 厘米，宽 10.6 厘米
安得拉邦卡达帕（以前的库达帕）
威廉·艾伦·斯特奇博士遗赠
馆藏编号 Sturge.973.a

3. 一组细石器

这些石刀的较小尺寸，以及作为它们原料的彩色石头，都展现了对有用且坚硬的材料的发现、开发和使用方面的长足进步。

除 (c) 外，其余皆来自印度中部的本德尔坎德，属中石器时代，A. C. 卡莱尔捐赠。
上排（从左到右）：
(a) 有背小刀，燧石，长 2.6 厘米，馆藏编号 CAR.14.6
(b) 梯形石片，白垩岩，长 2.3 厘米，馆藏编号 CAR.14.95
(c) 三角形石片，水晶，旧石器时代早期，长 1.43 厘米，斯里兰卡班达拉维拉，C. 哈特利捐赠，馆藏编号 1915,1106.24
下排（从左到右）：
(d) 月牙形叶片，白垩岩，长 1.7 厘米，馆藏编号 CAR.14.82
(e) 梯形刀片，火石，长 1.8 厘米，馆藏编号 CAR.14.108
(f) 三角形叶片，玉髓，长 1.9 厘米，馆藏编号 CAR.14.41

1 | 2 早期定居点：美赫尕尔和纳尔

南亚地区最早的城镇化证据来自印度河平原边缘地区的美赫尕尔。约公元前 7 千纪，这里发展出了一种被称为前陶器（aceramic）的城市文化，到公元前 6 千纪，陶器和第一尊女性陶像一起被生产出来，也许是生育崇拜的一种表现形式。而长途贸易的证据 —— 来自海边的贝壳和来自阿富汗东北部的青金石 —— 在早期就已存在。

在其他地区，位于伊朗和南亚文化区交界处的俾路支省也有新石器时代早期遗址的记录。约公元前 4000 – 前 3000 年，这里的农业继续发展，同时出现了越来越多的陶器文化聚落。许多陶器因其绘画装饰而闻名，其设计包括几何、花卉和动物等图案。这些陶器中最有吸引力的一组来自纳尔遗址，那里的一系列墓葬中发现了独特的陶器类型（1、2）。这些地区，以及后来信德省的阿姆里和果德迪吉等地，奠定了印度河文明的基础。

著名探险家奥里尔·斯坦因爵士（1862 – 1943）是这些边境地区的早期调查者。然而，更详细的工作是由比阿特丽斯·德·卡迪完成的。第二次世界大战期间，她被派驻印度，在俾路支省进行了开创性的发掘和调查工作（她曾是考古学家莫蒂默·惠勒爵士的学生）。和平时期，她继续进行考古工作，并在职业生涯后期，将工作重点向西转移，在那里她发现了海湾地区和印度河文明之间有过史前接触的证据。她在俾路支省调查时收集的当地陶器，为研究这些早期文明提供了重要资料（3）。

1. 彩陶碗

这只碗来自巴基斯坦拉斯贝拉地区的纳尔遗址墓葬。纳尔和相关遗址位于俾路支省南部，地处将马克兰沿海地带与内地连接起来的贸易线上。这只碗上的牛头被置于两组几何图案之间，是典型的纳尔风格。考虑到后来牛在印度次大陆视觉语言中的重要性，如印度河印章（见第 28 页）以及湿婆坐骑（见第 93 页），这类牛头图案在墓葬中的运用是耐人寻味的。

黏土，拉坯、彩绘和烧制
约公元前 3000 年
高 10 厘米
巴基斯坦俾路支省纳尔
A. E. 本恩中校捐赠
馆藏编号 1913,0308.3

2. 彩陶罐

此器皿有着惹眼的现代造型，突出的圆弧形边缘是纳尔陶器风格的另一个标志。红黄两种颜色的使用进一步凸显了这种视觉趣味。与图1中的陶碗一样，该陶罐也来自墓葬，其上绘有引人入胜的动物图案，以及几何"迷宫"图形。

黏土，拉坯、彩绘和烧制
约公元前 3000 年
高 9.5 厘米
巴基斯坦俾路支省纳尔
R. A. E. 本恩中校捐赠
馆藏编号 1913,0308.1

3. 比阿特丽斯·德·卡迪收藏的碎陶片

这些碎陶片来自比阿特丽斯·德·卡迪和她的巴基斯坦同事于 1948 年在俾路支省进行的考古发掘。即使在今日残缺不全的状态下，从其结构的多元、设计的多样上也可窥见古代美学的影子。

黏土，拉坯、彩绘和烧制
公元前 3500 – 前 2500 年
长 9.1 厘米（最大的碎片）
巴基斯坦俾路支省，部分来自格拉德地区的萨伊德毛里兹丹布遗址
馆藏编号 1986,1018.1208,1213,
1217,1224,1226,1245,1246,
1248,1249,1257

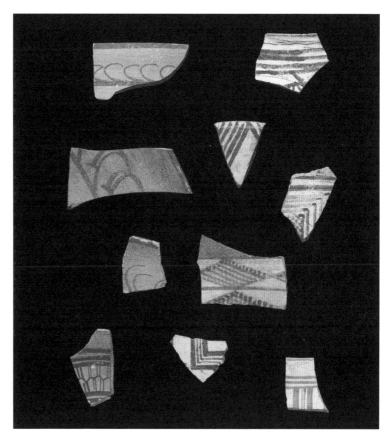

1 | 3 陶塑

　　虽然石头和青铜一直是南亚最著名和最高等级的雕塑材料，但几千年来，陶土才是使用最广泛的。在史前社会，陶塑被海量制造，其中一些还保存在考古资料中。最早的实例来自印度河流域的西部边缘，可以追溯到公元前7千纪（1）。

　　许多印度河文明遗址中都有动物形陶塑。这些微型雕塑中有些描绘的是如今已经不再栖息在次大陆的野生动物，如大象和犀牛。还有一些描绘的是牛，从而表明这种动物对于印度河流域居民来说象征着权力和地位（2）。然而，还有其他小型雕塑表现的是女性，据推测，它们实际上可能是神祇的形象（见第26页）。今天已经很难确定所有这些人类和动物造型的小作品是玩具，是献给神祇的供品，还是对神祇的描绘。其他史前和早期历史遗址也出土了大量的小型泥塑。

　　在历史上，大地的富饶与神力之间联系的一个突出例子是害羞高哩（Lajja Gauri）女神的形象。女神的这一形态被描绘成一个蹲着、即将分娩的女性，她的头部并非人首，而是一朵盛开的莲花。她的小型陶塑形象将大地和丰产女神有力地联系在一起（3）。时至今日，在农村地区，仍有动物形陶塑被供奉在森林神庙前（4）。

本页
1. 女性陶像
这类陶塑乃是一项传承的源头，即使是在21世纪，这项传承依然繁荣。陶制神像依然在制作，并在次大陆的诸多神庙中供奉。然而，目前并不清楚史前是否已存在宗教意图。

赤陶土
或为公元前6千纪
高7.1厘米，宽4.5厘米
巴基斯坦俾路支省
W. G. 兰伯特教授遗赠
馆藏编号 2013,6001.3537

对页左上
2. 陶牛
陶牛经常出现在印度河文明遗址中，就像印度河文明印章上的牛也很常见（见第29页）。在这些遗址中还有陶制的模型车，这表明牛在印度河文明经济中的用途。除了船之外，它们是货物运输的主要方式。

赤陶土
公元前2500－前2000年
高7.5厘米，宽5.8厘米
巴基斯坦旁遮普省哈拉帕
馆藏编号 1986,1018.2009

3. 害羞高哩女神像

丰产女神害羞高哩与大地之间的
联系在这件作品中得到了突显，
她的形象为双腿分开，好像在分
娩。害羞高哩女神崇拜在德干地
区有着悠久的历史。

赤陶土
2－3世纪
高5.5厘米，宽6.4厘米
马哈拉施特拉邦特尔
道格拉斯·巴雷特捐赠
馆藏编号 1958,1017.2

4. 陶虎

古吉拉特邦东部的比尔部落成员
会购买印度教陶工制作的动物陶
塑，供奉在森林神庙中。供奉的
动物陶塑包括马、大象和老虎，
用来供神祇骑乘；类似穹顶的住
所也有供奉。

赤陶土
商羯罗芭伊·曼迦芭伊·婆罗阇
婆提制造和烧制
1985年
高44厘米，长47厘米
古吉拉特邦潘奇帕哈尔的奇霍塔
乌代普尔
馆藏编号 1985,15.3

上

1. 摩亨佐－达罗的"大浴场"

这种砖砌结构的确切用途尚未有定论。早期研究者认为它与后来印度寺庙中常见的祭祀用蓄水池有关，不过如今，这种说法已经不太被接受。在其他地方发现的将污水排出房屋的排水沟便是很好的证明。

左

2. 女性陶像

在印度河文明遗址中发现的陶像的确切功能尚不清楚。考虑到这些陶像夸张的臀部和胸部，它们可能描绘了一位母神。这些陶像由手工制作而成，眼睛和乳房等特征都是用黏土块黏附而成的。

赤陶土
公元前 2500－前 2000 年
高 8.2 厘米
巴基斯坦信德省摩亨佐－达罗
与印度考古局局长交换而得
馆藏编号 1939,0619.205

3. 柱础

从考古资料中可以看出，印度河文明遗址的建筑几乎全是由砖块建成的。这个罕见的石构建筑构件的实例是一根柱子的一部分，这根柱子由一连串的圆形构件组成，并由置于中央的木立柱固定起来。

砂岩
公元前 2500－前 2000 年
直径 47 厘米，高 27 厘米
巴基斯坦信德省摩亨佐－达罗
与印度考古局局长交换而得
馆藏编号 1939,0619.383

印度河文明

尽管"印度河文明"现在已是一个不恰当的名称，因为在印度河流域之外也发现了许多该类型遗址，它们彼此之间有着广泛的联系。但是，我们对这一古老文明的定义主要来自位于印度河流域的两个城市定居点。哈拉帕位于印度河支流拉维河沿岸，而摩亨佐－达罗则更靠南，坐落于印度河的主河道沿岸。印度河与恒河流域以外的遗址，如卡里班根、古吉拉特邦的罗塔尔和多拉维拉，已经展示了印度河文明的广泛地理范围。

印度河文明，特别是摩亨佐－达罗，在印度考古调查局成员——最初是 R. D. 班纳吉，后来是约翰·马歇尔爵士——于 1920 年代中期对其进行发掘之前，一直不为人知。摩亨佐－达罗的公认时期是约公元前 2500－前 1900 年。其消亡的时间和原因仍然是一个有争议的问题。

令人震惊的是，摩亨佐－达罗的街道布局是按照网格模式规划的；类似的布局在其他印度河文明遗址中也可以看到。摩亨佐－达罗城市布局的另一个显著特点是排水沟和水井（1）。摩亨佐－达罗几乎没有宗教痕迹，除非我们把诸多陶像（2）看作祭品或是对神祇的描绘。只在卡里班根找到一些证据，一排内有灰烬的坑可以被解释为火祭祭坛。但没有证据表明宫殿或其他权力中心的存在，因此社会似乎是非常平等的。我们还发现了惊人程度的文化统一性，包括统一的称重标准（见第 17 页）。

在摩亨佐－达罗的考古发掘中找到了用陶轮制造陶器的证据，包括带有黑色图案的精美红陶。这些陶器上的图案中有被确认为菩提树叶的图案，预示了这种树后来在南亚文化中的重要性。

从摩亨佐－达罗和其他印度河文明遗址中，还发现了长管状的红玉髓珠，这些珠子带有钻孔，可以作为珠宝穿戴。考虑到制作这类物品所需的时间、烘烤玛瑙使其变红然后用弓形钻将其穿孔的技术，它们显然具有很高的地位。它们被出口到美索不达米亚（见第 32－33 页），而且在印度河文明遗址还发现了模仿这种红玉髓的陶器，这些都证实了它们的地位。发现的其他珠宝还包括切割的海螺壳手镯（见第 33 页）。在信德省罗赫里山发现的由带状白垩岩削成的精细刀片彰显了更多的技术专长。

在哈拉帕早期就发现有关于丝绸的证据。有记录显示使用两种野生蚕蛾的时间约为公元前 2450－前 2220 年。更多的证据来自旃符达罗，其时间与此相近。这是中国之外对丝绸的首次开发使用。这些养蚕的证据与马歇尔在摩亨佐－达罗发现的梭织并染色的棉织品共同指向了南亚从史前到现在最重要的文化活动之一：丝绸与棉花的梭织与装饰。

摩亨佐－达罗的农业包括驯化的动物（牛、绵羊和山羊）以及小麦，小麦也许曾被储存在被认定为粮仓的建筑中。马并未出现。从独特的印度河印章（见第 29 页）上描绘的一些动物（如大象和犀牛）可知，当时的河谷比今天更加草木繁茂。有人认为，为建造城市而烧制的大量砖块可能造成了森林的砍伐和随后的景观变化。这可能部分地解释了印度河流域定居点的最终衰落，当然毫无疑问，造成其衰亡的还有许多其他因素。

1 | 4 印度河文明的印章及其语言

许多印度河文明遗址中都发现有印章和印记，这些印章被认为是用来标记贸易货物的。虽然不是所有印度河文明的印章都属同一类型（少数印章是圆形或棱形），但大部分的设计都非常统一 —— 方形，由皂石制成；一面是用于悬挂的穿孔钮（1），另一面是雕刻出来的图案；图案通常是一只动物（经常是牛）站在食槽或标杆前；而印章上部是一排符号（2）。描绘人类的印章较为少见，这些印章是否带有宗教崇拜性质尚未可知，它们与后来的印度教神祇可能有关，也可能无关。

印章上的符号数量在 12 个以内，这使得破译非常困难（也没有已知的双语或三语的铭文可供参考），其对应的语言也是未知的，而且这还是基于这样的假设：这些符号是一种语言，而不是商人使用的货物标记。如果这些一排排的符号确实是文字，学者们认为其语言可能是达罗毗荼语，也就是历史上在印度南部发现的语族，然而这并不确定，还有人认为可能与南亚语系有关。在伊拉克南部的发掘层中也发现了印章和印记，这提供了一个独立的时间框架，也记录了两个地区之间的贸易（见第 32 – 33 页）。

在没有任何文献指导的情况下，对古代语言进行破译 —— 尤其是事涉后来的文献或信仰时 —— 仍然存在很大的问题。在讨论民族问题时也是如此。在这个古老时期，除了印章和相关物品之外，没有留下任何文献，所有破译印章铭文的尝试都失败了，尽管现在已经公布了一个包括 3500 个实例的、可以进行计算机分析的资料库。

本页
1. 印章（背面）
这枚印章背面的穿孔钮显示这个物件曾被穿在一根绳上，并且可能是被贴身保存的，从而表明了它们的重要性。

皂石
公元前 2500 – 前 2000 年
高 3 厘米，宽 3.1 厘米，厚 2 厘米
巴基斯坦信德省摩亨佐 – 达罗
印度考古局局长捐赠
馆藏编号 1947,0416.3

对页
2. 摩亨佐 – 达罗的三枚印章及其印记
这三枚印章（左）及其印记（右）是此类印章和印记中的典型代表。公牛或其他种类的牛经常出现（上和中）；动物站在"标杆"前（中），且上部通常有一排符号，应为未破译的印度河文明文字。底部的印章描绘的是一头犀牛，这生动地展现出了印度河地区的环境变化，如今这种动物只在尼泊尔特莱有分布。

皂石
公元前 2500 – 前 2000 年
高 3.7 厘米，宽 3.7 厘米（上）
高 3 厘米，宽 3.1 厘米（中）
高 3.3 厘米，宽 3.3 厘米（下）
巴基斯坦信德省摩亨佐 – 达罗
印度考古局局长捐赠
馆藏编号 1947,0416.1,3,4

1 | 5 骰子与机运的诱惑

在南亚，骰子的使用有着悠久的历史，在印度河文明遗址中发现了许多骰子遗存。这些约有 4000 年历史的骰子展现了印度历史上两种标准骰子类型：立方体骰子和棍形骰子。骰子由象牙或赤陶土制成，在摩亨佐－达罗发现的一枚棍形象牙骰子，每面数字由刻有圆圈的小点表示（2）。南亚的考古发掘中发现了大量这种骰子，它们是延续至今的骰子使用传统的开端（1）。

在印度传统中，有几个关于掷骰子的著名故事。伟大史诗《摩诃婆罗多》（见第 71 页）中的主角、般度兄弟中的长兄坚战在骰戏中输掉了兄弟们共同的妻子德罗帕蒂（黑公主）（3）。他对掷骰子的沉迷标志着浩繁故事的开端，故事最终以俱卢之野的大战结束。另一个著名故事是湿婆和他的配偶帕尔瓦蒂所玩的骰戏，这一令人印象深刻的情景在象岛的雕塑作品中有描绘。象岛是孟买港附近的一座小岛，岛上有一座献给湿婆的 6 世纪石窟寺。

其他起源于南亚的流行游戏还有十字戏（鲁多游戏的前身）、国际象棋，以及大众所熟知的蛇梯棋游戏（4）。

1. 三枚骰子
这三枚骰子由不同材料制成：独特的印度南部青铜骰子、喜马拉雅山脉地区的彩绘立方体木骰子（表面刻有藏文而非数字），以及彩绘棍形象牙骰子。

青铜、木头、象牙
或为 19 世纪
长 7.8 厘米（象牙骰子）
泰米尔纳德邦、喜马拉雅山脉地区、印度北部
木骰子由约翰内斯·尼古拉斯·施密特和玛瑞塔·米德捐赠
馆藏编号 2004,0605.1；1992,1214.8；2004,0524.1

2. 棍形象牙骰子
这枚已损坏的骰子来自摩亨佐－达罗，四面雕刻有数字 1-4（这里显示的是 1）。

象牙
公元前 2500－前 2000 年
长 4 厘米
巴基斯坦信德省摩亨佐－达罗
与印度考古局局长交换而得
馆藏编号 1939,0619.336

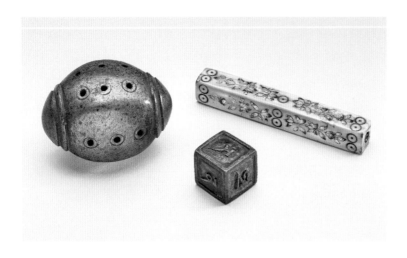

Printed at the Chore Bagan Art Studio. द्रौपदीर वस्त्रहरण। Troupadi. 24 Bhoobun Banerjee's Lane, Calcutta. 18

3. 免于被侮的德罗帕蒂

德罗帕蒂的祈祷得到了回应，那永远
拉不到头的纱丽使她免于被羞辱。* 前
景中的棋盘就是造成她悲惨处境的直
接原因。

纸本石版画
约 1895 年
纵 41 厘米，横 30.5 厘米
加尔各答乔尔巴甘艺术工作室
布鲁克·塞维尔永久基金
馆藏编号 2003,1022,0.18

4. 蛇梯棋游戏

玩家掷骰子，希望以此通过懿德善行在
梯子上爬升，并避开会导致灭亡的蛇，
最终到达天神的居所。

纸本绘画
19 世纪
纵 57 厘米，横 56.5 厘米
旁遮普山区
大英博物馆之友
馆藏编号 1999,0809,0.1

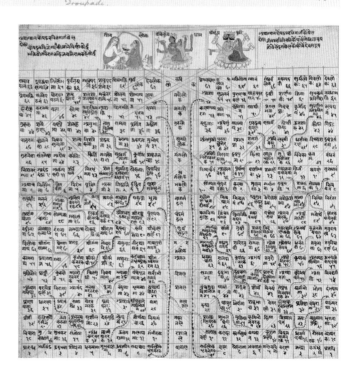

---

* 此处指在《摩诃婆罗多》中，坚战在赌博中将德罗帕蒂输掉了，与他为敌的表兄俱卢族次子难降试图剥掉德罗帕蒂的衣服，德罗帕蒂绝望
中向黑天祈祷，黑天回应了德罗帕蒂的祈祷，让其纱丽无穷无尽，免于遭受赤身露体的耻辱。

1 | 6 贸易网络

远至古代南亚以外的长距离贸易在印度河文明时期就已建立起来。

有证据表明阿富汗北部奥克苏斯河畔的肖土盖遗址是印度河文明类型的一个定居点。邻近青金石矿区也许能够解释它为何坐落于此，因为在印度河文明遗址中多有青金石珠出土，还发现有用彩陶制作的仿制品，这表明了对真品的重视。另外，历史上从靠近肖土盖遗址的科查河中还曾淘出金砂，这可能也是对这处印度河文明前哨站位置的一个有力解释。

同样令人印象深刻的还有古印度河和美索不达米亚之间贸易的证据。在乌尔（今伊拉克）皇家陵墓的随葬物品中，发现了管状红玉髓珠（1）。这种珠子是印度河流域的独特产品，是烘烤后钻孔的玛瑙，前面已经阐述过哈拉帕的这种制造业。在美索不达米亚文明早期，不仅发现了这些色彩斑斓的石珠，而且还发现了带有楔形文字铭文的遗存，记录了它如何被敬献给城市神庙，从而也表明了它的价值和意义（2）。楔形文字中提到的弥卢哈（Meluhha）如今被认为是指古印度河地区（3）。

印度河地区也有完善的贸易网络。大片地区存在着类似的物质文化遗产以及广泛的文化统一性（关于印章，见第28页），都证实了这一点。海螺壳手镯是许多印度河文明遗址的特征，它很能说明问题，因为海螺壳是海洋特产。因此，它们在遥远内陆地区的出现说明当时存在着长距离的贸易网络（4）。

1. 乌尔珠串
在伊拉克南部的乌尔皇家陵墓中，发现了来自印度河地区的红玉髓和来自阿富汗的青金石制成的瑰丽珠串，这为印度河和美索不达米亚之间的贸易提供了明确的证据；还不太清楚青金石是一同交易来的，还是从阿富汗北部单独交易而来的。这些墓葬有明确的年代，为这些石珠提供了有用的年代下限。

红玉髓、青金石、金箔
公元前 2500 – 前 2000 年
长 42.8 厘米（系绳），直径 2.8 厘米
伊拉克南部乌尔
馆藏编号 1928,1009.84

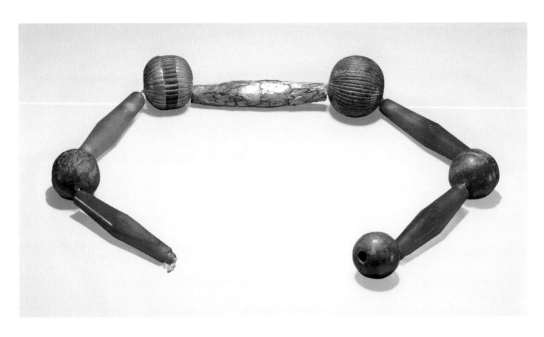

上

2. 带有楔形文字铭文的管状红玉髓珠

这颗管状红玉髓珠上的铭文记录了舒尔吉在宁伽尔女神神庙的献礼，舒尔吉自称是乌尔、苏美尔和阿卡德的国王。这种珠子显然受到高度重视。

红玉髓
约公元前 2000 年
长 7 厘米
印度河谷（珠子）
伊拉克南部乌尔（铭文）
部分由艺术基金资助
馆藏编号 1945,1013.37

左

3. 楔形文字泥板

印在这块泥板上的楔形文字以苏美尔语提到了一处靠近乌尔城的地方，那里住着"弥卢哈"人。现在认为这些人是来自印度河地区的商人。

黏土
乌尔第三王朝
约公元前 2200 – 前 2000 年
长 123 厘米，宽 75 厘米
伊拉克南部乌尔
馆藏编号 1894,1015.11

下

4. 海螺壳手镯

图中三种贝壳物件呈现了海螺壳手镯生产的各个阶段：左侧是剔除了外部之后的螺轴部分；中间是一节被切开的螺轴；右侧是进一步切割和打磨后完成的手镯（此处已经断裂）。在南亚，这种制作方法迄今仍在使用。

海螺壳
公元前 2500 – 前 2000 年
长 13 厘米（左）
巴基斯坦信德省摩亨佐 - 达罗
与印度考古局局长交换而得
馆藏编号 1939,0619.363

1 | 7 青铜时代的铜器窖藏

印度河文明之后，我们的关注点向东移至恒河与亚穆纳河之间的地区 —— 河间地（Doab），或向南移至印度中部地区。在这两个地区，都发现了大量的重型青铜刀、鱼叉和神秘的"拟人"（anthropomorphs，近似人形的青铜器）。在中央邦北部的贡戈里亚还发现了银板与青铜器一起存放的孤例。截至 2002 年，约有 197 处铜器窖藏被列入考古记录。

1870 年发现的贡戈里亚窖藏（1、2）储量丰厚，也许是这些窖藏中最引人瞩目的一处。此处窖藏最初发现了 424 件铜器（现在被分开收藏，其中 42 件收藏在大英博物馆，其他则收藏在那格浦尔博物馆），重量达到惊人的 376 千克。其中，同样引人瞩目的是银盘，有圆形，还有牛角向下翻转的牛头形（1）。这些窖藏的功能尚不清楚，所有这些物品肯定都有相当大的价值。然而，银的薄度和铜刀的钝度表明，这些物品并非用于日常使用。一种更有可能的解释是，这些都是用于祭祀的祭品，但这一说法也并不能全然确信。不幸的是，现在已知的许多窖藏中，很少源自有考古学背景的发掘。因此，这些物品的年代考证非常困难。有人提出窖藏的时间在公元前 2000 年至公元前 1000 年之间，然而，在拉贾斯坦邦犍尼室瓦尔遗址中，发现了一处非常大的窖藏，内有赭石色器皿，因此可确定该窖藏的时间范围为公元前 1750年至公元前 1250 年。

本页

1. 贡戈里亚窖藏中的银盘
这些贡戈里亚窖藏中的银盘有两种代表性类型：一种是中心凹陷的圆形（上、右），另一种是牛角向下翻转的牛头形（左）。它们的用途尚不清楚，但由于数量众多，而且很薄，因此最可能的答案是用于祭祀。

银
公元前 3 千纪末 – 前 2 千纪末
直径 12 – 14 厘米（圆形），
12 – 13 厘米（牛头形）
中央邦贾巴尔普尔南部贡戈里亚
馆藏编号 1894,0727.53（上圆形），1894,0727.55（牛头形），奥古斯都·沃拉斯顿·弗兰克斯捐赠；馆藏编号 1873,1103.32（下圆形），A. 布鲁姆菲尔德少校捐赠

对页

2. 贡戈里亚窖藏中的铜刀
这些铜制品是在窖藏中发现的一系列特征鲜明的锐器：斧头（第1、2 排）、带柄斧头（第 3、4 排）和棒状楔子（第 5 排）。所有这些器具都很沉重，难以使用，很有可能是用于祭祀和展示的。这些藏品如此丰富意味着当时的社会很容易获得铜矿石。

铜
公元前 3 千纪末 – 前 2 千纪末
长 56.2 厘米，宽 10.2 厘米（左起第四个棒状楔子）
中央邦贾尔普尔南部贡戈里亚
1873 年 A. 布鲁姆菲尔德少校捐赠
馆藏编号 1873,1103.1,2,3,5,6,8,10,12,13,15,17,26,27,28,29,30;1880.82, 83

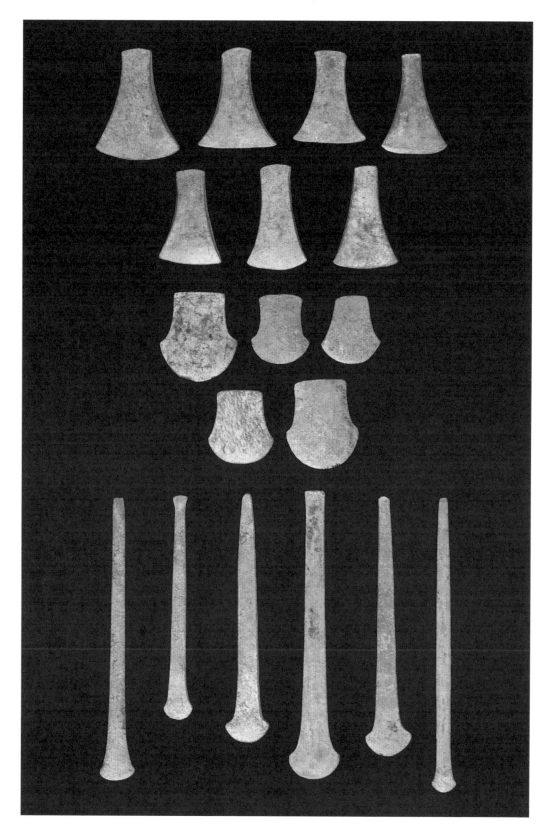

1 | 8 印度南部的铁器时代

印度南部（从北部的海德拉巴到南部的蒂鲁内尔韦利）最早的炼铁技术证据来自通常被称为"巨石文化"（megalithic）的墓葬。该术语涵盖的墓葬包括：埋在由石板衬砌的坑中，再用石板覆盖的墓葬；埋在石围圈里的墓葬；以及没有标记的坑葬。事实上，墓葬类型多得令人困惑，甚至还有部分立石排列类型的墓葬。然而，虽然墓葬类型多样，但其中埋藏的物质文化却具有惊人的统一性，包括铁制农具（如锄头）和带刃武器（1）。更南端的阿迪昌那鲁尔的墓葬中发现了大量铁器，部分物品非常复杂，该遗址因而声名远播。而且，很多墓葬中还发现了打磨光滑的黑红陶（2）。另外，在该文化晚期，泰米尔纳德邦西部的哥印拜陀地区还发现了所谓的赤褐涂层陶器。它们之所以具有巨大的美学魅力，是因为其对红色泥釉的运用——釉层经梳纹做成波浪形图案，并露出下面浅色的器身（3）。这些巨石坟墓可能始于公元前2千纪晚期，之后至少持续了1000年。

最近在特伦甘纳的卡里姆纳格尔地区展开的调查，使得德干地区漫长的炼铁历史清晰起来。值得注意的是，钢［后来被称为乌兹钢（wootz）］有可能就是在该地区首次生产出来的，关于如何生产钢的知识也许可以追溯到大约2000年前，远早于欧洲。

1. 铁钎与套筒锄头
这些工具（暗示着森林砍伐和种植业）是从印度南部巨石坟墓中发现的大量铁器的一部分。这些物品来自遥远的南方。

铁
或为公元前最后几个世纪
长19厘米，宽5.4厘米（铁钎）；
长25.1厘米，宽10.5厘米（锄头）
据信来自泰米尔纳德邦的阿迪昌那鲁尔
馆藏编号 1880.1250,1880.1229

2. 黑红陶带盖钵

图中所示的双色陶器在整个德干南部和泰米尔地区都有广泛分布，它们与铁的首次出现息息相关，也与巨石坟墓有关。在其文化后期，这种带盖器型在佛教被当作圣髑盒使用。

黏土
约公元前 1600－前 200 年
高 18 厘米（含盖）
或出自德干南部
伦敦大学学院考古研究所藏
馆藏编号 73/107

3. 赤褐涂层陶罐

图中陶罐侧放，以展现其装饰纹样。此类容器在德干南部和泰米尔纳德邦都有发现。它们与巨石坟墓有关，尽管它们的年代处于这一文化期的末期。

黏土，涂釉、梳纹并烧制
公元前最后几个世纪
直径 31.8 厘米
或出自泰米尔纳德邦印哥拜陀地区
馆藏编号 1880.1140

1 | 9 恒河流域城市：第二次城市化

在公元前 2 千纪的大部分时间里，如同印度河文明遗址那样的城市定居点并非印度景观的特征，也没有出现在《吠陀》这一最早的南亚文献中。它们在《摩诃婆罗多》或《罗摩衍那》中也不重要，这两部史诗分别叙述了般度兄弟和罗摩国王以及他从罗波那手中救出妻子悉多的冒险经历（见第 86－89 页）。

然而，到第一批佛教文献（公元前 5 世纪口头传播）出现时，城市再次变得令人瞩目，特别是在恒河流域。今天，我们在河岸发现了这一时期带城墙的城市定居点的遗迹。俱赏弥位于亚穆纳河畔，在早期的佛教文献中就有提及。这座城市建有典型的砖构防御墙，还有门、棱堡工事和护城河（1）；在该遗址还发现了许多精致的北方磨光黑陶残片（2）。其他城市还包括西北部的布色羯逻伐底（今白沙瓦附近的查萨达）和拉瓦尔品第附近的呾叉始罗（又称塔克西拉），它们都靠近印度河支流，与通往中亚的贸易路线相连。在恒河流域，除了俱赏弥之外的其他城市还包括秣菟罗（又称马图拉，见第 74 页）、阿希且多罗（见第 77 页）、瓦拉纳西和王舍城。其中许多地方发现了早期钱币，即所谓的戳印币（punch-marked coins，见第 40 页）。一些早期城市与佛传故事（如瓦拉纳西和王舍城）或佛教的早期历史（如呾叉始罗、俱赏弥和秣菟罗）有关。耆那教也是从早期城市社会中发展起来的。

陆上贸易成为这一时期越来越重要的特点，与此同时农业（水稻种植）和手工业（冶金）也在向专业化发展。从西北一直到恒河流域，都发现了被称为环石（ring-stones）（3）的圆形石雕制品。造型相似的陶像在这一地区也非常普遍，可能是用于祭祀的（4）。

1. 俱赏弥城墙
俱赏弥面积广阔的遗址带被巨大的防御墙所包围。它们由砖石建造而成，城市三面被壕沟围绕，第四面则由河水保护。在该遗址中还发现了北方磨光黑陶和戳印币。

正面裸体，且通常带有精致的嵌花头饰的女性陶像，在印度次大陆西北部的文化遗址中很常见。它们的确切功能尚不清楚，但据推测应是用于某种崇拜；棍状底座表明它们被插在地上或是神龛中。

赤陶土
公元前最后几个世纪至公元初几个世纪
高 15.9 厘米
巴基斯坦白沙瓦的斯比那那瓦莱
馆藏编号 1951,1210.29

上
2. 北方磨光黑陶

整个印度次大陆都出土有这种器皿，并且受到广泛仿制。这类器皿中最优秀的代表与恒河流域各城市手工业的高度专业化有关。北方磨光黑陶由精细黏土和添加了钾和铁的釉料制作而成。当材料经过高温烧制和抛光时，表面会产生明显的光泽。

黏土，涂釉、打磨再烧制
公元前 400 – 前 250 年
长 9.5 厘米（顶部）
北方邦俱赏弥
伦敦大学学院考古学研究所藏
馆藏编号 63/154

下
3. 环石残片

环石是技艺精湛的微型雕塑。图中这件环石虽只留有残部，但能让我们近距离地观察曾经密闭的环状结构的雕刻内表面。这些物品的功能仍然未知，但大多数都雕刻着女性形象和金银花的枝状花饰。

石头
公元前 3 世纪
宽 8.9 厘米，厚 1.9 厘米
巴基斯坦开伯尔 – 普赫图赫瓦省，或为德拉伊斯梅尔汗附近
安吉拉·基德纳和斯蒂芬·多贝尔为纪念 C. H. 多贝尔捐赠
馆藏编号 1995,0124.1

1 | 10 戳印币

戳印币大多发现于恒河 – 亚穆纳河之间的河间地以及北至呾叉始罗的旁遮普地区，但它们在整个南亚地区都有分布。虽然仍有不确定之处，但它们首次出现的时间可能在公元前 400 年前后，并在随后几个世纪的后孔雀王朝时代继续使用（尽管没有继续生产）。同样不确定的是，源于希腊钱币的波斯帝国的戳印币在多大程度上是印度钱币的原型？又或者，这些东方波斯帝国的钱币是否受到了印度的影响？波斯帝国从公元前 6 世纪末到帝国灭亡前一直统治着古代犍陀罗。这些独特的钱币与第二次城市化的城市如俱赏弥、瓦拉纳西和华氏城（今巴特那，见第 38 页）的崛起之间存在着时间上的联系。这些都与文献中描述的"大国"（mahajanapada，最重要的部落族群的领土）*有关。这些"大国"是恒河流域的城邦，其中一些城邦后来在孔雀王朝时期发展成为单一国家（见第 48 页）。

最早的戳印币似乎是那些"弯条"类型的钱币（1）；这些钱币的特点是戳印符号较少，末端上翘。后来，符号变得越来越多，包括山丘、圣树、车轮、万字符、大象、瘤牛、吉祥符，以及其他现在难以识别的符号（2）。其中一些符号——圣树、万字符和吉祥符——至今仍具有公认的意义。这些钱币上没有铭文，尽管某些设计很可能为特定城市所用。大多数钱币为长方形，似乎是由小银条或铜条切割而成。诸大国的继承者——孔雀王朝延续了戳印符号的使用和象征意义（3）。

1. 弯条钱币（侧面和正面）
图中所示钱币是早期戳印币的典范。它发现于阿富汗，这在一定程度上说明这种形式的钱币可能来自波斯。它采用了月牙形加印压两次中心线的设计，但其具体意义并不明确，尽管可能有宇宙学的含义。

银
公元前 4 世纪
高 2.6 厘米，宽 1.2 厘米
发现于阿富汗并可能在同一地区铸成
馆藏编号 1922,0424.3524

---

* 即印度列国时代的十六大国。

2. 圆形戳印币

与早期弯条形钱币相比，圆形戳印币带有更多设计。图中所示实例，有四个原始的戳印图样，还有部分后来增加的印记，可能是在流通过程中用来重新验证货币价值的。

银
前孔雀王朝时代
直径 3 厘米（最大）
瓦拉纳西地区
馆藏编号 1996,0610.22

3. 孔雀王朝时代的戳印币

华氏城（今巴特那）的孔雀王朝统治者铸造的钱币延续了列国时代的戳印形式。然而，这些钱币从斯里兰卡直到阿富汗分布得极为广泛，特别是在钱币发行之后的那段时间里。戳印的图案包括公牛、大象和太阳（本图可见），这些图案较难解释，但可能有宗教含义。

银
公元前 3 世纪
直径 2.2 厘米（最大）
或出自印度北部的恒河流域
威廉·西奥博德捐赠
馆藏编号 OR.7296

1. 摩耶夫人的梦

画面中，带着光环的大象即将进入沉睡的王后身体右侧。石板的曲度表明它来自一座窣堵坡。这也显示了故事情节是如何被用于宣教目的的。

片岩

2－3世纪

高19.3厘米，宽32.4厘米

巴基斯坦马尔丹区塔克特依巴依

馆藏编号1932,0709.1

2. 佛陀诞生

摩耶夫人紧握着树枝，孩子从她身体右侧分娩而出。孩子的形象虽未展现，但摩耶夫人右边的四个人物所带襁褓上的脚印表明了他的存在。

片岩

2－3世纪

高82.5厘米

安得拉邦阿默拉沃蒂

馆藏编号1880,0709.23

3. 逾城出家

这里从左到右的三个主要部分分别展示了悉达多王子离开寝宫、骑马离开王宫，以及在过苦行生活前坐在林中落发的情景。

片岩

3世纪

高37.5厘米，宽140厘米

安得拉邦阿默拉沃蒂

马德拉斯政府捐赠

馆藏编号1880,0709.112

佛传故事与佛本生故事

如今已不可能精确地勾勒出释迦牟尼佛的一生。早期信息依靠口口相传，很快便被添枝加叶。史实和传说最终一起被汇集到文献之中，如《大事》和《普曜经》。两者都是对早期资料的汇编，我们今天所知的《普曜经》版本可能编定于 3 世纪前后。从这些文献中我们可以了解到，如来佛以悉达多的身份降生于今印度和尼泊尔边境的迦毗罗卫城王室。他的降生得到了梦的昭示：一头白象进入了摩耶夫人的身体右侧（1）。他在蓝毗尼园的诞生可谓是个奇迹：孩子从摩耶夫人的身体右侧分娩而出（在南亚传统中，右侧是男性、吉祥的方位）（2）。他的早年生活十分奢华，但有一天，他被一个病人、一具尸体和一位流浪苦行者的景象所困扰，于是决心离开王室，包括他的妻子和儿子，去寻找一种更好的方式来理解人的存在。他在夜深人静时离开了王宫，来到森林，并在那里落发，这象征着从世俗生活到苦行生活的转变（3）。

在森林中，他遵循多位大师的教诲，实行严格的自我禁欲。最后，他意识到禁欲对他的探寻毫无益处，于是在菩提伽耶的一棵毕钵罗树下静坐冥想，此树后来因而得名菩提树。在这里，他受到魔王魔罗的袭击，魔罗先是诱惑他，复又攻击他。他无视这些干扰，并呼唤大地女神见证他通过前世积累的功德已不再受任何负面业力的影响——正是这种业力导致了不断的轮回转世（4）。后来，他成为觉者，这种状态将导致彻底的解脱或"涅槃"。佛陀从未给"涅槃"下过定义，其词义类似于火焰的熄灭。

佛陀离开菩提伽耶后（见第 126 页），来到鹿野苑第一次说法，即"初转法轮"（5）。他阐述了他所获得的可以使人摆脱无尽轮回的知识，这些教导即是四圣谛与八正道。四圣谛是指：生命是痛苦的（苦谛）；痛苦是由欲望造成的（集谛）；停止欲望就能自痛苦中解脱（灭谛）；停止欲望的正确方法（道谛）。佛陀在八正道中列出了正确方法。

余生中，佛陀在印度东部传教。菩提伽耶和鹿野苑成为朝圣中心，至今依然如此。在佛陀涅槃后，遗骨八分，于不同处安放，由此形成了第一批窣堵坡——佛教建筑的典型形式。

在佛陀入灭后，佛本生故事（佛陀前世故事）的观念便开始萌发。这些故事讲述了佛陀在最终成为释迦牟尼佛之前经历的各次转世。它们都承认佛陀所教导的观点，即一个人会根据其业力（也就是其行为的果实）转世，在存在之阶上向上或向下移动。我们都位于这段旅程的某处，直到耗尽前生的所有负面业果而泯灭最终转世的需要。由于佛陀实现了这一目标并进入涅槃，就必须假设佛陀之前经历了多次轮回，在每一次前世中都积累了必要的善业，使得在作为人类的最后一次生命中（之前他若干次转世为动物）达到解脱。佛本生故事取材于古老的民间文学，在现存早期的佛教雕塑中也有描绘（6）。这些故事中贯穿着多少有些严苛的道德观，它由铁面无私的因果律所决定，但从头至尾都在强调慈悲心。

下
5. 鹿野苑"初转法轮"
佛陀结说法印而坐，其座基上两只鹿置于车轮之侧，这是对鹿野苑和"初转法轮"的视觉简略表现。背面刻有一座窣堵坡和佛教教义。

片岩
7 世纪晚期
高 43 厘米，宽 19.5 厘米
比哈尔邦
馆藏编号 1854,0214.1

上
4. 魔罗的诱惑，佛陀召唤大地女神做见证
佛陀坐于菩提树下，邪恶的艳情女子和魔王正在诱惑他。然而，他触摸大地，让大地女神充当了他开悟的见证者。

砂岩
6－7 世纪
高 50.8 厘米
印度东部，或出自鹿野苑
馆藏编号 1880.11

6. 尸毗王本生故事

尸毗王乃是佛陀的前世，他用自
己的肉来换取一只鸽子的生命，
表现出了非凡的慈悲心。尸毗王
腿上割下的肉被拿上天平称量，
鸽子则躲藏在王座之下。戴着筒
状头饰、手持雷电武器的帝释天
监督着这场交易。

片岩
2－3 世纪
高 23.3 厘米，宽 32.4 厘米
犍陀罗
馆藏编号 1912,1221.1

1 | 11 大雄和早期耆那教

大雄（2），被耆那教认为是其24祖师中的最后一位。这些祖师被称为"底里坦迦罗"（tirthankara），字面意思是"渡津者"（3）。这一称号指的是他们的教义能使信徒渡过充满幻觉的世界，达到不会再进入轮回的境地。底里坦迦罗也被称为"耆那"，意即"胜者"，该信仰体系的名字由此而来。大雄之前的祖师被认为是巴湿伐那陀（4）。大雄和佛陀可能都生活于公元前5世纪。

耆那教哲学认为灵魂是存在的，但这个灵魂被对物质世界的日积月累的依恋所拖累。与佛教和印度教一样，对轮回的信仰、对脱离持续轮回的渴望也是耆那教的基本教义。耆那教认为，只有通过苦行，特别是通过弃绝和修炼之道，才能切断业力——由善行和恶行构成的与这个世界的联系。耆那教有男女僧尼，都可因其生活的极度简朴而被赋予崇高地位。耆那教撇去了世俗的安逸，鼓励游方，并严格遵循素食主义。对所有耆那教徒而言，不论他们是僧尼还是普通信众，饮食限制都是一项主要原则。另一项基本的相关原则是非暴力。由于需要避免哪怕是意外地夺取生命，因此普通信众无法成为农民，更不用说士兵。传统上，耆那教信徒一般是商人、银行家和专职业者。

与其他印度宗教一样，朝圣和偶像崇拜也是耆那教的一部分。巴湿伐那陀的比哈尔邦朝圣地以及耆那教圣人巴霍巴利的卡纳塔克邦什拉瓦纳贝尔格拉遗址（见第138－139页），对如今的耆那教朝圣者来说仍然很重要（1）。

本页
1. 神龛
这一石制神龛制式非常少见，为铰链式盒子，打开后可以看到巴霍巴利的立像。如今，这位圣人在迈索尔附近的什拉瓦纳贝尔格拉备受尊崇。盒盖顶部印有三位祖师像。

皂石
约16世纪
高4.8厘米，宽8.3厘米
奥古斯都·沃拉斯顿·弗兰克斯爵士捐赠
馆藏编号 1888,0515.5

对页左上
2. 祖师头像（可能是大雄）
马图拉位于德里以南，是早期耆那教的活动中心，该地区独特的斑驳红砂岩被广泛用于制作雕塑和建筑上的雕刻。佛教在马图拉也很活跃，而且很显然两种宗教描绘神祇的方法有着同一来源；在公元前几个世纪，造像成为这两个宗教体系的共有特征。

砂岩
约4世纪
高26厘米，宽21.5厘米
北方邦马图拉
印度事务大臣捐赠
馆藏编号 1901,1224.6

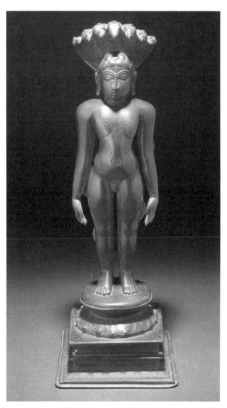

3. 祖师像

如今，这件刻有 24 祖师像的浮雕已残缺不全。然而，我们依然可以清楚地看到这些雕像最初是如何围绕中央的立像来排列的。底部两尊带冠人物则为守护者的自然精灵，即药叉男（左）和药叉女（右）。

皂石

曷萨拉时期，13 世纪

卡纳塔克邦南部

亨利·奥本海默通过艺术基金（时为 NACF）捐赠

馆藏编号 1914,0218.1

4. 巴湿伐那陀立像

巴湿伐那陀是第 23 祖师。他可供辨认的特征是其保持静止不动的冥想姿态时保护他的七头蛇。虽然关于早期祖师的历史资料很少，但巴湿伐那陀在文献资料中时有提及。

青铜

14 - 15 世纪

德干南部

高 35 厘米，宽 13 厘米

亨利·奥本海默通过艺术基金（时为 NACF）捐赠

馆藏编号 1914,0218.4

1 | 12 阿育王

印度最古老的、能被解读的书写文字是一系列刻在岩壁上和单独立柱上的铭文（2、3）。这些文字与孔雀王朝最伟大的统治者阿育王有关，他的治世时期为公元前 269/8－前 232 年，都城位于华氏城（今巴特那）。今印度的许多地方都发现了阿育王铭文（尽管最南没有越过卡纳塔克邦），尼泊尔、巴基斯坦和阿富汗也有发现。

铭文多以婆罗迷文书写，并使用了不同种类的俗语（Prakrit）；各色俗语是梵语的衍生语，在阿育王时代是印度北部的日常用语。有些非婆罗迷文铭文是佉卢文（驴唇文），这一时期在西北地区广泛使用，也是俗语的一种。呾叉始罗（今巴基斯坦）的一篇铭文使用了阿拉姆语的文字和语言，阿富汗的一些铭文也使用了此种文字和语言。在阿富汗南部的坎大哈，更是发现了一篇用希腊语和阿拉姆语书写的双语石刻铭文。之所以使用两种文字和语言，是由于它们在波斯帝国和印度希腊化王国被广泛使用。

阿育王铭文展现了孔雀王朝统治的地理范畴，尽管还不清楚其在恒河流域以外的实际控制程度。它们为臣民提供了道德准则，并具有惊人的现代色彩。阿育王要求他的臣民避免冲突，对他人的宗教观点持宽容态度，并避免夺取人和动物的生命。这些思想，以及他对僧伽（*sangha*）内部和谐的关注，将阿育王与佛教联系在一起。我们从铭文中了解到，这些非同寻常但强而有力的观点源自他对征服羯陵伽（今奥里萨邦）时造成成千上万人死亡所感到的悔恨。阿育王对这些观点的认同，对于佛教在印度境内以及之后在印度境外的发展轨迹产生了深远影响。

1. 现代纸币
独立后的印度刻意避免了印度教或伊斯兰教的意象，转而使用了阿育王的意象，它重温了整个次大陆大部分地区统一的时代以及合作与和平的理念。这个意象与"satyameva jayate"（真理必胜）的座右铭一直使用至今。

纸
1978 年
长 14.6 厘米，宽 7.4 厘米
印度储备银行发行
T. 理查德·布勒顿捐赠
馆藏编号 2006,0829.1

2. 阿默拉沃蒂石柱

图中这根石柱来自阿默拉沃蒂的佛教窣堵坡，此处显示了其八面中的一面。石面上雕刻了一根与阿育王石柱相似的柱子，其顶端雕有一只坐在精致柱头上的狮子。雕有一面所雕的柱子上是一个轮子，这也暗示了与阿育王相关的早期圆柱。

帕尔纳德片岩
公元前 1 世纪
高 255.5 厘米（整根柱子），
直径 38.8 厘米
安得拉邦阿默拉沃蒂
馆藏编号 1880,0709.109

3. 石柱诏书六残段

石柱诏书中的这一部分阐述了阿育王如何尊重所有宗教教派。它曾经位于密鲁特，后被移至德里。柱子在 18 世纪时遭到损坏，这部分残段被重新寻回，并被送到了 1879 年解散的印度博物馆。

砂岩，抛光
公元前 3 世纪中期
高 12.2 厘米，宽 32.6 厘米
原立于北方邦密鲁特
馆藏编号 1880.21

大事年表

2

早期帝国与宗教传播

公元前 3 世纪晚期至公元 8 世纪

1. 桑奇1号窣堵坡

1号窣堵坡或桑奇大塔虽然不是中央邦桑奇最古老的窣堵坡，但却最为华美，它有两层内环通道和拱门（Torana），分别位于东南西北四处。拱门上都有浮雕，表现的是佛本生故事和佛传故事场景。该建筑年代可以追溯至公元前1世纪，尽管其较早的结构已经被覆盖封闭在内。19世纪初，大塔遭到严重破坏，1880年代在亨利·科尔的领导下开始得到保护。20世纪初，整个遗址在约翰·马歇尔爵士的领导下才得到全面保护。

佛教和耆那教的传播是公元前最后几个世纪与公元初数个世纪的历史画卷的主题。我们今天所理解的印度教当时也存在，但在这一时期尚处于早期阶段，不太引人瞩目。从5世纪中叶开始，印度教寺庙建筑得以留存下来，同一时期的乌达亚吉里（印度中部）和7世纪的马哈巴利普拉姆（印度南部）也出现了有神像浮雕的石窟寺（见第120页）。

佛陀的教义从印度东北部开始迅速传播开来。位于印度中部桑奇的第一座窣堵坡可能建于公元前3世纪，尽管在后来的几个世纪里反复地被重建和重新装修（1）（见第56页）。巴尔胡特窣堵坡与更南的阿默拉沃蒂窣堵坡的最早部分也始建于这一时期早期。耆那教也在这一时期广泛传播，尽管它的传播范围总是比佛教要小。印度的内部贸易活动对这两种宗教的传播起了重要作用，这一点在佛教进入阿富汗、中亚和中国时体现得尤为明显。

后孔雀王朝时代的政治形势并不明朗，但巽伽王朝的国王们可能建造了巴尔胡特窣堵坡。巽伽王朝的国土范围主要在印度北部。此后不久，在公元前最后一个世纪，西高止山地区开凿了第一批佛教石窟（如巴贾石窟）（2），从这些石窟的设计中能明显看

2. 巴贾第12窟
这处位于马哈拉施特拉邦巴贾的公元前1世纪开凿的石窟寺，是从崖壁上挖凿出来的人造圣地，也是西高止山地区一系列佛教圣地中最早修建的。其模仿木结构的石头削切方式——例如其顶部的"肋骨"——表明了这类建筑的起源，尽管作为其范例的木构建筑没能得以存世。在第12窟柱状大厅的马蹄形顶部还有一座巨大的石构窣堵坡。

出木构建筑的原型。在之后的一段时间内，德干地区的百乘王朝统治者也在西高止山地区（如纳西克）持续开凿佛教石窟。随后，在更偏东南的地区，百乘王朝继续了萨陀诸王的工作，在阿默拉沃蒂建造了独立的窣堵坡。来自该地区和附近地区的商人似乎一直活跃在与斯里兰卡、东南亚以及西至地中海的贸易中。

亚历山大大帝征服波斯帝国之后，于公元前327－前326年征服了旁遮普省和信德省；然而，他的短暂来访在印度并没有引起注意。亚历山大的希腊继承人于公元前3世纪在巴克特里亚，以及之后在旁遮普地区所建立的印度希腊化王国更为重要。随后，希腊化王国被来自中亚的入侵者——贵霜人的统治所取代。从1世纪中期开始，他们的帝国从巴克特里亚延伸到秣菟罗（马图拉）。犍陀罗雕塑中出现对佛陀肉身的描绘，而非对其象征性的表现，这或许是由于与浸淫于现实主义的罗马世界的接触，但这一点并不能确定。不过，失蜡铸造法就有可能是在这段时期进入印度的（3）。

在印度南部，最早的文学记录是被称为桑迦姆（Sangam）的诗歌集合。它是用泰米尔语（一种非印欧语系的达罗毗荼语言）

3. 佛立像

这是键陀罗现存的少量早期青铜佛像之一，用失蜡法制作而成（见第112－113页）。这尊佛像恰逢笈多王朝影响越来越明显的时期。衣褶的描绘方式源自键陀罗风格，但某些部分透过衣服可见身体轮廓以及与之相关的其他特征（如围绕头部和全身的背光）都预示着之后的风格发展。

青铜
5世纪
高31厘米，宽10厘米
巴基斯坦白沙瓦附近的萨胡里－艾巴胡罗尔
布鲁克·塞维尔永久基金
馆藏编号 1981,0610.1

创作的，其中大部分诗歌是世俗主题。关于桑迦姆语料库的年代判定还有争议，但现在大多数权威人士认为其年代约为3世纪。佛教徒和耆那教徒在南方都很活跃，但这些诗歌大多讲述的是非婆罗门群体（国王、军阀、盗牛者）的故事，是日常生活资料的重要来源。不过，在诸多主题中，浪漫主题尤为突出：

> 我的心又一次痛了起来！
>
> 我一次又一次地拭去滚烫的泪水，
>
> 在我身边，我的爱人曾安心乐意，如今却心神不宁，
>
> 我的心好痛！

在公元1千纪中期，佛教的重要性开始下降。印度北部强大的笈多王朝的国王们是这一变化的推动者。虽然有影响力的佛像雕塑仍在制造，但对特征鲜明的印度教神祇的信仰变得越来越流行。例如，长着野猪头的毗湿奴化身筏罗诃（4），以及湿婆的林伽（阳具柱）形态。另外，这一时期，被称作《往世书》的

4. 筏罗诃，毗湿奴的野猪化身

公元 1 千纪中期，筏罗诃崇拜在印度中部流行起来，这与王室有关。这尊雕塑强调勇力特质，筏罗诃充满戏剧性地从海洋深处救出大地女神补（Bhu），补的娇小身体依偎在筏罗诃的臂弯内。

红砂岩
5 世纪
高 104 厘米
印度中部
布鲁克·塞维尔永久基金
馆藏编号 1969,0616.1

文献被编纂出来，编纂持续了多个世纪。这些文献列出了诸神在大千宇宙中的种种行迹及其繁多的形态。毗湿奴信仰中的化身（avatara，见第 98 – 101 页）观念也在这一时期得以发展。

笈多时期既有强大的统治力量，也有辉煌的文化，例如钱币（5）、阿旃陀石窟引人瞩目的现实主义绘画和梵文文学的发展。这是剧作家和诗人迦梨陀娑的时代（4 世纪末至 5 世纪初），他创作了戏剧《沙恭达罗》、诗歌《云使》以及其他多部作品。他被认为是所有古印度文学家中最重要的人物。

这一时期，南亚最重要的两部文献大致形成了其最终版本。史诗《罗摩衍那》和《摩诃婆罗多》与许多印度文献一样，最初是以口头方式传播的，有许多不同的版本。从那时起直到今日，这些文献一直在为艺术家、雕塑家、剧作家和诗人提供灵感。印度南部圣徒纳衍马尔和阿瓦尔（见第 124 页）大约从 7 世纪开始创作诗歌，我们从中看到了虔信（bhakti）运动的开端，这一运动后来在整个印度产生了巨大影响（见第 162 – 163 页）。

从公元 1 千纪初开始，纺织品的国际贸易愈发繁荣。尽管必须从次大陆以外的地方收集贸易证据，但这一社会和经济活动有着无与伦比的重要性。

5. 旃陀罗笈多二世金币

笈多王朝的钱币非常有名，尤其是金币。在这枚钱币正面，旃陀罗笈多二世骑在马背上，背面则是端坐的女神。正面的梵文铭文记录了国王对毗湿奴的虔诚，背面铭文则显示了国王的强大。

黄金
旃陀罗笈多二世时期（376 – 415 年在位）
直径 2 厘米
印度北部或中部
馆藏编号 1910,0403.26

2 | 1 桑奇

桑奇是坐落在丘陵顶部的一处遗址，位于今印度中部的中央邦。就了解早期佛教而言，它是留存至今的最重要遗址之一。有三座窣堵坡和各种后来的寺庙建筑得以留存。19世纪末20世纪初，整个遗址得到广泛发掘和修复。

桑奇的起源可以追溯到孔雀王朝时期。公元前3世纪，此处竖起了一根阿育王柱。这根柱子上刻有对僧伽分裂的警告，顶部曾有著名的背靠背狮子柱首，后来该柱首成为独立印度的国徽（关于阿育王，见第48页）。这一石柱诏书表明了该遗址在早期的重要性，但桑奇在公元初几个世纪里也一直在发展，并且在公元1千纪后半期，也就是笈多时期之后，此地仍在接受委托制作精美雕塑。

1号窣堵坡也被称为桑奇大塔，时代可追溯到百乘王朝时期（前1－公元1世纪）。该窣堵坡有四座精心雕刻的塔门，矗立在东南西北四面，供人们进入塔身周围的通道。四座塔门都是由立柱和一系列的横梁构成的，其两端是卷曲的涡卷纹。在立柱与横梁之间的夹角处以药叉女雕像作为斜撑（见第47页）（1、2）。当慈惠的药叉女踢到树干时，树木就会盛放鲜花（3）。

遗址的早期照片可以令我们一窥窣堵坡及其雕塑在全面修复之前的状况（4）。

Eastern Gateway. Great Tope.

1. 仍有药叉女斜撑的塔门
这张照片来自一个相册，内有45张桑奇和周围环境的照片，可能是在亨利·科尔领导的印度考古调查局（ASI）于1881年开始的修复项目进行过程中拍摄的。部分坍塌的塔门在这一时期被重新竖立起来。

蛋白照片
1880年代初或更早
高24.3厘米、宽17.2厘米
（照片）
馆藏编号 1994,0520,0.2

对页左上
2. 药叉女斜撑（正）
倚靠在树上的女性自然精灵或药叉既是塔门结构的支撑，又是吉祥的象征。她被描绘得美丽、丰满，能激发所有积极的事物。这种形象被称为"弯折娑罗树的女子"（shalabhanjika）。

对页右上
3. 药叉女斜撑（背）
斜撑背面存留的精美细节显示了药叉女所戴的精致头饰。人们认为，当她踢到树干时，树就会开花结果。这里仍然可以看到的细节表明，这尊雕塑在被发现时可能背面被掩埋，而正面则暴露在外，受到了更多的磨损。

砂岩
公元前1世纪
高65厘米、宽47厘米、厚18厘米
中央邦莱森地区桑奇
塔克夫人捐赠
馆藏编号 1842,1210.1

Group of fragments &c.

4.1号窣堵坡中的雕塑
图中为1880年代对该遗址进行调查时收集的一组雕塑，包括阿育王柱（公元前3世纪，横卧在图中前方）顶部的背靠背狮子雕塑和一尊被称为"桑奇躯干"（Sanchi Torso）的9世纪雕塑，该雕塑自1886年以来一直保存在伦敦的维多利亚和阿尔伯特博物馆。右后方一尊被损坏的狮子雕塑或出自背景中柱子的顶部。

蛋白照片
1880年代早期或更早
高18厘米，宽23.1厘米
馆藏编号 1994,0520,0.28

2 | 2 阿默拉沃蒂的早期窣堵坡

克里希纳河谷的阿默拉沃蒂周围发现的一块以婆罗迷文写成的铭文残段，使一些学者认为阿默拉沃蒂最早窣堵坡的建造时间为公元前 3 世纪。虽然这一点仍未得到证实，但从该遗址发现的少数幸存的早期雕塑显然与印度已知的最早石雕有联系，如中央邦桑奇石雕（见第 57 页）。但是，后来进行了大量的重建，导致第一座窣堵坡的大部分早期雕塑要么被丢弃，要么被用作扩建结构的包裹材料，当然偶尔也会被重新利用。

有一块早期浮雕石板在 3 世纪进行了重新雕刻，并描绘了那一时期的窣堵坡（见第 60 页图 2）。然而，在其背面仍然可以看到不同的东西（2）。信徒们带着早期印度雕塑那种"古老的微笑"，这表明其年代在公元前 2 世纪。此外，这是佛教艺术的早期阶段 —— 只是暗示佛陀的存在，而非将其实际展示出来。我们不清楚为什么禁止以肉身形式展示佛陀，但这是早期佛教的特点，可能反映了这样一种观念，即如果佛陀已经进入涅槃，他就不能被描述，因为涅槃是无法被描述的。但在 2 世纪和 3 世纪的阿默拉沃蒂，这种想法似乎已经让位于对佛陀的具象描绘。

其他早期残段还包括一块刻有带翅膀的公牛和带翅膀的狮子的顶石（两者都与美索不达米亚有渊源）（1）以及刻有未加修饰圆顶的窣堵坡的浮雕石板（3）（可与第 60 页图 2 比较）。

1. 围栏上的压顶石
这块来自阿默拉沃蒂的早期围栏残段展现了一头带翅膀的狮子，这种动物常与美索不达米亚的古老文明而非印度关联在一起。上方是精致的莲花涡卷纹，鸭子居于其中；这种浅浮雕显示出木制品的特征，这也许表明阿默拉沃蒂最早的围栏是木制的。

帕尔纳德片岩
公元前 1 世纪
高 58.8 厘米，长 98.1 厘米，厚 13 厘米
安得拉邦贡土尔区阿默拉沃蒂
馆藏编号 1880,0709.102

2. 来自阿默拉沃蒂早期窣堵坡的
浮雕石板

虔诚的信徒双手合十敬拜佛陀。
神圣存在以象征性的方式展现：
足底有独特轮子印记（chakra）
的佛陀足印（Buddhapada）；
佛陀曾打坐过的空宝座；曾在
佛陀头顶的伞盖；佛陀坐在其下
的菩提树；敬奉佛陀的天人。左
边是孔雀王朝风格的柱子的一部
分。这块石板的背面见第 60 页。

帕尔纳德片岩
公元前 2 世纪
高 124.4 厘米，宽 86.3 厘米，
厚 12.5 厘米
安得拉邦贡土尔区阿默拉沃蒂
馆藏编号 1880,0709.79

3. 刻有早期窣堵坡的石板

这个设计很好地体现了视觉上的
对比，与简单的覆钵装饰和不加
修饰的围栏形成对比的是，守卫
在窣堵坡围围通道入口处的令人
印象深刻的五头蛇，以及从顶部
建筑结构"诃密迦"（harmika）
中伸展而出的罩住整个塔身的
伞盖。

帕尔纳德片岩
公元前 1 世纪或前 2 世纪
高 145 厘米，宽 77.5 厘米，厚
10 厘米
安得拉邦贡土尔区阿默拉沃蒂
馆藏编号 1880,0709.39

1. 围栏柱（内面）
这个充满故事元素的场景为"逾城出家"。即将成佛的悉达多离开父亲的宫殿前往森林，天神矮人托起他的马蹄，以确保无人听到他离去；其他天人为王子寻求开悟的决定欢欣鼓舞。

帕尔纳德片岩
3 世纪
高 270 厘米，宽 83.3 厘米，厚29 厘米
安得拉邦贡土尔区阿默拉沃蒂
馆藏编号 1880,0709.7

2. 刻有窣堵坡的基坛石板
这幅浮雕"画像"让人们了解到窣堵坡在 3 世纪时的模样。其中央是一个由狮子形象守卫的大门，佛立像则俯瞰通道。上面是雕文刻镂的覆钵形结构，这些装饰很少有留存下来的。这块石板的背面见第 59 页图说。

帕尔纳德片岩
3 世纪
高 124.4 厘米，宽 86.3 厘米，厚 12.5 厘米
安得拉邦贡土尔区阿默拉沃蒂
馆藏编号 1880,0709.79

3. 更敦群培所绘的浮雕石板
藏有舍利子的窣堵坡由五头那迦守护（可与第 59 页图 3 比较）。

纸本，施石墨和颜料
约 1940 年
利众基金会拉孜图书馆藏

阿默拉沃蒂

阿默拉沃蒂窣堵坡位于克里希纳河畔三角洲的上游。此地和邻近城市驮那羯磔迦的始建时间未知，但可能早在公元前 3 世纪就已经存在（见第 58 页）。8 世纪，此地仍在受托制作雕塑，这表明其使用时间超过了 1000 年。斯里兰卡的一处碑文列出了 14 世纪时向阿默拉沃蒂赠送的礼物，但不清楚这是指窣堵坡还是附近的湿婆神庙。后来，中国的西藏人也对阿默拉沃蒂产生了共鸣，因为它被认为是佛陀宣讲《时轮经》的地方。这也解释了为什么 20 世纪中期安多学者更敦群培会来此绘制留存下来的雕塑（3）。阿默拉沃蒂也极大地影响了佛教在东南亚的传播，这个名字在东南亚仍然受到人们的崇敬。

阿默拉沃蒂的主要古迹是一座大窣堵坡。它曾多次扩建，并为适应教义的变化而进行了部分重建，但基本结构始终保持不变。中心是坚固的覆钵结构，里面存放着舍利子（这些舍利子已经佚失）。窣堵坡的覆钵设置在基坛之上，上面装饰有浮雕（2）。一条通道围绕着基坛，使信徒能以顺时针方向朝供奉的圣物致敬，且这种方式能让圣物永远位于吉祥的右侧。通道外侧有一道围栏，将世俗空间与神圣空间分隔开来。围栏内外都有装饰，其东南西北方位各有门户。

在其全盛时期，莲花与演奏乐器的舞蹈矮人构成了围栏外部的浮雕装饰。穿过一扇被狮子守护着的大门，朝圣者便进入了通道。图 1 为围栏柱内面。与外侧不同的是，内面装饰着非常生动的佛传故事（1）以及佛本生故事（见第 43 页）。这些浮雕的功用是将故事进行视觉呈现，因为古代的大多数人都不识字。引导朝圣者一定是阿默拉沃蒂僧侣的任务，虽然目前只能推测当地存在僧侣，因为尚未找到其寺院住所。

当朝圣者绕行窣堵坡时，右侧是覆钵下面的基坛。基坛主要用故事场景装饰，如佛陀的诞生，或是对窣堵坡本身的描述；后者是这座巨大建筑的"肖像"，为学者们构想这座建筑的外观发挥了作用（2）。在基坛上面矗立的覆钵顶部是一个方形结构，也就是"诃密迦"，其中立着旗杆和伞盖。这一上层结构几无残存。

在近代历史中，阿默拉沃蒂只出现在东印度公司科林·麦肯齐 1798 年的短暂访问记录里（他后来成为印度的总测绘师）。当时，阿默拉沃蒂大塔的废墟被当地一个地主用作建筑石材和生产石灰的来源。麦肯齐于 1816 年返回英国，他当时绘制的作品现存于大英图书馆。一些图显示塔丘的顶部建造了一个蓄水池，正因如此，这处古迹的上半部分几乎无存。后来的发掘又造成了大塔的进一步崩塌。

沃尔特·艾略特爵士是进行 1845 年的后期发掘的人之一，他是一位英国官员。大英博物馆的大部分阿默拉沃蒂收藏来自他发掘的雕塑。艾略特之后所发掘的更多雕塑则保存在金奈。

2 | 3 印度的希腊人和与西方的贸易

公元前 320 年代中期，亚历山大进军至印度西北部。不过，对印度影响更大的是，亚历山大死后于巴克特里亚建立的一个希腊化王国，后来旁遮普地区又建立起一个印度希腊化王国。这两个国家后来都被来自中亚的入侵者贵霜推翻（见第 65 页）。

这些王国在印度西北部的存在意味着希腊文化元素进入了南亚，包括使用国王形象和名字的钱币（2），失蜡法铸铜技术也有可能随之传入。后来在犍陀罗建筑中还出现了科林斯柱和其他希腊化特征。印度希腊化王国统治者对印度的宗教信仰持开放态度，我们知道有一位印度希腊化王国国王米南德与佛教往来密切，后来还有一位希腊人赫利奥多罗斯成了毗湿奴的信徒。

这种接触促进了通过贝雷尼克等红海港口与罗马帝国进行的海上贸易。水手掌握了季风，能够到达印度西海岸的布罗奇（Bharuch，希腊文献中的 Baygaza）等港口，再往南则是帕塔南（可能是后来的穆济里斯）以及东南海岸的其他港口，如阿里卡梅杜（1）和阿拉甘库兰。海湾地区、阿拉伯南部和非洲之角的中间商也是这种贸易网络的一部分。部分贸易也通过陆路进行（3）。

在港口发现的双系瓶等物品显示，与印度的贸易商品中包括葡萄酒。与今天一样，黄金在印度极受重视，作家普林尼的抱怨着重指出了这一点，他曾谈及罗马用来换取精美纺织品的黄金出口数量。在印度南部发现的罗马钱币窖藏也证实了这一事实。即便在罗马帝国偏远地区也能发现证据表明香料是印度主要的出口产品（4）。

本页
1. 意大利红釉印纹陶片
这些看似微不足道的碎陶片非常有趣，它们出土于印度南部沿海的阿里卡梅杜遗址，却制造于罗马时代的意大利。其他出土文物的底部有印章标记，标明它们制造于哪个工场。这些陶器出现在印度南部海岸，是公元初几个世纪印度与罗马之间贸易的标志。

意大利红釉印纹陶
1 世纪
长 9 厘米（最大残片）
印度南部本地治里（以前的朋迪榭里）阿里卡梅杜
莫蒂默·惠勒爵士遗赠
馆藏编号 1976,1103.4.g, h, i

对页左上
2. 安提阿基达斯（约前 115 – 前 95 年在位）银币
印度希腊化王国统治了阿富汗东部和旁遮普西部。他们制造了一系列引人瞩目的钱币，上面通常有希腊文和当地语言文字的铭文。这枚钱币是 1830 年代喀布尔地区的英国探险家和考古学家查尔斯·马森的收藏之一，上面刻有安提阿基达斯的肖像。

银
公元前 2 世纪
直径 1.6 厘米
铸于阿富汗
印度事务部捐赠
馆藏编号 IOC.57

右上

3. 浮雕饰物

从事罗马和印度之间贸易的商人
可以轻易携带小型但昂贵的奢侈
品，例如这件赫拉克勒斯浮雕饰
物。它发现于阿克拉土墩，此地
位于阿富汗的贸易路线进入印度
河盆地之处。

玛瑙
1-2世纪
高6厘米，宽4.7厘米
巴基斯坦开伯尔-普赫图赫瓦省
本努区阿克拉土墩
馆藏编号 1893,0502.1

右

4. 银质鎏金胡椒罐盖

不列颠尼亚行省留存下了很多使
用胡椒的证据，包括这件躺卧山
羊形的胡椒罐盖子。它是霍克森
窖藏中罗马晚期金银器的一部
分，发现于萨福克郡。

银、金
3世纪
高6.2厘米，长6.2厘米
来自萨福克郡的霍克森窖藏，由
艺术基金（时为NACF）、国家
遗产纪念基金和大英博物馆之友
（时为大英博物馆协会）捐赠
馆藏编号 1994,0408.35

1. 佛头
犍陀罗后期的雕塑通常由黏土而非石头制作而成。它覆盖着一层薄薄的灰泥，这层灰泥非常适合描画彩绘。这一传统在阿富汗的延续表明了印度文化影响力的扩张。

灰泥
4－5 世纪
高 17.5 厘米，宽 11.1 厘米
巴基斯坦犍陀罗地区
外科医生亨利·阿特金斯的受托人捐赠
馆藏编号 1962,0421.1

2. 塔克特依巴依寺院
神龛位于照片前景的寺院周围，寺院房间也可见于照片后侧。

3. 佛立像
佛像（无论是站或坐）的概念在犍陀罗深入人心。此处的佛陀呈人类形象，他的长袍如同罗马人的服装，有凸起的褶皱。他的灵性状态则由头光、肉髻或顶髻和眉毛之间的标记来体现。这些特征成为后世佛像标准。其右手可能呈施无畏印，即手举起，掌心向外，象征无所恐惧。

片岩
2－3 世纪
高 103 厘米，宽 32 厘米，厚 22.5 厘米
巴基斯坦
开伯尔－普赫图赫瓦省优素福扎伊的塔克特依巴依
馆藏编号 1899,0715.1

犍陀罗

在古代被称为犍陀罗的地区如今分属巴基斯坦和阿富汗，以白沙瓦、斯瓦特河谷和喀布尔河谷为中心；东部的塔克西拉（古称呾叉始罗）也被认为是该地区的一部分。公元初若干个世纪，犍陀罗受贵霜帝国统治，其统治者是来自中亚的游牧民族。他们从阿富汗进入次大陆，在佛教向西北部传播时与之相遇，此时的佛教离开了其诞生的恒河平原，进入了现在的巴基斯坦西北部和阿富汗东部。正如在南亚其他地方，佛教在这里的传播也与贸易有关，连接印度、西方世界和中国的古代贸易路线丝绸之路也成为佛教从印度进入中亚并最终进入中国和其他地区的路径。尽管关于这次传播的文字记载已不可得，但考古学证据却很明确。

佛教建筑在此蓬勃发展，大多由当地的片岩建造（2）。装饰点缀建筑的雕塑十分耐人寻味，因为其影响已远超该地区的地理范畴。在穿越阿富汗沿着丝绸之路进入中国大都市的贸易路线上，这种影响尤为明显。这种以佛教为主题的雕塑与众不同，在风格上更接近希腊化的西方，而不是印度世界。由此，2世纪至4世纪，一种雕塑风格得以确立，它来自印度，却几乎可被定性为罗马行省风格。这一风格中对罗马衣褶样式的运用、古典人物的新身份（例如，赫拉克勒斯成为佛陀的伴侣——金刚手力士）、以佛教人物重述古典叙事以及对希腊式建筑元素的频繁运用都指向罗马世界。似乎就是在犍陀罗，或是在秣菟罗（贵霜帝国平原地区的国都，即今马图拉），佛陀的形象首次以肉身形式出现。这一事件不仅在南亚，而且在中亚、中国、朝鲜半岛和日本都产生了深远影响。现存的雕塑和建筑证据反映了佛教教义的发展变化，这些变化被记录在几乎完全佚失的文献中。一个例外是现存于大英图书馆的一批手稿，它们可能最初来自阿富汗东部。这批手稿由桦树皮制作而成，年代为1世纪初、被贵霜帝国征服之前。如今，它们被认为是现存最早的佛教手稿。

这就是犍陀罗的文化背景，但这些重要变化所发生的宗教场所又是怎样的呢？这些宗教场所主要是寺院性质的，以窣堵坡和对窣堵坡的崇拜为中心。寺院里应当有僧侣的住处、窣堵坡所在的庭院，以及信徒可以绕行主殿的地方，还有可以容纳新的菩萨崇拜的副殿（见第68页）。虽然寺院的生活区似乎没有装饰，但窣堵坡及其通道和小神殿为石雕（3）以及后来的泥塑（1）提供了存身之地。舍利子经常被安置在窣堵坡内。来自犍陀罗的青铜制品中包括最早使用失蜡法制作的佛像（见第112页）。

后来，渴望访问佛国的中国朝圣者通过中亚和阿富汗进入南亚，其中声名最著的玄奘就曾描述7世纪犍陀罗的情况，当时那里的寺院已遭废弃，但关于佛教的历史仍然鲜活，让人们进一步了解了这个曾经充满活力的佛教中心。

2 | 4 舍利匣

窣堵坡中的舍利匣让该建筑变得神圣，使其成为敬奉的对象。大多数舍利匣中都有上师或著名僧人的舍利，后来里面也会放置文献和造像。最早的舍利匣来自桑奇地区（见第56页），包括一些用皂石或水晶等珍贵材料制成的实例（4）。有些刻有婆罗迷文的俗语铭文中提到了上师的名字。

后来，西北部的犍陀罗（见第65页）发现了大量的舍利匣。其中很多都装有钱币和珠子，并制成了小窣堵坡的模样，有些是用青铜或皂石（2）打造的，有些则是黄金材质（3）。随着佛教自次大陆向外传播，此类物品被自然而然地带到中亚，影响了那里的舍利匣制作方式。

犍陀罗最著名的舍利匣之一来自阿富汗东部贾拉拉巴德附近的毕马兰2号窣堵坡（1）。它由镶有石榴石和绿松石的金片制成，发现者为查尔斯·马森，他在1830年代考察了许多窣堵坡遗址，里面有小金器、绿松石镶嵌物、珠子和钱币。舍利匣被放置在一件皂石容器中，上面刻有佉卢文，这是古代犍陀罗使用的文字。黄金外壁上装饰着内有凸纹人物的拱门，每扇拱门内部都有一站立的男性形象，共八扇。其中两尊是佛立像，根据匣中钱币的年代（1-2世纪中期）可知，这乃是最早的以肉身而非象征形式展现的佛像之一。该舍利匣的年代约在1世纪至2世纪中期。其他人物可能是因陀罗、梵天和某位菩萨（第68页）；所有人物都出现了两次。底座为一朵莲花。

本页
1. 毕马兰舍利匣
中间的立佛是最早的佛像之一。这尊佛像带有头光，有髻，穿着希腊式的长袍，右手呈施无畏印。左侧人物被认为是梵天，因为他左手持水罐。戴着王室风格头巾的因陀罗站在右侧，呈向佛像行礼姿态。

黄金、石榴石和绿松石
1世纪
高6.7厘米，底部直径6.6厘米
阿富汗东部贾拉拉巴德毕马兰2号窣堵坡
馆藏编号 1900,0209.1

对页左上
2. 窣堵坡模样的皂石舍利匣
如图中所示，这件舍利匣里有一件小型水晶容器和若干枚钱币。这些钱币属于1世纪的两位统治者，因此可知舍利匣被密藏的时间是在这之后。

皂石、水晶和青铜
1世纪
高21.9厘米，直径11.8厘米
（舍利匣）
巴基斯坦旁遮普省马尼基亚拉的索那拉平德
亚历山大·坎宁安爵士捐赠
馆藏编号 1887，0717.34（舍利匣）1887,0717.35（水晶舍利匣）1887,0717.36,37,38和39（钱币）

3. 窣堵坡模样的黄金舍利匣
这件遗骨容器精细地展现了一座窣堵坡的所有结构要素：基坛、带有三层诃密迦的圆顶，以及三层伞盖。

黄金
1 世纪
高 5 厘米，直径 3.8 厘米
或出自阿富汗贾拉拉巴德和喀布尔之间的地区
布鲁克·塞维尔永久基金、大英博物馆之友购得，阿钦陀·森－

古普塔博士协助
馆藏编号 2004,0331.1

4. 三件舍利匣
这些器皿发现于桑奇附近的窣堵坡中，其精湛的制作技术表明其中的舍利子非常珍贵。其中两件还刻有铭文。

皂石
公元前 2 世纪
中央邦莱森区
亚历山大·坎宁安爵士捐赠

从左至右：
安迪尔 2 号窣堵坡
高 14.6 厘米，直径 15.5 厘米
馆藏编号 1887,0717.18
博贾普尔 9 号窣堵坡
高 14 厘米
馆藏编号 1887,0717.15.a
萨特达拉 8 号窣堵坡
高 14 厘米，直径 13.1 厘米
馆藏编号 1887,0717.9.a

2 | 5 菩萨

佛教的教义像大多数宗教一样，随着时间的推移而发生了变化，这也反映在佛教雕塑中。其中最重要的变化之一是菩萨的概念发展和其日益卓然的地位，"菩萨"（Bodhisattva）指具有佛陀潜质的人物。对菩萨的崇拜最早出现在公元初几个世纪，这可能是由于佛教开始从单纯的寺院体系转变为在俗家信徒中也举足轻重的宗教，而这些信徒希望与神祇有某种形式的接触。

简单来说，在菩萨这一概念背后是佛陀本人所提出的轮回教义的发展。由于所有人都具有开悟的潜质，因此，当一个人在存在的阶梯上慢慢爬升，经过许多次的轮回，最终便能够达到涅槃。有观点认为，那些即将达到这一境界的人善业满盈，身上几乎已经没有任何负面之物，但由于巨大的慈悲心，他们愿意放弃涅槃而去帮助受苦的人。这种人物即是菩萨。因此，他们可以成为祈祷的中介，虽然他们不及佛陀，但普通人在通往最终解脱的道路上可以接近他们而寻求帮助；他们仍然属于此世，而佛陀已经涅槃，因此是不可接近的。从这些理念中发展出来的佛教教义，被概括性地统称为大乘佛教。

最早的菩萨形象见于犍陀罗雕塑，在那里我们开始看到佛陀周围的群像。其中包括金刚手菩萨（"持霹雳者"）（1），还有后来成为观世音菩萨（3）的莲花手菩萨（"持莲花者"）（2）。从上述论点还可以推论出，有一位菩萨将来势必成佛，他就是弥勒菩萨（4）。

1. 诃利什旃陀罗国王

图为国王与他的家人在恒河中沐浴的场景。众友仙人（左）诱骗这位主角，提醒他尚有未偿还的债务，这将最终导致国王的妻子和儿子被卖掉。

派坦风格绘画
19世纪末20世纪初
安得拉邦或卡纳塔克邦
纵33厘米，横44.5厘米
安娜·达拉皮科拉教授捐赠
馆藏编号 2007,3014.36

2. 毗湿摩死于箭床

英雄毗湿摩与俱卢族一起对抗般度兄弟。受了致命伤后，他推迟了自己的死亡时间，直到黑天（图中蓝皮肤者）和般度族能够在场聆听完他最后的教诲。

拉姆达斯绘制
1598年
纵24.4厘米，横14.4厘米（整画）
印度北部莫卧儿帝国
馆藏编号 1930,0716,0.1

《摩诃婆罗多》

伟大史诗《摩诃婆罗多》约有 11 万颂，甚至比印度另一部伟大史诗《罗摩衍那》还要长（见第 87 页）。它的内容非常广泛，囊括了神话、浪漫剧、家谱、伦理、赌博的危险、众神的性质（也就是宇宙的性质）等各种主题。与《罗摩衍那》一样，《摩诃婆罗多》最初可能是一系列相互独立的、口口相传的故事，经过多个世纪之后汇总在了一起。成书年代可能始于公元前 4 世纪，编纂前后大约历时 1000 年方告完成。史诗中满是插话和阐释，其中一些本身就能构成完整的故事篇章。这些插话有的出现在多种地区性的变体中，南方版本中存在尤为明显的差异。《摩诃婆罗多》是以梵文诗句的形式流传下来的，共 18 篇。

与主要讲述正义战胜邪恶的罗摩故事（虽然结尾处有一些不确定因素，但作品的基本宗旨是积极的）不同，《摩诃婆罗多》更加黑暗，终局到来之时，几乎所有参战者都已经在战场上殒身。整部史诗再三强调人类境遇的绝望。在其最终版本中，有神论因素不多，而在《罗摩衍那》中则有很明显体现。《摩诃婆罗多》中很少有英雄（如果有的话）是某种信仰的信徒，这与《罗摩衍那》明显不同。

《摩诃婆罗多》的大部分内容都是基于般度五兄弟及其共同的妻子德罗帕蒂与他们的表兄弟俱卢族之间的交锋而展开的。般度兄弟中最年长的坚战无法抗拒掷骰子的诱惑（见第 30 页）而与俱卢族对赌，因此失去了所有财产，甚至最终失去了他的妻子德罗帕蒂（也是他所有兄弟的妻子）。聪明的德罗帕蒂向诸神求助，才使她免于被凌辱。之后，般度兄弟和德罗帕蒂被迫长期流放，并一直试图重新获得合法的王位。这导致了高潮迭起的大战，在此战中两边的许多英雄都失去了生命。

尽管《摩诃婆罗多》对生活的看法不那么乐观，但它确实包含了许多著名的以公正为主题的可独立成章的故事，例如诃利什旃陀罗国王的故事。他经受住诸神的考验，并取得了胜利（1）。毫无疑问，《摩诃婆罗多》中最著名的独立篇章是《薄伽梵歌》。它发生在俱卢之野战役即将开始的时候，也涉及道德问题。它讲述了英雄阿周那和他的战车御者（即乔装打扮的黑天）之间的交流。他们谈到了人类的责任，即正法（dharma）。例如，当阿周那得知即将要去杀戮的对手是他的亲戚时，什么才是正确的行为？黑天强调，每个人都需要践行奉献精神，遵循他自己的正法，也就是社会和他们的家族位置业已为他们奠定的根基。《薄伽梵歌》是对传统价值观的阐述，其影响一直延续至今天，例如，圣雄甘地就曾谈到它对他的重要性。

16 世纪莫卧儿皇帝阿克巴（1556－1605 年在位）将《摩诃婆罗多》进行删节并翻译成他的宫廷语言波斯语，译本名为《战争之书》（*Razmnama*）。这项工程是皇帝政策的一部分，目的是为他自己和他的宫廷提供一种更好的方式来了解占他治下人口多数的臣民的情况。《摩诃婆罗多》对他来说是一部最具典型性的文献。阿克巴皇帝还命人为原版译本绘制了精美的插图；在盛行次级帝国风格（sub-Imperial style）的莫卧儿帝国各封臣的权力中心，《战争之书》中的插图也成为其多项艺术成果之一（2）。

2 | 6 早期的纺织品出口

考古发掘记录显示，俾路支省美赫尔尕尔和后来的印度河文明城市中都曾出现棉织品。棉花的早期种植，以及如何对其进行染色和美化的知识，对于南亚文化的发展举足轻重。我们不知道染色和手工印花棉布何时首次从印度出口，但在红海港口城市米奥斯赫尔墨斯和贝雷尼克的罗马早期考古层的发掘中发现了用作帆布的普通棉布。这里极其干燥的条件使它们得以保存下来。在贝雷尼克的罗马晚期考古层中也发现了防染工艺染色棉布的残片，可能是这种技术的最古老的存留实例。后来在埃及的福斯塔特（开罗旧城）也有发现；其中最早的实例源于8世纪，且熟练地运用了手工印花和各种染色技术。努比亚也发现过此类物品（1）。这些纺织品可能是在印度西部的古吉拉特邦生产的。同时，在中国新疆的尼雅遗址，同样是在极端干燥的条件下，发现了可能来自地毯或披肩的羊毛纺织品残片（2）。这些残片和来自贝雷尼克的残片是我们今天所知的现存最古老的印度纺织品。

在欧洲人对次大陆的纺织品产生直接兴趣之前，我们就知道从中世纪开始印度向东南亚出口纺织品的情况。最著名的遗存来自印度尼西亚，那里有大量商品被交易并保存了下来。主要的生产中心之一还是古吉拉特邦。15世纪和16世纪，苏拉威西岛北部流行的一种纺织品类型是装饰有一排女性形象的棉布，上面每个人都在弹奏维纳琴（一种乐器），她们抬起的手指上站着一只鹦鹉（3）。

左下

1. 卡斯尔·伊布林的棉布残片
这块残片也许是窗帘的一部分，布料为棉质，用铁和一种不知名的红色染料染色。这块布料在中世纪时期被出口到埃及，而当时印度向埃及出口布匹的历史已经长达1000年。

棉布
13－14世纪
长65厘米，宽46厘米
纺织和染色于古吉拉特邦；发现于埃及下努比亚卡斯尔·伊布林遗址
埃及探险协会捐赠
馆藏编号 1990,0127.457

对页右下

2. 尼雅的纺织品残片

这块羊毛织物的残片可能来自披
肩或地毯，是现存最早的印度布
料的实例之一。它的织法和设计
提醒我们，在公元初几个世纪，
印度文化在中国塔克拉玛干沙漠
的南部绿洲定居点曾风靡一时。

羊毛
1－3世纪
长48.5厘米，宽34厘米
制作于印度北部；发现于中国西
部的新疆尼雅地区
馆藏编号 1907,1111.105

右

**3. 出口到印度尼西亚市场的纺
织品**

这件纺织品饰以12位行走的女
性形象，图中展示的为其中两
人。两人都将一把维纳琴放在
肩上，而她们的右手上站着一只
鹦鹉，这是爱神的象征。配色在
红蓝之间交替。对这件纺织品和
其他相关纺织品的年代判定基于
与印度西部绘画的比较，特别是
"凸出眼睛"的画法（见第136
页图1）。

棉布，使用手工印花、防染工
艺、媒染工艺以及绘画进行装饰
16世纪
布总长502厘米，宽96厘米
制作于印度古吉拉特邦；发现于
印度尼西亚苏拉威西岛北部的孟
多哥
F. A. 吉利克捐赠
馆藏编号 As1944,08.4

2 | 7 马图拉的早期耆那教雕塑

事实表明，耆那教在整个南亚地区长期以来一直很受欢迎。与佛教不同的是（佛陀和大雄几乎是同时代人，见第 18 页和第 46 - 47 页），耆那教在其诞生的国家印度一直很活跃。但与佛教不同的是，它在近代才得到更为广泛的传播，其传播要归功于 19 世纪末 20 世纪初东非的古吉拉特海外移民以及之后欧洲和美国的古吉拉特海外移民。

在贵霜帝国时期（公元初几个世纪，见第 65 页），马图拉的耆那教信徒建造了窣堵坡（这是此时期耆那教活动的一个特点）。与佛教窣堵坡一样，由立柱和横梁所组成的围栏将马图拉的耆那教窣堵坡与世俗空间隔开。其中一些立柱上雕刻有药叉女形象，她们位于结构底部，该位置被认为是吉祥的、有裨益的（2）。马图拉的耆那教神庙的另一个特点是敬奉石板浮雕（ayagapata）。这些矩形石板浮雕上有一系列积极、喜庆的形象，其确切功能尚不清楚，可能是被用来放置供品的（1）。早期的耆那教祖师（见第46 - 47 页）雕像大多来自马图拉。这一时期，这类人物的造像学已经开始确立（3）。在马图拉，祖师像也会有头光，有时头光还装饰得十分繁复，尽管这一特征经常被代表尊敬的伞盖所取代。

今天耆那教在马图拉已经消失，但它在印度其他地方依然存续，主要位于印度西部和南部（见第 136 - 139 页）。

1. 石板浮雕残段
图中分别雕刻了一位坐在伞盖下的耆那教祖师，一个带着花环、腹部鼓起的人物（外侧）和一只丰饶之壶（内侧）的形象，这些都是恰如其分的吉祥形象。

有斑点的红砂岩
2 世纪
高 38.5 厘米，宽 39.8 厘米
北方邦马图拉坎卡利提拉
印度事务大臣捐赠
馆藏编号 1901,1224.10

左

2. 窣堵坡围栏上的耆那教药叉女

与佛教窣堵坡一样，耆那教窣堵坡的保护性围栏也装饰有吉祥的、起支撑作用的人物。在神圣建筑上描绘年轻妖娆女性的传统最早形成于桑奇地区，并在之后几个世纪继续流传（见第57页）。

有斑点的红砂岩
2世纪
高59.5厘米
北方邦马图拉
布鲁克·塞维尔永久基金
馆藏编号 1975,1027.1

上

3. 祖师像

耆那教 24 祖师的造像标准包括宽阔的肩膀、蜗牛壳般的卷发、长耳垂，以及胸前的吉祥符号 —— 室利靺蹉（shrivatsa）。在此件作品中，人物背后还有一圈用莲瓣和扇形外缘装饰的头光。

红砂岩
3世纪
高34厘米
北方邦马图拉
印度事务大臣捐赠
馆藏编号 1901,1224.5

2 | 8 早期寺庙建筑

近 2000 年来，南亚人一直想象神应居于某个特殊结构之中 —— 至少在定居的城镇社会中是这样的。寺庙建筑成了印度体验的固有组成部分，以至于无论南亚人在何处定居，寺庙都标志着这个社群独特的存在。然而，情况并非总是如此，吠陀时代的南亚人就没有建造用于崇拜的建筑。寺庙建筑通过建筑中的神像媒介与对神的崇拜密切相关，而吠陀时代的建筑中没有神像。历史上，印度的崇拜行为曾通过普祭（puja）仪式来进行，这是一种奉献，但实质上也是一种契约，因为祭礼是用来换取保护的。因此，一旦神祇有了形态，就需要一个中间人（通常是婆罗门）来传达信徒的祈祷，寺庙就成了必需品。

西高止山地区的石窟寺此时已存在千年之久，历史可追溯至公元前最后几个世纪（见第 80 页）。正如石窟建筑中的仿木梁柱结构所表明的那样，最早的石窟寺显然是以木构建筑为基础的，但今天已经没有这样的木构建筑保存下来（见第 53 页）。公元初几个世纪，马图拉有了类似寺庙的建筑；至少从 4 世纪开始，印度南部的纳加尔朱纳康达也有了这种类型的建筑。但我们只能从考古记录中了解到这些。现存最早的寺庙来自笈多时期的印度北部。在皮德尔冈等遗址，砖构寺庙的外部装饰仍是陶饰板形式；陶饰板上可能饰有人物图画（2、3）、花卉或几何图形。现存最早的石构寺庙建于 6 世纪的印度中部，如代奥格尔的十大化身神庙，其浮雕取材于毗湿奴的神话故事。这些寺庙经常有装饰精美的门框（1）。

1. 门框残段
该门框左侧雕刻着头发茂密的精怪和吉祥的小矮人，右侧则是由密集打旋的卷须构成的涡卷纹，这是早期印度教寺庙装饰的典型风格，这种风格在信徒们从世俗空间进入神圣空间的大门上表现得尤为明显。该残段体现出的不愿留下任何未经装饰之处的意图，乃是贯穿整个印度中世纪时期的一个鲜明特征。

砂岩
约 550 年
高 62.5 厘米
印度中部
道格拉斯·巴雷特为纪念马杜里·德赛捐赠
馆藏编号 1976,0621.1

2. 陶饰板及其构件

左侧饰板上的年轻人手中拿着一个手铃 —— 可能是用来为拜赞（bhajan，祷告歌）伴奏的，他或许是吉祥矮人。由于湿婆身边经常伴有调皮的矮人，这件来自阿希且多罗的浮雕可能曾经装饰于该地的湿婆神庙中。如右图所示，阿希且多罗神庙上的人形装饰位于建筑构件之中。中央的部分可能是壁柱的首部，而两侧则应该是尖顶弧形拱门。

赤陶土
5 世纪
高 15.4 厘米，宽 16.5 厘米（左）
高 17.5 厘米，宽 19.2 厘米（右）
北方邦巴雷利地区阿希且多罗
馆藏编号 1901,1224.30；
1901, 1224.14

3. 陶饰板

这块饰板描绘了一名背着猎物的猎人。虽然他垂落的卷发缕已经破损，但从其中可以看出笈多时期雕塑的特点。熟练的黏土造型让我们想起了南亚使用这种材料的悠久历史。

赤陶土
5 世纪
高 48.3 厘米，宽 30.5 厘米
或出自恒河流域南部
馆藏编号 1976,0205.1

2 | 9 鹿野苑与笈多时期的佛教

佛教在笈多时期（4－5世纪）继续蓬勃发展（1）。然而，王室的宗教重点从佛教转向早期印度教神祇——笈罗诃和毗湿奴的其他形态。

然而，瓦拉纳西附近的鹿野苑仍然是重要的佛教中心。根据佛教传统，佛陀正是在这里进行的第一次说法，用佛教术语来说，便是"初转法轮"（2）。我们不知道鹿野苑具体何时成为重要的朝圣中心，但它在阿育王时代已经声名远扬（见第48－49页），因为阿育王在那里设立了一根有铭文的立柱。直到今天，鹿野苑对佛教朝圣者来说仍然十分重要。

除在朝圣方面的作用外，鹿野苑还发展为佛造像艺术推陈出新的重要中心。早期造像要么将佛陀描绘成超人英雄（马图拉风格），要么将其描绘成人类个体（犍陀罗风格）。然而，新的鹿野苑造像将他看作与神性接触之人，甚至可能他本身就是神。佛陀的形象呈现为不与现实世界互动，而是从现实世界中抽离，深入冥想。佛陀的眼睛要么低垂，要么合拢，身体无论是站立（3）还是（更经常地）盘坐，都被包裹在衣袍之内；身体的肌肉组织和骨骼结构不再明显。佛陀正变得不那么像人，而更像神（1）。这一佛陀形象传播到南亚其他地区甚至最终到达整个亚洲，并深刻地改变了人们对佛陀的描绘方式。

1. 佛陀说法
这一时期的金属材质佛像很少留存下来。这尊充满感染力的佛陀雕像双手结说法印，表示正在进行教诲。佛陀眼皮厚重的双眼向下凝望，神情专注，这种遁世绝俗的暗示从这一时期开始变得越来越有影响力。基座上还刻有表达奉献的铭文。

青铜，鎏金
笈多时期，5－6世纪初
高35厘米，宽22厘米
北方邦班达区达尼萨尔基拉的一处窖藏·
布鲁克·塞维尔遗赠
馆藏编号 1969,0725.1

2. 佛坐像

带有头光的佛陀坐在宝座之上，其双脚不同寻常地牢牢踏于地面；其双手保持着正在说法的姿势，即说法印。宝座两侧刻着独特的神话动物，成为未来许多石质或青铜佛陀造像的原型。

砂岩
5世纪
高118厘米
印度东部，鹿野苑风格
馆藏编号 1880.7

3. 佛立像

这尊带有头光的佛陀超尘出俗，刚毅沉静，右手呈无所畏惧姿态，即施无畏印。他的衣袍近乎透明，紧贴身体，勾勒而非隐藏身体轮廓，这将成为之后描绘佛像的标准。鹿野苑风格的美，特别是其对脸部的描绘方式，使得这种风格长期被认为是印度雕塑的缩影。

砂岩
5世纪
高144厘米
印度东部，鹿野苑风格
馆藏编号 1880.6.a–b

2 | 10 石窟寺

开凿石窟的佛教建筑传统始于西高止山地区，也就是孟买内陆的山地地区。最早的石窟寺可以追溯到公元前最后几个世纪。广义上讲，古代石窟建筑可以分成深处为窣堵坡的以柱子支撑的佛殿和季风闭关期间僧侣的居所两大类*。石窟寺的传统随着佛教走出印度，在阿富汗的巴米扬（2）和中国的敦煌等地得到了出色的重现。

印度最好的佛教石窟开凿于今中央邦**的阿旃陀。在瓦古尔河岸的悬崖峭壁上，佛殿和精舍分两个阶段建造而成，时间分别为公元前2世纪和公元5世纪。阿旃陀石窟中的壁画同样重要，大量的壁画片段迄今依然得以存留。这些壁画是南亚地区流传下来的最早的绘画作品，时间可以追溯到该遗址的两个活跃时期，其主题包括佛本生故事、佛传故事和各种菩萨故事（见第68页）。不同的佛教传统，例如，有无菩萨或多个佛像，在该遗址都很明显（3）。

阿旃陀石窟何时停止使用尚不为人知，但当1819年被重新发现的时候，它们已经湮没无闻，杂草丛生。从那时起，有很多人试图用摹本和照片等方式将阿旃陀石窟壁画记录下来。孟加拉艺术家穆库·坎德拉·戴伊（1895 – 1989）在1920年代临摹了阿旃陀东北的巴格石窟壁画（见第288页）（1）。

1. 大象巡游 —— 巴格石窟壁画摹本
位于中央邦的巴格石窟群比阿旃陀石窟群小得多。这两处遗址中出土的壁画的20世纪摹本对确立印度本土绘画风格有很大影响，其中就包括穆库·坎德拉·戴伊的这幅作品。

纸本水彩画
1920年代
纵147.8厘米，横315.8厘米
中央邦达尔区巴格石窟壁画摹本
馆藏编号 1926,0411,0.44.a

---

* 即支提窟和毗诃罗（精舍）窟。

**阿旃陀实际位置位于马哈拉施特拉邦，此处应为作者笔误。

2. 巴米扬大佛

公元 1 千纪中期，在阿富汗中部的巴米扬，人们在峭壁上凿出了两尊巨大的佛立像 —— 此图是其中之一。中国唐代高僧玄奘在公元 630 年提到过它们。佛像所在拱顶的檐口绘有汲取了印度绘画风格的壁画。这两尊佛像在2001 年遭塔利班摧毁。

砂岩，细节使用黏土
完成于 630 年
高 53 米
阿富汗哈拉贾特的巴米扬谷地

3. 阿旃陀第 1 窟的莲花手菩萨壁画

阿旃陀壁画迄今依然让人惊叹，它展现了 5 世纪高度发达的美学；在次大陆几乎没有任何地方可以与之相比。它们还包含了有关那个遥远年代的丰富信息，为我们提供了有关建筑和纺织品的许多知识，以及包括宗教活动在内的日常生活的许多特色。莲花手菩萨（"持莲花者"）是观世音菩萨的早期形态，是大乘佛教的关键人物；图中的菩萨头戴皇冠，神态安详，阐明了曾经使用这座石窟佛殿的僧侣的宗教归属。

壁画
5 世纪末
马哈拉施特拉邦阿旃陀

2 | 11 克什米尔佛教

肥沃的克什米尔及其周围山谷位于犍陀罗东北部，并从其邻居那里继承了许多文化特征。佛教在此至少有长达千年的历史，如果认同佛教传统中关于阿育王（见第 48 页）在该地区传播教义的说法，其历史甚至更为久远。另外，据说贵霜帝国最重要的统治者迦腻色伽曾在这里召集佛教第四次结集。但毫无疑问，在公元 1 千纪后半期，克什米尔成为著名的佛教学习中心，特别是后期教派 —— 大乘和金刚乘（霹雳、金刚之道，关注通过密集的心灵练习获得精神力量的方法，通常由上师指导）的中心。窣堵坡和寺庙的委托建造和捐赠都留下了记录，特别是来自中国朝圣者（如 631－633 年的玄奘）的记录。但时至今日，已经没有任何建筑结构得以幸存，只有哈尔万发掘的一座窣堵坡遗迹尚留些许痕迹。

赤陶土（1）和石质的佛教雕塑至少在 7 世纪就已经存在，铜雕塑则稍晚一些。后来，金属雕塑受到印度北部笈多（见第 54 页图 3）和后笈多风格的影响，变得越来越精美（4）。木头（通常有彩绘）和象牙也是这一时期的特色（3）。

同一时期，佛教从克什米尔向东传播到中国西藏西部，这次传播在 5 世纪至 10 世纪分几个阶段进行，在中国西藏西部，来自克什米尔的易于携带的铜像受到欢迎。克什米尔以东地区（如拉达克和拉霍尔）在中世纪也开始制造铜像，并在后来对中国西藏产生了很大影响（2）。

左下
1. 女性头像
克什米尔使用赤陶土作为雕塑材料，这延续了犍陀罗的传统（见第 64－65 页），但其受笈多风格的影响更大，这种风格将美丽的、理想化的人格投射于雕塑之中。

赤陶土
或为 6 世纪
高 15 厘米，宽 14.5 厘米
查谟和克什米尔邦查谟地区阿克努尔
P. T. 布鲁克・塞维尔捐赠
馆藏编号 1953,0512.1

对页右下

2. 金刚萨埵镶饰雕塑

佛教神祇金刚萨埵（此名意即"他的本质是金刚"），其特征是右手笔直握住的霹雳。金刚的象征意义体现在背光的镂刻图案中，这是克什米尔佛教在喜马偕尔邦的拉霍尔或斯皮蒂的一个地区性特色，在佛教传播到中国西藏的过程中，这一地区十分重要。

青铜，并以铜和银镶饰
11 世纪中期
高 10.5 厘米
喜马拉雅山脉西部的拉霍尔或斯皮蒂
布鲁克·塞维尔永久基金
馆藏编号 2015,3010.1

右上

3. 移动式神龛

这一残段来自一便携式神龛，神龛被设计成一座微型寺庙的模样 —— 请注意其中克什米尔中世纪寺庙典型的山墙和拱形元素。象牙材质的中心装饰是一尊戴着王冠安坐的菩萨，被天人环绕，而现在空荡荡的两侧壁龛可能曾经存放着同为象牙材质的肋侍。

象牙及彩绘木头
8 世纪
高 14.5 厘米
克什米尔
布鲁克·塞维尔永久基金
馆藏编号 1968,0521.1

右下

4. 观世音菩萨镶饰雕塑

将彩色金属镶嵌在用失蜡法铸造的青铜器上是克什米尔地区使用的技术。后来，这一技术从克什米尔传到了中国西藏。莲花手菩萨崇拜（见第 68 页）在后来的印度佛教中发展为观世音菩萨信仰，并随之传遍亚洲。

青铜，镶嵌黄铜、银和铜，并鎏金
约 1000 年
高 24 厘米
克什米尔
布鲁克·塞维尔永久基金
馆藏编号 1969,1103.1

2 | 12 克什米尔的印度教神祇

从笈多时期开始，今天被称为印度教的宗教根基变得更加稳固。对湿婆和毗湿奴（均为男性）等神祇以及女神（根据其职责范围被赋予不同名称）的崇拜变得十分普遍。在寺庙中对神像进行崇拜是宗教的重要一环。克什米尔早期的印度教雕塑借鉴了犍陀罗雕塑，迦绮吉夜和拉克什米的神像显示出普遍的犍陀罗风格影响（2）。但后来，这种风格上的联系减少，在佛教（见第82页）和印度教方面，克什米尔都开始确立其石雕和铜雕的独特风格。

湿婆崇拜在整个中世纪以及后来的克什米尔都占据了重要地位。即使在今天，朝圣者仍会前往帕哈尔加姆附近的阿马尔纳特石窟，湿婆以冰柱林伽的形态在当地受到崇拜。公元1千纪晚期，湿婆的各种独特形态在克什米尔十分流行，包括人的形态（有时是三首形态）（3、4）和林伽的形态（5）（林伽是湿婆的生殖器立柱形态，见第96页）。犍尼萨也很受欢迎，在伊斯兰教到来后犍尼萨崇拜很长一段时间内仍在西北部延续。《毗湿奴上法往世书》是公元1千纪中期的一部造像学文献，对于理解湿婆派和毗湿奴派的这批雕塑很有帮助。克什米尔的毗湿奴像的一个典型特征是，毗湿奴的身边会摆放一根宝杵和一个转轮（1）。毗湿奴的其他形态也很流行，例如四面毗恭陀毗湿奴（Vaikuntha），以及野猪化身筏罗诃。

左

1. 毗湿奴像

毗湿奴的武器位于脚旁，被塑造成较小的人形——右侧乃是杵女，左侧则是转轮人。毗湿奴的坐骑雄鹰迦楼罗位于两脚之间，满怀敬仰地抬着头。

铜合金、银
9-10世纪
高23.7厘米，宽13.5厘米
克什米尔
布鲁克·塞维尔永久基金
馆藏编号 1966,0616.1

对页左上

2. 拉克什米像

可以从这尊丰饶女神拉克什米像的衣服褶皱和其手持的丰饶角中看出其犍陀罗的渊源。水从其头顶灌下，钱币扔于其脚下，右手持一莲花。

绿泥石
6世纪后半期
高36.5厘米
克什米尔
西蒙·迪格比纪念慈善机构捐赠
馆藏编号 2016,3059.1

对页右上

3. 湿婆与帕尔瓦蒂像

图中为这对神侣及其后代。象头神犍尼萨在湿婆右脚边，迦绮吉夜在父母之间。湿婆的公牛坐骑南迪立于后侧（见第93页）。湿婆呈独特的克什米尔三首形象。

绿泥石
约800年
高27厘米，宽19.5厘米
克什米尔
布鲁克·塞维尔永久基金和西蒙·迪格比纪念慈善机构
馆藏编号 2017,3050.1

对页左下

4. 三首湿婆像

这尊三首湿婆像的王冠由伊朗风格的新月形状构成，而可怕的畏怖尊（左）的头冠则是由头骨和切断的手臂组成。湿婆的妻子帕尔瓦蒂也出现在右侧。

绿泥石
9世纪
高41厘米
克什米尔
馆藏编号 1988,0312.1

对页右下

5. 湿婆林伽像

除人形，湿婆也以立柱或林伽形态受到崇拜（见第96页）。在这尊林伽像中，神的面孔出现在石柱上。这种神像为家庭使用而制作。

绿泥石
7-8世纪
高8.9厘米
克什米尔
W.斯科特·科尔少将捐赠
馆藏编号 1959,1013.1

1. 罗摩和悉多离开皇宫的场景

罗摩正从他父亲十车王的宫殿出发
（可以看到十车王的一位妻子在他
左侧）。罗摩（可从莲花冠和蓝色
皮肤识别）由悉多和他忠诚的兄弟
罗什曼那陪同。

纸本水粉画
1700－1710 年
纵 21.6 厘米，横 31.2 厘米
喜马偕尔邦库鲁
布鲁克·塞维尔永久基金捐赠
馆藏编号 1966,0212,0.2

2. 森林中的罗摩、悉多和罗什曼那

罗摩、悉多和罗什曼那三位流亡
者身穿树叶制成的服装。蓝色边
框上点缀着小花，这是后来喜马
偕尔邦康格拉地区绘画的典型
风格。

纸本水粉画
约 1820 年
纵 30.4 厘米，横 25.9 厘米
喜马偕尔邦康格拉
馆藏编号 1925,0406,0.4

《罗摩衍那》

罗摩的故事，即《罗摩衍那》，与《摩诃婆罗多》（见第 71 页）一样，是南亚历史上最具影响力、最受人们喜爱的史诗。如今，罗摩被认为是毗湿奴的一个化身或形态（见第 99 页），是王权的象征。圣人蚁垤一度被认为是这部史诗的作者，尽管其中可能只有很少一部分可以追溯到某一特定的作者。该文献可能首先以口头形式传播，然后才被书写下来。最早部分或可追溯到公元前 1 千纪中期，该时期故事中的英雄元素更加明显；后来罗摩的化身性质开始确立并被纳入文献（他从此被认为是毗湿奴的第七化身）。这部史诗似乎在 5 世纪时已基本完成。

除毗奢耶那伽罗的罗摩旃陀罗神庙等少数寺庙，供奉英雄罗摩的寺庙很少。然而，他在绘画（1－3）、舞蹈和文学中得到了广泛颂扬。也许 16 世纪杜勒西达斯用白话文写的《罗摩衍那》是最有影响力的版本*。杜勒西达斯在贝拿勒斯用当地语言（阿瓦德语，印地语的一种形式）而非梵文写就了他的诗体故事，从而让所有人都能轻松阅读。南方版本也很有名，特别著名的是 12 世纪或更早的康班泰米尔版本。与其他印度南方版本一样，在这个版本中道德重点有些不同，特别是在罗波那的本性方面，他并不是天生邪恶。

史诗故事中有许多插话，但大体上可以这样总结故事：罗摩是四兄弟之一，他们生自不同的母亲，父亲则是十车王。其中一位母亲吉迦伊从年迈的十车王那里获得了一个恩惠，迫使他任命她的儿子婆罗多而非合法的罗摩为下一任统治者。

罗摩、他新娶的年轻妻子悉多和罗摩忠诚的兄弟罗什曼那被迫流亡森林（1、2）。他们在远离王宫的地方生活了多年，在此期间，他们发扬光大了他们的英雄品质，杀死了恶魔，保护了隐士和智者。悉多被描写为理想的妻子，尽管实际上她有一个迷人的独立故事，其轮廓还未被父权制完全抹去。他们遇到的恶魔之一首哩薄那迦是楞伽国王十首王罗波那的妹妹（3）。在与罗摩和罗什曼那发生争执后，她回到了楞伽，并劝说她的兄弟对罗摩采取行动。

罗波那欺骗了罗摩和罗什曼那，让悉多独自留在森林中，然后又一次通过欺骗掳走了悉多并把她带到了楞伽。她因拒绝了罗波那的追求，而被囚禁在楞伽。史诗的剩余部分讲述了罗摩和他的兄弟营救悉多以及最终凯旋并回归合法王位的过程。

罗摩得到了他忠诚的猴子副官哈努曼（4）的帮助，哈努曼是故事中最可爱、最有趣的人物之一。这位猴子好伙伴找到了被囚禁的悉多，搭建了一座通往楞伽的桥梁（见第 89 页），并把他的长尾巴当作火把，飞过天空，点燃了整座城市。因此，哈努曼成了摔跤手的守护神。

由于《罗摩衍那》的情节是口头传播宣讲的理想选择，也容易被随意添加细节或略去内容，它让艺术家们得以大显身手至少已有 1500 年。毫不奇怪，罗摩也是佛教传说中的主角，一个佛本生故事即基于他的传说，他的故事在整个东南亚都很有名，并在印度尼西亚、马来西亚和泰国的皮影戏中给人留下深刻印象。

---

* 即《罗摩功行之湖》。

对页

3. 罗摩对战罗波那

这幅作品体现了所有优秀印度绘画的特质：色彩、戏剧性、刺激和伟大的设计。十头二十臂的罗波那迎战骑在哈努曼身上的英雄罗摩，这是史诗的高潮时刻。这场较量毋庸置疑的结果就体现在他们脚下，通过哈努曼军队中的一个猴子成员和罗波那的一个恶魔手下之间的较量影射出来。大量使用金色以突出珠宝和王冠是印度南部绘画的典型特征。

纸本水粉画
1810 – 1820 年
纵 29.5 厘米，横 20.3 厘米
泰米尔纳德邦蒂鲁吉拉帕利的坦贾武尔
馆藏编号 1974,0617,0.14.2

本页

4. 哈努曼的巡游神像

这尊神像中，英雄猴子哈努曼携带着来自喜马拉雅山脉的草药，这些草药将治愈在战场上受了重伤的罗什曼那。像这样的大型青铜像制作于印度南部，并在寺庙节日期间用于街道巡游（见第146 页）。

青铜
18 世纪
高 63 厘米，宽 43.6 厘米
印度南部，或出自泰米尔纳德邦
H. S. 锡姆捐赠
馆藏编号 1922,1020.4

2 | 13 龙蛇那迦

那迦是一种蛇形的半神，至少在 2000 年前就已经成为南亚文化的一个特征。传统上认为，他们生活在地下，是伟大宝藏的守护者。在早期佛教中，他们是正面的保护力量，出现在佛本生故事中，并成为寺庙入口处的雕塑（见第 60 页）。从那时起，其多头怪兽的概念得以确立（通常有五头或七头）。眼镜蛇在被激怒时竖起头部嘶嘶作响的形态，无疑是这种古代多头形象得以萌生的背后原因。

在耆那教中，巴湿伐那陀，即第 23 祖师（见第 138 页），也受七头蛇冠保护。在早期印度教中，大力罗摩有时被列入毗湿奴化身（第 100 页有说明），其早期雕塑中也有类似的造型。在后来的毗湿奴派艺术中，毗湿奴坐在伟大的那迦王舍沙（又称阿难陀）身上（3），而通常认为是毗湿奴化身的黑天制服了亚穆纳河的那迦王，并将他和他的王后们改造为他的信徒。今天的那迦五日节就是为了纪念这一事件，在这个节日里，人们将表现这一场景的印刷品和绘画钉在门上，以保护居民在未来一年里不被蛇咬。

在蚁丘或树下以那迦石的形式崇拜蛇神的传统也有着悠久的历史（1）。令人印象深刻的雕塑，无论是古代（2）的作品，还是近年来的作品，都体现了这一传统的特点。

1. 供奉的那迦石

这座路边神龛，位于从蒂鲁帕蒂到金奈西北部蒂鲁马拉的文卡塔之主＊神庙的朝圣路线上。那迦石上覆盖着姜黄粉（黄色）和辛杜尔（sindhur，猩红色），并供奉着芙蓉花和比尔瓦叶。

20 世纪晚期
安得拉邦奇托尔区蒂鲁马拉山

2. 那迦石

这是两个盘缠在一起的那迦，一为七头，一为五头，他们以一种兼具保护性和威胁性的方式挺起了身体。

砂岩
8 世纪
高 89 厘米，宽 60 厘米
奥里萨邦
布里奇家族捐赠
馆藏编号 1872,0701.108

＊ 文卡塔之主是毗湿奴的别称。

3. 毗湿奴坐在七头蛇王舍沙身上
通常十分危险的大蛇在这里慈爱
地为神祇提供了宝座和伞盖。毗
湿奴由他的两位妻子陪伴，室利
在他右侧，弹奏维纳琴的娑罗室
伐底则在左侧。不对称的设计以
及充满活力的配色体现了典型的
印度传统美学。

加厚水彩棉布画，位于木支架
上，也许出自一座神龛
18 世纪
纵 18 厘米，横 11.6 厘米
安得拉邦或奥里萨邦沿海地区
希尔努、皮伦和斯托克维尔公司
捐赠
馆藏编号 1971,0920,0.7

2 | 14 坐骑

目前还不清楚南亚的神祇何时开始与特定的动物坐骑（称为 vahanas）联系起来。在中印度北部的毕湿那迦尔，有一根供奉婆苏提婆（后来被称作毗湿奴的神祇的一个别名）的铭文柱，柱子竖立于公元前 110 年前后，它由来自呾叉始罗的访问大使赫利奥多罗斯所立，其顶部可能曾经有一尊鹰的雕塑，因为柱子上的铭文描述其为"婆苏提婆的迦楼罗旗柱"，可惜该雕塑已佚失。因此，此时的迦楼罗已经与婆苏提婆 – 毗湿奴联系在一起。后来，在笈多时期，旗柱上的迦楼罗作为一种王室纹样出现在钱币上；更晚期，这种半鸟半人的生物带着神祇穿越天际（2）。

伴随湿婆的雄牛名为南迪（3），其前身也许曾出现在贵霜帝国钱币上，这些钱币上描绘有被雄牛相伴的神祇。南迪不仅是神的坐骑，而且还是他最重要的信徒。从很早期开始，其他神祇就与特定动物联系在一起，如拉克什米与喷水大象，迦绨吉夜与孔雀（见第 172 页），杜尔迦与狮子（4）；滑稽的是，犍尼萨骑乘的动物是老鼠（1）。这种动物坐骑与神祇之间的联系在印度教中最为明显，但在佛教中，动物的存在也富有含义。例如，两只鹿面对面，中间有一轮子，这就表示鹿野苑的鹿园，佛陀在此"初转法轮"（见第 43 页）；而两只狮子扛起宝座，是为提醒观者佛陀是"释迦族的狮子"。在耆那教中，位于宝座下部的动物也具有识别不同祖师（见第 46 页）的功能。

左
1. 犍尼萨的老鼠坐骑
乌玛难陀神庙是一座供奉湿婆的寺庙，位于阿萨姆邦古瓦哈提城雅鲁藏布江中的一座小岛上。寺庙中象头神神殿入口处的犍尼萨的坐骑经常得到鲜花供品。

对页左上
2. 毗湿奴的神鸟坐骑迦楼罗
毗湿奴的坐骑双手合十，这是崇拜和问候的姿态。他的双手之间夹着一个花环，这是献给神祇的供品。除了他的翅膀（有一边佚失）和鸟喙般的鼻子之外，其造型几乎完全是人类模样。

片岩
13 世纪
高 62.5 厘米，宽 31 厘米
奥里萨邦
布里奇家族捐赠
馆藏编号 1872,0701.67

对页右上
3. 湿婆的雄牛坐骑南迪
南迪的形象通常置于受供奉的湿婆林伽的直接视线范围内，尤其是在印度南部。因此，南迪不仅是湿婆的坐骑，而且在寺庙中也是第一位"面见神颜"者（darshan，即吉祥的目光接触）。南迪戴着一串铃铛，挂着链子项链，耳朵、额头和背部都有装饰。

花岗岩
16 世纪
高 86 厘米，宽 96 厘米
卡纳塔克邦
馆藏编号 1923,0306.1

对页下
4. 杜尔迦女神骑着狮子坐骑
在孟加拉地区，杜尔迦女神有一个独特的故事，这个故事每年10 月都会在她的年度节日——杜尔迦祭上传扬。祭典开始之际，杜尔迦女神到达了她父亲的家。画中，展现了父亲对女神的欢迎，与母亲一起骑着狮子的象头神犍尼萨也对外祖父做出了回应。

布面油画
19 世纪末 20 世纪初
纵 79.5 厘米，横 60 厘米
孟加拉地区
馆藏编号 1990,1031,0.1

2 | 15 中亚的印度文化

从考古学证据中可以清晰看出，伴随着佛教从印度沿丝绸之路传播到中亚并最终传播到中国的文化信仰非常重要。丝绸之路上现在被遗弃的公元初几个世纪定居点遗迹的出土文物中，发现了印度的钱币、人物造像、文字手稿、绘画和佛教的仪式器物；但印度的钱币和文字手稿等最终没有在此留存下来。佛教万神殿的人物描绘方式很大程度上依赖于印度的原型，人物造像的概念也是如此，在公元初佛教传入中国之前，中国对这种概念了解甚少[*]。

绘画是明显有南亚起源的一项活动。这方面的例子包括出口到中亚的物品，或受过印度传统训练的工匠在当地绘制的作品。在中国西北部的敦煌发现的一些作品的风格就与8世纪的克什米尔相接近。这一点尤其重要，因为克什米尔的中世纪绘画没有存世。敦煌出土的一幅《金刚经》画作提供了参考（3）。今天，我们能够将这尊衣着华丽的神像与拉达克阿齐寺（1）的苏姆采克三层殿中珍贵的彩绘雕塑（2）进行比较，两者显然具有相关性。敦煌壁画中的元素在克什米尔佛教雕塑中也能看到（见第83页），包括三叶冠、三角形面部、佛像所站立的双莲座以及左肩上的圣线。这幅画和其他少部分来自中亚的画作是已失传的印度绘画传统的重要标志，同时也是佛教圣地风格在公元1千纪进入东亚的痕迹。

1. 阿齐寺苏姆采克三层殿

这座13世纪早期寺庙的外观照片拍摄于1945年。它所记录下的上部结构部分现已不存。木雕的入口借鉴了克什米尔风格，其内部也是如此，三层楼的布局非常引人瞩目，乃是雕塑和绘画装饰的瑰宝（2）。

摄影：雷金纳德·肖姆伯格上校
1945年
拉达克列城地区阿齐寺的苏姆采克
馆藏编号 Ladakh.168

[*] 学界对此存有争议。

2. 彩绘观世音菩萨泥塑

苏姆采克的这尊菩萨像非常有吸引力，既是因其约 4 米高的大小，也是因其朵提（Dhoti，下身服饰）上生动的建筑描写。与敦煌壁画一样（3），朵提紧贴在人物的大腿之上，衣服边缘有色彩鲜艳的纺织带；人物都穿戴镶有宝石的腰带，并赤裸上身。

3. 金刚手菩萨画像

菩萨直视大众，准备接受需要传达的祈祷。菩萨右手持直立的金刚杵（或霹雳），左手则拈着在他肩头绽放朵朵的莲花茎。珠宝和右臂上打结的彩色条纹朵提都体现了这幅画像的印度美学特质。

绢画
9 世纪上半叶
纵 55 厘米，横 14.5 厘米
中国甘肃敦煌莫高窟第 17 窟
馆藏编号 1919,0101,0.103

2 | 16 强大的湿婆林伽

印度教的湿婆神有时被描绘为人的形态，例如伟大的宇宙舞者（见第142－145页）、宇宙的拯救者（见第146页）、胜过其他所有神祇者（见第148页）或帕尔瓦蒂的温柔丈夫（见第157页）。然而，这位强大神祇最常见的形态不是人形，而是林伽（linga，字面意思是"标志"或"符号"）。林伽是矗立的阳具柱，这种构想神祇形态的方式有着至少始自公元前2世纪的古老历史，且从那时起一直流行至今。神的林伽形态最常位于基座或约尼（yoni）之中。这些术语——林伽和约尼——是多义的，但两者在一定程度上都借鉴了性意象。林伽是阳具的形象（部分林伽的这种形象特别明确，如安得拉邦科提曼勒的林伽），而约尼在平面上是圆形的，有一个出水口，类似女性的外阴。但林伽是从约尼中升起，而不是进入。两者结合在一起被理解为创造力的象征。尽管有这样的意象，但林伽关乎潜能，而非性相关的活动。事实上，大多数信徒都会被林伽与性相关这种想法震惊。林伽形态一般供奉于湿婆神庙内室，湿婆的人类形态被置于外部区域，或用于巡游。

寺庙圣地的大多数林伽为石头制成（1、2），但其实林伽可以由任何材料制成——传说中提到了沙子、土或水晶的林伽。有些林伽还被认为是"自生的"，即自我显现而成。这方面的例子包括来自讷尔默达河的卵石*或克什米尔阿马尔纳特石窟中的冰柱林伽（见第84页）。另一种变体是带有四张面孔的直立林伽，显示出神祇的不同性格（2）。林伽可以成为强烈的个人信仰的对象，无论信徒属于哪一种姓（3）。

1. 林伽和约尼
这尊被蛇守护的林伽是湿婆神庙圣所中的典型林伽形象。它被放置于圆形的构件（即约尼）之中。约尼的末端是出水口，用来排出浇在林伽身上的供品。

砂岩，经抛光
18世纪或更早
高35厘米，宽59厘米
印度东部
布里奇家族捐赠
馆藏编号 1872,0701.119

2. 四面林伽
某些林伽会有多个头像，以展现湿婆的不同侧面。这尊林伽像有四个侧面：苦行者的一面、恐怖的一面、温柔的一面和恶魔的一面。

片岩
8世纪
高37.5厘米
印度东部
馆藏编号 1880.24

---

* 按照印度教传统，认为讷尔默达河中的长椭圆形状的卵石天然就可视为林伽，称为波那林伽（Banalinga）。

3. 坎纳帕向林伽献上他的眼睛

坎纳帕是低种姓的猎人,是纳衍马尔圣徒中的一员(见第124页)。他在向湿婆进行礼拜时,林伽的眼睛开始流血。他便先把自己的一只眼睛献给神,然后是另一只。由于他的第二次献祭会导致他失明,于是他把他的脚放在要供奉眼睛的地方,为自己

定好方向。就在他准备挖出第二只眼睛时,湿婆的手从戴花环的林伽中伸出,阻止了他。

欧洲水印纸水彩画集,有泰卢固语标题
约1830年
纵22.6厘米,横17.6厘米
泰米尔纳德邦坦贾武尔

布里奇沃特第八代伯爵弗朗西斯·埃格顿遗赠,法恩伯勒勋爵查尔斯·朗捐赠
馆藏编号 1962,1231,0.13.72

1. 摩蹉，毗湿奴的鱼化身

根据文献记载，在原始洪水中，毗湿奴化身为一条鱼，即摩蹉。他以这种形态拯救了《吠陀》，也使得在他身上背负的神龛里的其他元素免遭灭顶之灾。

砂岩
9－10 世纪
高 135 厘米，宽 81.2 厘米
印度中部
布里奇家族捐赠
馆藏编号 1872,0701.50

2. 筏罗诃，毗湿奴的野猪化身

在筏罗诃故事中，野猪化身因将大地女神补从海底的监禁中解救出来而被人们所铭记。筏罗诃将大地女神放在肩上，从深海中浮出水面。

片岩
9 世纪
高 49.5 厘米
克什米尔
布鲁克·塞维尔永久基金
馆藏编号 1973,1031.1

化身

古代印度宗教的一个显著特点是通过描绘神的不同形态（往往包括对立的形态）来定义神的丰富性和多样性。随着佛教在公元1千纪的发展，这一特点变得越来越明显。然而，它在印度教中表现得更为突出。例如，湿婆被想象成苦行者、忠诚的丈夫、疯狂的游方行者、宇宙的舞者、宇宙的拯救者，甚至被想象成标志性的、挺立的阳具柱——林伽（见第96页）。这种对神祇不同侧面的呈现，也可能意味着不同教派随着时间推移而被整合，无论这种整合是通过武力还是运气。

在对印度教另一位伟大的男性神祇毗湿奴的崇拜中，这一特点非常明显，以至于形成了化身（avatara，字面意思为"降下"）的概念。这种思想是公元初几个世纪的产物，可能首先出现在马图拉周边地区，它基于这样一种信念，即在宇宙的可怕动荡时期，神祇会在地球上显灵，从而拯救人类，重新树立正确的行为方式，即正法。经过几个世纪的发展，最后发展为十大化身，即陀沙跋多罗（dashavatara），其实际名称可能因地区和时间的不同而改变。化身的另一个特点是，如今十大化身的头几位主要涉及创世和宇宙观，而后来出现的化身一般是救世主，是个人奉献的对象。第十位化身是迦尔吉，是一匹没有骑手的骏马，目前还未现身。化身概念使人们能够认识到神性的无穷变幻。有些化身事关宇宙级别的危机，或者是维持现有秩序的议题，而其他化身则有更多的情感背景。如今，毗湿奴的十大化身通常如下：摩蹉（1）、龟、筏罗诃（2）、那罗辛哈（3）、侏儒、持斧罗摩、罗摩（4）、黑天（6）、佛陀和迦尔吉。在有些说法中，持斧罗摩被大力罗摩（5）取代，并被置于罗摩之后而非其之前。

很明显，某些化身在不同时期更受欢迎或更重要，这反映了名单不断变化的性质。因此，在最近几个世纪，黑天和罗摩是最受欢迎的。然而，在笈多时期，象征着从暴力和破坏中获得拯救的筏罗诃更为重要。

3. 那罗辛哈，毗湿奴的狮子化身
毗湿奴的第四位化身是半人半狮的那罗辛哈。那罗辛哈的功绩是，让恶魔金袍误以为自己是不可战胜的，随即血淋淋地诛杀了他。毗湿奴的信徒钵罗诃罗陀站在将恶魔开膛破肚的那罗辛哈身旁。
纸本水彩画
19世纪初
纵28.9厘米，横23.6厘米
比哈尔邦，或出自巴特那
馆藏编号 1880,0.2063

4. 罗摩，毗湿奴的王权化身

罗摩是史诗《罗摩衍那》（见第87页）的核心人物，由他忠实的兄弟罗什曼那陪伴在侧。他戴着王冠，佩戴着与国王相称的精致珠宝。这尊雕塑曾经可能是某个家庭神龛的一部分。

象牙，经雕刻、彩绘和部分鎏金
纳耶克时期
16－17世纪
高14.5厘米，宽9.2厘米
印度南部，或出自坦贾武尔的宫廷作坊
布鲁克·塞维尔永久基金，得到亨利·金斯伯格博士的协助
馆藏编号 1995,1006.1

5. 大力罗摩，毗湿奴的扛犁化身

在古代，大力罗摩被描绘成蛇王国的主宰，同时也与农业有关（因此持犁）。在其他教派中，大力罗摩是黑天的兄弟，并以这种形态在奥里萨邦普里的寺庙中受到供奉。这些寺庙中的神像描绘了他、黑天以及他们的妹妹妙贤（见第164页）。

染色棉罩（关于这种技术的其他实例，见第244－245页）
20世纪初
长107厘米，宽107厘米（整个罩子）
印度南部，或出自安得拉邦奇托尔区的斯里卡拉哈斯蒂
布鲁克·塞维尔永久基金
馆藏编号 2005,0604,0.1

6. 黑天，毗湿奴的英雄化身

尽管以黑天为中心的教派充满情感色彩，但在这幅作品中，他的英雄主义特征非常突出，描绘了他杀死其邪恶的叔叔庚斯的场景，后者在他还是个孩子的时候就试图谋杀他；黑天教派的基础性文献《薄伽梵往世书》中也讲述了这个故事（见第163页）。

纸本水粉画
约1710年
纵28.6厘米，横20.6厘米（含边框）
喜马歇尔邦曼科特
布鲁克·塞维尔永久基金
馆藏编号 1966,0725,0.2

1. 杜尔迦 – 诛摩西娑修罗者

《女神荣光》描述了这样一个时刻，在宇宙重压之下，所有神的力量必须聚合在杜尔迦身上，以击败恶魔摩西娑修罗，后者化作一头水牛的样子。杜尔迦诛杀他后，他的灵魂便离开了野兽的身体。

片岩
13 世纪
高 106.8 厘米，宽 48.3 厘米
奥里萨邦沿海，或出自科纳拉克
布里奇家族捐赠
馆藏编号 1872,0701.78

2. 柴门陀

柴门陀的形象是一个令人恐惧的骷髅模样的老妇人。她住在火葬场中，思考生命的无常和对立面的虚幻本质；她的追随者可以通过冥想这样的非二元性来获得她的力量。

砂岩
9 世纪
高 94 厘米，宽 72.4 厘米
奥里萨邦
布里奇家族捐赠
馆藏编号 1872,0701.83

3. 一组瑜伽女雕塑之一

这位不知名的女神头发蓬松，象征着危险的力量，一手持顶镶骷髅头的法杖，一手持头骨杯，右耳上是一只断手，左耳上是一条蛇，这些都象征着她调和对立的能力。她右侧下方的手（现已断裂）可能曾经把食物放在嘴边。

花岗岩
10 世纪初
高 108 厘米，宽 63.4 厘米，
泰米尔纳德邦甘吉布勒姆
P. T. 布鲁克·塞维尔捐赠
馆藏编号 1955,1018.2

女神：强大、凶猛、繁荣、和平

公元初几个世纪，马图拉就已经出现了最早的杜尔迦女神杀死水牛恶魔摩西娑修罗的形象。然而，5-6世纪写成的歌颂杜尔迦的《女神荣光》（毫无疑问在此之前，它就已经被长期口头传播）才将这位女神的崇拜完全纳入印度教习俗中。7世纪，在泰米尔纳德邦的马哈巴利普拉姆出现了杜尔迦诛杀水牛恶魔的浮雕，让人惊叹的是，仅仅一个世纪后，这类雕塑就出现在阿富汗东部的萨达尔佛寺，这真是非同寻常的传播范围。

杜尔迦也许是印度教最著名的女神，她经常被雕刻为杜尔迦 – 诛摩西娑修罗者（"摩西娑修罗的杀手"）的形象（1）。在加尔各答，每年的杜尔迦节期间，每个居民区都争相制作临时的女神像。从18世纪开始，这个节日变得越来越流行。在孟加拉地区同样受欢迎的还有迦梨，她虽接受血祭，但矛盾的是，她也被称为母亲。在阿萨姆邦古瓦哈提神庙里的伽摩吉耶女神也接受血祭。女神的约尼在此也受到尊崇，但没有神像，只有岩石上的一道裂缝。最后一位令人震惊的女神是骨瘦如柴的柴门陀，她与火葬场关联在一起（2）。

与凶猛的女神同样重要的是那些和平履行职责、戒绝血祭的女神。丰饶女神拉克什米也许是这些女神中地位最重要的一位。如今，她是经济富足的象征，每个人都想见到她，但至少从公元前1世纪开始就存在的她在莲花上被大象灌顶的形象表明，农业繁荣才是她最初的职责。这一形象出现在整个次大陆的早期钱币上，其内涵是水和人类的丰育力。尽管室利（"吉祥"）女神与拉克什米女神二者最初是不同个体，但现在经常被视作一个整体，即室利·拉克什米。

河流被认为是带来生命的女神（只有雅鲁藏布江是男性）。这些河流包括高韦里河（位于印度南部）、讷尔默达河（位于印度中部）和尤为重要的恒河（或恒伽，位于印度北部）。恒河在湿婆神话中也有重要地位，他的城市瓦拉纳西就位于恒河岸边。恒河水被认为是神圣的，朝圣者在恒河中沐浴以达到净化罪恶的目的，然后把它带回家用于家庭仪式（4）。恒伽和阎牟那（恒河和亚穆纳河的女神）都经常出现在寺庙入口处的雕塑中（5）。另一位古老而善良的女神是娑罗室伐底，她与音乐和文学有关，受到印度教徒和耆那教徒的崇敬（6）。

有时，女神们以群体形象出现：要么与孩子们在一起，要么作为"七母"团体，或如奥里萨邦希尔普尔神庙的64尊瑜伽女；也有以其他数目搭配的方式（3）。乡村女神的神龛在整个印度都很常见。在这里，女神往往被想象成岩石或树木等象征性形态，并与生育或流行病的控制相关。

左

4. 恒河圣水罐

这种被称为"昌布"（chambu）
的金属容器制造于瓦拉纳西，传统
上被朝圣者用于从湿婆的圣城装满
神圣的恒河水携带回家。这件容器
的侧面雕刻了一系列场景，采用了
铜（上部）和黄铜（下部）合铸的
工艺；这种被称为恒河－阎牟那
河的工艺，是根据这两条神圣河流
的颜色命名的。罐颈上的铭文写着
"Shri Ram, Jay Ram"，意思是
"荣誉归于神，胜利归于神"*。

黄铜和铜，经铸造和雕刻
19 世纪或更早
高 19 厘米，直径 18 厘米
北方邦瓦拉纳西
西蒙·迪比捐赠
馆藏编号 1991,0814.2

---

* 此处铭文原意为"吉祥的罗摩，
胜利归于罗摩"。

对页下
5. 恒河女神
恒河女神具有吉祥、性感和富饶的特质，她的形象经常出现在印度教寺庙门框的底部。图中的女神带着一个圆腹的罐子，河水从其中流出，她站在水怪摩羯罗的尾巴上。

砂岩
10世纪，瞿折罗 - 波罗提诃罗王朝时期
高41.9厘米
印度中部
布鲁克·塞维尔永久基金
馆藏编号 1967,0215.1

上
6. 娑罗室伐底
这幅作品是讲述诃利什旃陀罗故事（见第70 - 71页）的60幅连环画中的第二幅，它们被巡回吟游诗人用作叙述故事的视觉辅助工具。娑罗室伐底是文学和音乐女神，所以在表演开始时就参与其中（她拿着书册以及一种被称为维纳琴的乐器）。她的神鸟坐骑出现在她身边。

纸本绘画
19世纪末20世纪初
"派坦"风格
纵29厘米，横40.5厘米
或出自卡纳塔克邦和安得拉邦交界处
安娜·达拉皮科拉教授捐赠
馆藏编号 2007,3014.2

2 | 17 早期的木构建筑

尽管古代南亚的大部分寺庙建筑都是用砖（北部）或石（西部和南部）建造的，但在产出木材的地区，寺庙就会使用木头。喜马拉雅山麓就是这样一个区域，它从西边的兴都库什山脉一直延绵到东边的缅甸北部山脉，木结构的神圣建筑为数众多。

现今巴基斯坦马尔丹附近的克什米尔·斯马斯特（尽管名字如此，但该地点并不位于克什米尔）的石窟寺中有一处非凡实例留存了下来。19 世纪末，对该石窟（1）进行了发掘，从废墟中发现了一系列木制品（2、3）。从那时起，人们在石窟以及石窟周围的崖壁上进行了一系列合法和非法的发掘。通过这些发掘，我们知道，该石窟是用来供奉补弥提毗女神的（在现场发现的铜板铭文中，洞口被描述为神的约尼）。从遗址中发现的许多印章进一步证明了这种联系，印章上描绘了女神的"害羞高哩"形态 —— 双腿分开，好像在分娩，头部变成了莲花。散落在附近崖壁上的石窟显然是供奉湿婆的，在那里还发现了林伽。

石窟中的木结构遗迹非常引人瞩目 —— 带有科林斯式柱头的柱子和带凹槽的梁端显然继承了犍陀罗传统。然而，湿婆信仰的主题和雕刻风格都是明确的印度风格，而非西方风格（3）。

本页
1. 克什米尔·斯马斯斯特
公元 1 千纪，位于马尔丹附近的克什米尔·斯马斯斯特的悬崖峭壁上的这个巨大石窟，被信徒们认为是当地山地女神补弥提毗女神的约尼。它成为许多人朝圣的中心。

对页左及右上
2. 克什米尔·斯马斯斯特的柱子和莲花浮雕
该石窟的木柱是非常了不起的一项遗存，尤其是其科林斯风格的柱头，这种柱头在犍陀罗时期结束后几个世纪仍在使用。莲花浮雕体现了南亚的慈惠女神和印度植物群中这些盛放花卉之间的联系。

木头，可能是针叶树种，经雕刻
9 – 10 世纪
柱子：高 133 厘米，直径 17 厘米；莲花浮雕：直径 24 厘米
巴基斯坦开伯尔－普赫图赫瓦省马尔丹地区的克什米尔·斯马斯特石窟
哈罗德·阿瑟·迪恩爵士捐赠
馆藏编号 1889,0703.8（柱子），1889,0703.7（浮雕）

3. 克什米尔·斯马斯特的梁端装饰

四位乐师为跳舞的男性形象伴奏，这让人想起湿婆作为宇宙舞者的故事（见第 142 – 145 页）。在另一件保存下来的梁端（此处未展示）上，则雕刻有一位冥想者的形象，这也与湿婆神话有关。两者都强化了这个重要地点的补弥提毗 - 湿婆关联，并将克什米尔·斯马斯特与喜马拉雅山脉的其他石窟寺如阿马尔纳特（见第 96 页）联系起来。

木头，可能是针叶树种，经雕刻
9 – 10 世纪
高 31.7 厘米，宽 54.3 厘米
巴基斯坦开伯尔 - 普赫图赫瓦省马尔丹地区的克什米尔·斯马斯特石窟
哈罗德·阿瑟·迪恩爵士捐赠
馆藏编号 1889,0703.9

公元初几个世纪，佛教在印度南部留下了明显的痕迹。阿默拉沃蒂（见第58–61页）、克里希纳河三角洲（1）附近的一组遗址以及后来的纳加尔朱纳康达，都提供了可靠的实证。然而，在更南的现代泰米尔纳德邦地区有组织的佛教活动到底存在了多长时间，相关证据就不那么清晰、明确了。

从现存的雕塑以及少量的泰米尔语文献中，可以了解到印度最南端的早期佛教情况。文献中最著名的可能是6世纪左右的《宝石腰带》。大约在同一时期，泰米尔圣徒的文献中也提到了佛教（见第124页），但始终都带有负面观点。但是，除佛教依然在延续的零散但明显的证据外，其记载寥寥无几。阿默拉沃蒂附近的布陀帕德发现了青铜佛像（2）。其中一尊与在爪哇岛发现的佛像非常相似（3），让人想起印度南部和印度尼西亚之间的联系（见第72页，在安得拉沿海地区生产的染色纺织品向印度尼西亚群岛长距离出口）。

来自文献的证据告诉我们，今时今日身为印度教中心的甘吉布勒姆在公元1千纪时曾是一个重要的佛教活动中心，纳格伯蒂讷姆也是如此。后者位于高韦里三角洲，非常适合进行国际贸易，这里也有佛像发现（4）。这些佛像与斯里兰卡的佛像很相似，表明了两地之间的联系。年表的另一端是关于纳格伯蒂讷姆的佛教建筑的一项记录，该建筑虽已被毁，但曾一直保存到19世纪。

本页
1. 围栏残段
来到戈利窣堵坡的信徒将会看到这尊祥和的女性形象。她的右手拿着吉祥的莲花，梳着精致的发髻，上面插满了箭，这是公元初几个世纪整个南亚地区神圣女性形象都有的一个特点。

片岩，或出自帕尔纳德
1世纪或2世纪
高99厘米，宽63.7厘米
或出自安得拉邦阿默拉沃蒂附近的戈利
P. T. 布鲁克·塞维尔捐赠
馆藏编号 1955,1017.1

对页上
2. 三尊佛立像
佛陀穿的是"南方"风格的僧袍，裸露一侧肩膀。这类佛像强调巨大的右手，暗示了佛陀的品质：左侧和中间佛像的施愿印昭示着满足愿望，右侧佛像的施无畏印显示无所畏惧。

青铜
7–8世纪，6世纪，5–6世纪（从左至右）
高38厘米，31.7厘米，31.2厘米（从左至右）
安得拉邦布陀帕德
印度事务大臣捐赠
馆藏编号 1905,1218.1-3

对页左下
3. 佛立像
此类佛像虽然可能是在爪哇铸造的，但其印度南部血统显而易见。与布陀帕德佛像一样，袈裟只覆盖了佛陀的左肩，并裹向他身体左侧。

青铜
9–10世纪
高19厘米
印度尼西亚爪哇
威廉·查尔斯·莱尔士·弗林特牧师捐赠
馆藏编号 1859,1228.98

对页右下
4. 佛坐像
图中的佛陀被想象成神圣的存在，而非凡人；佛陀的手摆出的姿势（手印）意味着冥想。火焰状的肉髻（佛陀头部的突起）将印度南部佛教与斯里兰卡佛教联系在一起（见第110页图1），尽管双莲花底座是印度东部的特征。

青铜
13世纪
高17厘米，宽11.9厘米
泰米尔纳德邦纳格伯蒂讷姆
馆藏编号 1928,1016.13

2 | 19 斯里兰卡佛教

佛教传播到斯里兰卡的时间和途径尚无法确定。传说中，阿育王的儿子摩哂陀与他的妹妹在公元前 3 世纪一起到达该岛，并让当地人首次皈依佛教。根据同一个故事，他们还带来了菩提伽耶菩提树的一节枝叶，而这棵树的后代在阿努拉德普勒仍然受到崇拜（1）。这种说法强调了斯里兰卡佛教与印度东北部的联系，该地区与释迦牟尼佛关联最为紧密。然而，这种解释并没有将佛教早期在安得拉沿海地区的广泛存在纳入考量，该地区比印度东部更接近斯里兰卡。安得拉佛教的典型元素也出现在斯里兰卡。在斯里兰卡发现过一尊显然是用安得拉的帕尔纳德片岩制成的小雕塑（2），这表明这件物品是从阿默拉沃蒂等佛教中心带到斯里兰卡的。这种联系也反映在两地窣堵坡建筑设计的相似性上。

斯里兰卡的皇家城市阿努拉德普勒在公元前 3 世纪就已经存在。它曾是最重要的佛教中心，直到 10 世纪朱罗王朝对该岛北部和中部的入侵摧毁了它。更南部的波隆纳鲁瓦则是朱罗王朝和后来僧伽罗统治者的首都。在阿努拉德普勒时代晚期，小乘佛教和大乘佛教都占据重要地位，分别以大寺和无畏山两座寺院为中心。两者存在的证据在现存的雕塑中都很明显（3）；古代斯里兰卡已知的最重要的青铜像之一就来自大乘佛教（4）。

1. 阿努拉德普勒菩提树
阿努拉德普勒供奉的菩提树被认为是公元前 3 世纪从印度北部带来的菩提树的后代。这幅 19 世纪的水彩画描绘了寺庙以及树上的一片叶子 —— 这是一种神圣的纪念品。

纸本水彩画，采集的树叶，经彩绘
作者为哈里·H. 圣乔治中校
（1845 – 1897）
1889 年 2 月 3 日
斯里兰卡阿努拉德普勒
伊恩·蒙克里夫·圣乔治·布雷特捐赠
馆藏编号 1996,0330,0.4

2. 那迦龙王石刻
这件石刻似乎由印度南部安得拉邦的帕尔纳德片岩制成。一位那迦王保护性地挺起身来。左边是另外两位那迦，而在中间那迦的上方正好可以看到一把皇家伞盖。

片岩，或出自安得拉邦的帕尔纳德
4 世纪
高 20.3 厘米，宽 15 厘米
或出自安得拉邦
馆藏编号 1898,0702.195

3. 佛坐像

这尊小佛像具有阿努拉德普勒那种影响深远的典型风格。佛陀盘坐，双手呈冥想手势，即禅定印，头盘火焰般的顶髻。这尊雕塑和图 2 中的石刻都是一位曾驻扎斯里兰卡的英国军官休·内维尔（1847－1897）的丰富收藏之一。

青铜，鎏金并嵌有红石
9 世纪
高 13 厘米
斯里兰卡
馆藏编号 1898,0702.29

4. 度母像

这尊几乎与真人一样大小的观世音菩萨化身度母像，显示了斯里兰卡大乘佛教流派在公元 1 千纪晚期的重要地位。这尊雕塑用失蜡法制作而成（见第 112 页），不同寻常的是，它为实心铸造然后再鎏金。高高的发髻上可能曾经镶有宝石，与未加装饰的身体形成鲜明对比。

青铜，实心铸造并鎏金
8 世纪
高 143 厘米，宽 44 厘米
发现于斯里兰卡东部亭可马里和拜蒂克洛之间
罗伯特·布朗里格爵士捐赠
馆藏编号 1830,0612.4

2 | 20 失蜡法青铜造像

虽然南亚有少量来自遥远古代的金属雕塑，如摩亨佐－达罗的舞蹈女孩和马哈拉施特拉邦戴马巴德的窖藏，但从公元初几个世纪后南亚才开始使用失蜡法铸造铜器。这种技术可能是从阿富汗和伊朗传入次大陆的，因此现存最早的此类文物来自西北部（见第19页）。这个时期，德干地区已经有了一体成型的金属制品（1），但这是一种不同的传统，并不生产立体雕塑。

在失蜡法工艺的铸造过程中，首先用蜡雕出要制作的雕塑，有时会使用黏土芯，有时使用固体蜡。然后用湿黏土覆盖蜡雕外表面，并让其干燥。随后将黏土和蜡一起加热，蜡流淌出来，就留下了精确的模具。可以用熔化的青铜（一种铜锡合金）填充模具，并让其冷却。一旦冷却完成，就打破外面的黏土，露出青铜雕塑成品，并在使用前对其进行凿刻和抛光。部分青铜器中还存有黏土芯，因此可以用热释光测年法直接测定其年代。

在公元1千纪，失蜡铸造法被熟练掌握，用于为佛教（2）、耆那教（3）和印度教（4）服务。最好的实例肯定是9－13世纪朱罗王朝时期在印度南部生产的那些青铜像。在南方，使用这种方法制作青铜雕塑的传统一直延续至今，最有名的制造中心是泰米尔纳德邦的斯瓦米马莱。

对页左上
1. 女神立像
这尊小型雕塑是用平面模具铸造的。正面的姿态、厚重的珠饰腰带、丰满青春的乳房和垂落乳间的项链让人想起桑奇等遗址中的早期历史形象（见第56页）。

黄铜合金
1世纪
高16厘米，宽6.4厘米
德干地区
布鲁克·塞维尔永久基金
馆藏编号1963,0215.1

对页右上
2 佛立像
这尊雕塑被制作时，失蜡法技术已臻至完美，于是能够造出这样绝妙的佛像。虽然这尊佛像造于印度，但其头发中的蓝色石青表明，它在某个时候被带到中国西藏并在该地使用。

铸铜，鎏金，并有石青痕迹
7世纪初
高35.5厘米
比哈尔邦
遗产彩票基金、艺术基金、布鲁克·塞维尔永久基金、维多利亚和阿尔伯特博物馆，以及维多利亚和阿尔伯特博物馆之友资助大英博物馆（馆藏编号2004,0401.1）与维多利亚和阿尔伯特博物馆（馆藏编号IS 3-2004）共同购得

对页左下
3. 药叉和药叉女像
这尊药叉和药叉女的青铜像由失蜡法制作而成，顶部为祖师像。这类雕像在耆那教信仰中发挥了重要作用。药叉的起源可能是自然界的精灵，随着耆那教和佛教两种信仰的发展，他们被纳入其体系之中。

青铜
9－10世纪
高14.1厘米，宽10厘米
德干地区
通过艺术基金（时为NACF）获得
馆藏编号1914,0218.13

对页右下
4. 猎人湿婆像
《摩诃婆罗多》中讲述了湿婆扮作林中猎人的故事（见第71页）。这位神祇被构想成一个美丽的年轻人形象，右手持兽主法宝。这是一件使用失蜡法铸造的作品，是青铜工匠技能的杰出范例，因为它有许多角度倾斜的部分，熔化的金属必须被精确地倾倒其中。

青铜
10世纪初
德干地区
高24.5厘米，宽12.5厘米
布鲁克·塞维尔永久基金
馆藏编号1967,0727.1

2 | 21 故事的表达方式

从公元前最后几个世纪直到今天，次大陆都有一个显著特点，那就是对以图画的方式讲述故事充满兴趣。我们从文献中得知，在公元前最后几个世纪，流动的说书人就已存在，他们会通过使用卷轴画来丰富他们的表达。公元前 2 世纪的《大疏》作者波颠阇利在讨论公元前 4 世纪的语法学家帕你尼时提到了这一群体。虽然目前没有这些时代的彩绘卷轴画留存下来，但在整个次大陆，从北部的中国西藏到南部的斯里兰卡，以及从东部的孟加拉地区到西部的古吉拉特邦，彩绘卷轴画都被广泛使用。

该传统的发展可以在雕塑而非绘画中找到蛛丝马迹。在早期的佛教遗址，如阿默拉沃蒂（见第 58 页）中，佛传故事场景被逐一描绘出来的方式就像卷轴画一样（1）。事实上，佛教从印度传播到中亚、中国西藏和东南亚的过程中，一定有僧侣（讲故事者）用图画来展示新宗教的故事。而且，考虑到故事的数量（佛传故事，外加所有佛本生故事），佛教上师和新信徒群体之间又缺乏共同的语言，卷轴画的必要性就变得显而易见。尽管文献中提到了卷轴画，但古代的实物未能留存下来，后期的实物也是如此（2）。

在近代的斯里兰卡泰米尔地区，讲故事者用布上的《罗摩衍那》绘画来丰富其口头表述（3），而在孟加拉地区，用卷轴画讲故事的传统一直延续到今天（见第 237 页）。

1. 阿默拉沃蒂主要窣堵坡的佛传故事浮雕

这段佛传故事以从右至左的顺序展开，就像朝圣者以顺时针方向绕窣堵坡进行崇拜一样。在一块描绘了密荼那（mithuna，吉祥爱侣）的石板左侧，故事浮雕依次表现了悉达多王子从床上下来、离开熟睡的女眷、骑着马离开被天人包围的宫殿，最后坐在森林里，送走了他的马夫和马。

帕尔纳德片岩
3 世纪
高 37.5 厘米，宽 140 厘米
安得拉邦贡图尔区阿默拉沃蒂窣堵坡
马德拉斯政府捐赠
馆藏编号 1880,0709.112

2. 敦煌卷轴画

这幅来自中国敦煌石窟的绘画描绘了佛陀早期生活的三个场景。顶部，跪着的马和马夫向年轻的王子告别；中部，悉达多落发；下部，即将成为佛陀的悉达多全心冥想。悉达多如此专注，以至于鸟儿在他头上筑了巢。

绢本设色
8 世纪或 9 世纪
纵 58.5 厘米，横 18.5 厘米
中国甘肃敦煌莫高窟第 17 窟
馆藏编号 1919,0101,0.97

3.《罗摩衍那》中的《森林篇》场景

在泰米尔地区，这样的布画被用来配合《罗摩衍那》的诵读。此处的细部显示了如下情节：婆罗多和设阇卢祇那（罗摩的两位兄弟）穿越恒河（下排）；罗摩、悉多和罗什曼那遇到一群苦行者（中排）；女恶魔首曼哩薄那迦在宫殿里曼接近她的哥哥十首王罗波那（上排）。

棉布，模子印花并染色，配墨水标题
19 世纪初
纵 110 厘米，横 762 厘米（整布）
泰米尔纳德邦或斯里兰卡北部
布鲁克·塞维尔永久基金
馆藏编号 1993,0724,0.2

2 | 22 仙人、苦行僧和弃绝者

早在反映大约公元前 1500 年这段时期历史的《吠陀》中，就有精神先觉者或"仙人"（rishi）的记录。后来，在《奥义书》中（公元前 1 千纪早期至中期），我们遇到了放弃日常生活并在森林中隐居以提升精神觉悟的人，他们也是仙人。稍晚一段时期，如来佛在森林中的静修也属于这一群体（见第 42–43 页，第 114 页）。避世离俗是基于这样的想法：不分心有助于精神思考；生活简单可助精神进步；通过集中精力和锻炼（也就是瑜伽）可以增强反应；自我否定的成功表明精神进步（1）。这样的人也可以被称为苦行僧（sadhu），其中许多人会跟随一位古鲁（guru，精神导师）的教诲，有时在静修处聚集在他身边，并斩断所有束缚 —— 家庭、语言、种姓（2）。对于那些无法融入被种姓束缚的社会的人来说，成为苦行僧也是一种遁世的方式。

有的苦行僧四处游荡，有的静坐不动，许多人放弃了对这个世界的所有依恋，通过乞求施舍来寻求食物（3）。他们贯穿于整个南亚地区的文学中，令人敬畏和钦佩，有时人们也恐惧他们拥有的力量。当然，人们也嘲讽欺骗无辜者的假苦行僧。苦行僧的一个变体是弃绝者（sannyasi）：传统印度教家庭的家主在履行完其家庭责任后，可以离开家去寻求自己的救赎。与此同时，他的妻子 —— 现在实际上是寡妇 —— 就得在社会的边缘勉强度日。

弃绝者普遍存在于耆那教、印度教和穆斯林社群里。在穆斯林中，弃绝者往往是苏菲派成员（见第 163 页），他们多聚集在圣徒的墓祠前。

1. 苦行僧像
雕塑中的这位修行者放弃了世俗生活，他几乎全裸，右手拿着念珠，脖颈和上臂挂着珠串。他胡须蓬乱，发辫在头顶盘缠起来结成发髻。这些特征都与湿婆 —— 被认为是弃绝者中的典范 —— 相关。

大理石
10 世纪晚期
高 81 厘米，宽 20 厘米
拉贾斯坦邦
布鲁克·塞维尔永久基金
馆藏编号 1964,0413.2

上

2. 仙人弥陀诃斯和他的弟子
这位古鲁坐在森林中他那简陋小屋外的一张兽皮上，远离浊世。他手里拿着讲述女神胜利的《女神荣光》（见第103页）。两名信徒苏拉特和三摩地（左）前来聆听他关于杜尔迦神力的教诲。

纸本水粉画
约1780年
纵14.6厘米，横23.4厘米
喜马偕尔邦康格拉
P. 马努克和G. M. 科尔斯小姐通过艺术基金（时为NACF）遗赠
馆藏编号 1948,1009,0.140

左

3. 毗湿奴派苦行僧
这位名叫巴杰让·达斯的弃绝者头上的提拉克（tilak，宗教标记）是一个巨大的朱红色圆点，即宾杜（bindu）。他那涂满灰的头发在脑后盘成一团。他属于一个著名的苦行僧集团——罗摩南迪派，他们崇尚毗湿奴的化身罗摩（见第86页）。巴杰让·达斯是一个"站立者"，一个发誓只用一只脚站立、从不躺下的苦行僧。拍摄这张照片时，他已保持这种苦行六年。

道夫·哈特苏克尔拍摄
1970年代
大英博物馆哈特苏克尔档案馆藏

大事年表

6 世纪	象岛石窟建造，建造者可能是迦罗珠利诸王
6-7 世纪	尼泊尔独特的雕塑风格
7-9 世纪	波腊伐王朝统治泰米尔纳德
7 世纪	马哈巴利普拉姆石窟寺建造
约 630-645 年	中国朝圣者和翻译家玄奘到访印度
7-10 世纪	纳衍马尔和阿瓦尔在印度南部活跃
8 世纪	埃洛拉的吉罗娑之主神庙建造
8-12 世纪	波罗王朝统治印度东部
9-13 世纪	朱罗王朝统治时期
约 10 世纪	《薄伽梵往世书》可能在印度南部被编纂
948 年	卡纳塔克邦什拉瓦纳贝尔格拉的巴霍巴利巨大石像建成
约 985-1012 年	朱罗国王罗茶罗乍一世统治印度南部
1000-1027 年	阿富汗突袭印度北部
约 1010 年	罗茶罗乍一世为坦贾武尔的布里诃丁湿伐罗神庙举行开光仪式
9-11 世纪	金德拉王朝统治印度中部；卡久拉霍神庙建成
1055-1110 年	维阁耶巴忽统治斯里兰卡，朱罗王朝的统治结束
1160 年	南亚第一座有碑文记载的清真寺在卡奇的巴德雷什瓦尔建成
12 世纪	诗人胜天创作《牧童歌》
13 世纪末	加德满都谷地尼瓦尔金属匠人的作品，其盛名远扬中国
12-14 世纪中期	曷萨拉王朝统治印度西南部
11 世纪晚期-14 世纪	奥里萨邦的东恒河统治者

3——

诸王朝和虔信
运动的兴起

6 世纪至 14 世纪

1. 马哈巴利普拉姆的诛摩西娑修
罗者神庙
金奈南部马哈巴利普拉姆的石窟
寺中有一组令人印象深刻的大型
浮雕。这件 7 世纪中期的作品描
绘了杜尔迦女神骑着她的狮子坐
骑与撤退的水牛恶魔摩西娑修罗
对峙；这件作品表现出一种绝佳
的运动感和戏剧感，以及对雕塑
技术的娴熟掌握。

中世纪时期（6–13 世纪）并没有一个单一的、泛印度的王朝，而是存在着许多强大的区域性王国。

在南方，继百乘王朝和甘蔗王朝统治者之后，波腊伐和波陀耶王朝占据了主导地位。波腊伐人在建志补罗（即甘吉布勒姆）建立统治，8 世纪时在那里建造了湿婆和毗湿奴的神庙，同时佛教在当地依然很重要。从 7 世纪开始，他们还通过马哈巴利普拉姆的港口进行大规模贸易。供奉印度教神祇毗湿奴（及其各种形态）、湿婆和击败摩西娑修罗的女神杜尔迦（1）的石窟寺体现了该港口的重要性。在马杜赖附近更南边的波陀耶人也在卡卢古马莱等地修建了石窟建筑。这一时期开始出现了以湿婆和毗湿奴为中心的虔诚崇拜，这也体现在四处漫游的圣徒 —— 纳衍马尔和阿瓦尔的诗歌中（见第 124 页）。这种个人崇拜即为虔信，后来在整个次大陆产生了巨大影响，特别是对黑天的崇拜（关于虔信，见第 162–163 页）。在德干地区，早期遮娄其王朝因其在巴达米（6 世纪以后建造的石窟寺）（2）、艾霍（时代相近）和帕塔达卡尔（主要建于 8 世纪）建造的寺庙而被铭记。

　　同样是在南方，这些王朝的唯一继承者朱罗王朝具有重要地位；从9世纪到13世纪，他们是高韦里河三角洲肥沃土地的统治者，他们建造的寺庙规模前所未见，如罗茶罗乍于1010年在坦贾武尔建造的布里诃丁湿伐罗神庙和他的儿子罗贞陀罗建造的恒伽贡达朱罗普拉姆神庙。寺庙和记录土地授予的铜板上的铭文数量甚巨，使得更准确的历史断代成为可能。这不仅是一个以石头建造和装饰寺庙的时期，也是一个青铜铸造在南亚达到顶峰的时期。这种规模的工程所需的资金是通过贸易和征服来筹集的（德干部分地区以及斯里兰卡大部分地区被置于朱罗王朝的统治之下，而东南亚部分地区则承认其宗主国地位）。这个王朝的衰落使曷萨拉王朝的统治者在迈索尔周边地区崭露头角；如今，他们被人们铭记，主要是因其有着圆形或星形平面结构，并饰有深镂空雕塑的寺庙。

　　在印度北部，随着笈多王朝在5世纪的衰落，各种地方势力逐渐壮大，包括迦罗珠利王朝（6世纪的象岛石窟与其有关）(3)、卡瑙季的戒日王朝（7世纪中国佛教朝圣者玄奘有记录），以及德干地

3. 湿婆三面像，摩西什穆尔提（Maheshamurti，字面意思是"伟大主宰的形象"）。
这尊6世纪的高7米的湿婆神像，是一件惊人的、极具魄力的雕塑作品。它位于象岛石窟的后壁上。三面像说明了该神祇的不同特征：可怕的畏怖尊位于湿婆的右侧；优雅的帕尔瓦蒂位于其左侧；而中间的湿婆神遗世孤立、宁静肃穆，但又充满了潜在的力量。这尊凿岩雕像，连同其他八件展现湿婆神话的大型浮雕壁面，具有令人印象深刻的美学和宗教感召力。

区的罗湿陀罗拘陀王朝（他们是8世纪的埃洛拉的吉罗娑之主神庙的赞助人）（4）。从10世纪起，印度中部的金德拉王朝（卡久拉霍神庙的建造者）地位日益突出。稍晚还有印度东部的波罗王朝以及之后的塞纳王朝。波罗王朝的国际路线——不是通过征服，而是通过他们的"文化供给"——使其与印度南部的朱罗王朝一起成为中世纪最重要的政权。该王朝起源于孟加拉地区，由于控制了佛教圣地，其权力不断增长。朝圣者从亚洲各地赶来朝拜这些圣地，尤其是菩提伽耶，并将泥塑、石雕，尤其是便携式的青铜雕塑带回当地。因此，波罗风格被传播到中国、缅甸、泰国和印度尼西亚。青铜铸造工艺（例如库尔基哈尔的工艺）的质量最为卓越。伴随着雕塑和虔信传播的，还有梵文、棕榈叶手稿和关于神圣空间的观念，例如曼荼罗（见第160页）。波罗王朝的佛教系统具有很大影响力，但在佛教于印度东部保持超然地位的同时，印度教信仰也得到了波罗王朝及其继承者塞纳王朝的支持。

波罗王朝领土以北是尼泊尔，几个世纪以来，它在文化上与印度北部平原有着密切联系。佛教和印度教在那里都很兴盛，特别是在加德满都谷地，此处可能从阿育王时代就开始成为该地区

4. 埃洛拉的吉罗娑之主神庙
这座供奉着作为吉罗娑山（湿婆位于喜马拉雅山脉山巅的家园）之主湿婆的神庙于 8 世纪在坚固的崖壁上切掘而成，是古代印度伟大工程成就之一。它的构造是独立的，但建筑和雕塑并非建造而成，而从上而下切割凿就。来自其他地方的财产赋予铜板表明，罗湿陀罗拘陀国王克里希那罗阇一世（756－773 年在位）是这座神庙的主要赞助人，尽管神庙可能在他统治结束之后才告完工。

的文化中心。在尼泊尔，印度教和佛教同步发展。

与此同时，自在印度东部创立以来，耆那教也得到了发展，并广泛传播。在波腊伐王朝时期，它就在泰米尔语国家中广为人知，尽管后来在虔信运动中受到了影响。同一时期，在印度中部瓜廖尔和埃洛拉等地的耆那教石窟寺也声名远扬。然而，我们所知的从中世纪时期至今依然能保持重要地位的耆那教据点都分布在印度西部（拉贾斯坦邦和古吉拉特邦）和卡纳塔克邦。

这一时期，印度景观中最令人印象深刻的变化也许是大规模寺庙的出现。这些建筑结构中供奉着信仰的对象，包括佛陀、耆那教祖师或是印度教的神祇，统治者则是其赞助者。石窟寺的传统继续发扬光大，最终在埃洛拉的吉罗娑之主神庙那令人震惊的辉煌中达到顶峰（4）。然而，结构建筑较石窟寺而言地位越来越重要，柱、梁以及拱顶承重的建筑原则被确立。在朱罗王朝神庙中看到的巨大主义呈现了一种南方范式，这个范式将在接下来的时间里延续下去。

3 | 1 纳衍马尔和阿瓦尔

这两个术语指的是中世纪早期印度南部的圣徒诗人，纳衍马尔歌颂湿婆，阿瓦尔歌颂毗湿奴。他们生活的年代并不确定，但从他们诗歌本身给出的证据来看，他们很可能生活在公元 1 千纪中期至晚期，湿婆派圣徒阿帕尔活跃时间是 7 世纪（1），在圣徒序列中可能位列第一。

同一时间，印度南部的宗教景观与我们今天所知的情况非常不同，佛教和耆那教地位显赫，而且受到王室的赞助。然而，到了千年之交，这种情况发生了变化：佛教日落西山，耆那教从那时起也成为少数人的宗教信仰，尽管它一直延续到今天（见第 138 页）。这些变化主要是由于圣徒的工作，与佛和耆那教的信仰不同，他们倡导一种充满情感、与神祇水乳交融的宗教生活。这也许可以被看作后来所谓"虔信"的开始（见第 162 页）。

纳衍马尔有 63 位，尽管其中一些人事迹寥寥。阿帕尔、桑班达（3）和孙陀罗是其中最有名的，他们的诗歌被收集在一起，称为《神花鬘》。阿瓦尔有 12 位，其中包括一位女性（安达尔）。如同纳衍马尔的诗歌一样，阿瓦尔的诗歌讲述了对神祇的顺从和无条件的爱。这些诗句有时超出常规，是那些时常被社会排斥的信徒对神祇的倾诉。向湿婆献上眼睛的坎纳帕是个猎人（见第 97 页），阿瓦尔中的蒂鲁曼盖是个强盗（2）。在这种现实观中，种姓、财富和地位的限制并不重要，重要的是对神祇的完全虔诚。

1. 纳衍马尔阿帕尔像
阿帕尔的特征是肩上扛着铲子，这尊由莫汉·斯塔帕提创作的青铜雕像是在 1980 年代末受委托而制作的纳衍马尔群像中的一尊。它既是对圣徒肖像多样性的记录，也说明了印度南部仍在进行的青铜铸造的质量。

青铜
1991 年
高 38 厘米
铸于泰米尔纳德邦金奈郊区的拉马普兰
馆藏编号 1992,0727.3

2. 阿瓦尔蒂鲁曼盖像
在这尊用于巡游的雕像中，蒂鲁曼盖携带着未出鞘的剑和盾牌，暗示着他早期的暴力的强盗生活。在他突然遇到神圣的毗湿奴之后，这一切都结束了；此后，蒂鲁曼盖开始创作虔诚诗歌。

青铜
18－19 世纪
高 46.5 厘米，宽 25 厘米
泰米尔纳德邦
H. S. 西姆捐赠
馆藏编号 1922,1020.6

3. 纳衍马尔桑班达像
湿婆信徒、儿童诗人与圣徒桑班达跳着舞，并手指神祇。这种雕塑通过底座上可见的圆环被绑在木台基上，并在寺庙节庆期间由信徒们带去巡游（见第 144 页图 2）。

青铜
12 世纪
高 43.3 厘米
泰米尔纳德邦，或出自坦贾武尔地区
塞缪尔·艾伦伯格教授遗赠
馆藏编号 2001,1126.2

3 | 2 菩提伽耶

佛陀的开悟发生在比哈尔邦的菩提伽耶。佛陀在此地一棵菩提树下打坐，开始理解存在的本质。他曾受到诱惑，但没有屈服（见第44页）。相反，他呼唤大地女神来见证他业已摆脱诸多轮回中累积的执着，从而准备好成为开悟者；大地为之震动。从此，佛陀开始传授自己对执着的理解和摆脱执着的方法。"初转法轮"发生在鹿野苑（见第78页）。因此，菩提伽耶（开悟）和鹿野苑（"初转法轮"）关系密切。

自公元前1世纪以来，菩提伽耶一直受到佛教徒的崇敬，而佛陀曾坐在其下的那棵树是其中的重要元素，成为公认的开悟象征；树上的叶子成为流行的纪念品。正是在波罗王朝时期（见第130页），摩诃菩提寺成为来自世界各地佛教徒朝圣的中心。但到了19世纪，佛教在菩提伽耶已不为人所知，该建筑也年久失修。对此建筑的复原——甚至是重建——由此开始（1），并在发掘工作中发现了诸多珠宝制品（2）。

中世纪时期，人们制作了描绘菩提树和寺庙的陶制纪念品（3）。这种纪念品被带到整个佛教世界，为建造圣地的复制品提供了图像辅助材料，缅甸（蒲甘）、泰国（清迈）和中国西藏（果洛）都有这样的复制品。此外，圣地的小石像也得以保存下来：一件是在圣地发掘出来的；另一件是在几百英里外的中国西藏发现的，由朝圣者携带到那里（4）。

1. 修复中的菩提伽耶摩诃菩提寺
在其历史早期，菩提伽耶的寺庙似乎就有一种高耸的砖构上层建筑。它经常被翻修，11世纪末被缅甸人重修过。最近一次修复是在1880年代由印度考古调查局（ASI）进行的，当时的建筑已经处于坍塌危险之中。ASI工程的监督者是约瑟夫·大卫·贝格拉尔，这张照片可能也是由他拍摄的。

纸质照片
1880－1881年
高24.2厘米，宽19.4厘米
奥古斯都·沃拉斯顿·弗兰克斯爵士遗赠
馆藏编号 1897,0528,0.117.a

2. 来自菩提伽耶的珠宝供品

这些物品于 1880 年代在该寺庙中发现，应均为供品。这些珠子与在窣堵坡内的舍利匣中发现的珠子惊人地相似（见第 66 页）。金花上镶嵌着蓝宝石，并与海螺壳形式的金珠串在一起；其他珠子的样式也是类似的吉祥符号。

黄金、宝石和半宝石
公元初几个世纪
长约 11 厘米（较短的彩色珠串）
印度东部，发现于比哈尔邦菩提伽耶
亚历山大·坎宁安爵士捐赠
馆藏编号 1892, 1103.13, 14,
16-20, 22-24, 38, 39

3. 擦擦

这枚擦擦是朝圣者的纪念品，描绘了菩提伽耶的寺庙，并显示了佛陀开悟时的触地印。佛像被雕刻在佛龛内，其上方是寺庙的庙塔；庙塔外可见菩提树的树枝。这些容易携带的擦擦——其形状似菩提树的叶子——对传播这一重要寺庙的设计理念很有影响，也使其得以被复制。

赤陶土
约 9 世纪
高 15.3 厘米，宽 11 厘米
出土于比哈尔邦菩提伽耶
亚历山大·坎宁安爵士捐赠
馆藏编号 1887,0717.81

4. 菩提伽耶摩诃菩提寺模型

这件来自菩提伽耶的神圣纪念品是由一位 12 世纪的朝圣者带到中国西藏的，他经历了跨越喜马拉雅山脉到印度平原的危险旅程。底座上的后期雕刻是交叉的雷电，象征着巨大的力量。

云母片岩
12 世纪
高 10.8 厘米
印度东部
馆藏编号 1922,1215.7

3 | 3 南亚的早期绘画

除比莫贝卡特的岩画（见第 17 页）和阿旃陀的石窟壁画（见第 80 − 81 页）外，南亚现存最早的绘画作品是带插图的贝叶手稿和用来固定它们的木质书封（1）。这样的贝叶手稿是 11 世纪至 15 世纪留存下来的，尽管晚期的实例很罕见（2）。

如今已知的早期作品质量很高，我们不得不假设绘画传统早在这之前就已确立。现存的实例大都是佛教手稿，其中许多是有影响力的大乘经书《般若波罗蜜多心经》（3）。由于棕榈叶又长又薄，所以这些插图的尺寸受到限制。此外，每页贝叶手稿边上都有孔，可用绳子穿过，以确保贝叶的顺序正确，这进一步限制了可绘画的空间。这些画作经常展示大乘佛教众神的坐像。颜色有红色（来自朱砂）、白色（白垩）、蓝色（靛蓝）、黄色（雌黄）和绿色（黄蓝混合）。绘画位置有时在中心，有时在叶子两边。

制作贝叶手稿并为其配上插图的传统在其他受波罗王朝影响的国家也得以延续，例如尼泊尔（大部分现存的印度东部手稿都是在这里发现的）。

印度东部的壁画已经失传，这些壁画迷人效果的唯一提示来自上述小型手稿画，以及受波罗王朝强烈影响的印度之外的寺庙壁画。例如，在缅甸蒲甘，特别是明迦巴的古比奥基神庙目前已经受到保护的壁画上，我们可以隐约看到印度东部伟大朝圣庙宇的昔日模样。

对页上
1. 彩绘木质书封
这些书的封面绘制于印度东部，或也有可能是尼泊尔。两者的中心都是佛坐像。上方的佛像带着头冠，在高耸的寺庙建筑前呈触地印，而下方的佛像结说法印，背后是尼泊尔风格的背屏（见第 159 页图 4）。两端，菩萨倚坐在画得十分精致的涡卷纹前。

彩绘木板
12 世纪晚期
高 6.2 厘米，长 42 厘米（每个封面）
印度东部，或尼泊尔加德满都谷地
馆藏编号 1977,0124.1.a−b

上

2. 绘有佛本生故事场景的书封

这本书的封面（此处为两个封面中的其中一个）为覆盖一份《时轮经》手稿而制作。《时轮经》是印度较晚时期的一部密宗著作。制作时间为 1446 年，此时印度东部的佛教寺院中心已经被摧毁很久，这表明在 12 世纪寺院被放弃后，佛教在某种程度上仍在延续。

彩绘木板
1446 年

高 6 厘米，长 33.5 厘米
比哈尔邦
剑桥大学图书馆藏
馆藏编号 MS Add.1364

下

3. 彩绘手稿叶

这份《般若波罗蜜多心经》手稿中描绘的是佛教女神大随求菩萨，两侧都是文献中的句子。最早的佛教教义是靠背诵传播的，后来才得以书写下来。用于书写和绘制插图的是桦树皮，后来则使用贝叶棕的叶子。

棕榈叶，经彩绘
11 世纪晚期
高 6.2 厘米，宽 39 厘米
尼泊尔或印度东部；后被带到尼泊尔
道格拉斯·巴雷特捐赠
馆藏编号 1972,0410,0.2

3 | 4 波罗王朝的石雕

波罗王朝的统治者热忱于赞助宗教艺术，包括石雕和铜雕（见第132页）。他们主要支持佛教，但在这个百花齐放的时期，印度教和佛教的雕塑都得以被制造。这个繁荣的时代主要归功于波罗王朝国王们所保持的国际联系。这些联系由于波罗王朝治下的佛教圣地（其中最重要的是菩提伽耶，见第126页）而得到极大的加强。许多朝圣者从东南亚和东亚涌向这里。由于这种朝圣活动，石雕、铜雕和绘画的波罗风格传遍亚洲，影响了中国、印度尼西亚、缅甸、尼泊尔的佛教造像（印度教造像与印度本土联系紧密，因此传播范围较小，但在东南亚部分地区依然很流行）。

尽管波罗王朝的建筑只零散地留存下来，如那烂陀和帕哈尔普尔的寺院，但很明显，许多石雕来自当时的佛教寺院或寺庙（1），或是印度教寺庙。到目前为止，发现的大多数石雕都是深色片岩制作的大石碑，其中一面雕刻着一个中心主题，周围是天人、供养人或乐师；这些石碑被镶嵌在砖构寺庙建筑的各个角落（砖是该地区最受欢迎的建筑材料）。通常，中心人物是佛陀（3）或印度教神祇（2），或坐或站于双莲花底座之上。丰富的背屏装饰是其另一个特点，佛教造像中还有经文铭文或对供养人的描写。工坊出产极多，现存的神像有数百尊。

1. 佛陀之死

这块石碑表现的是佛陀涅槃。佛陀的身形比下面的弟子大很多，这表明了他的重要性。佛陀的最后一位弟子（中间）按照上师的指示打坐，他对死亡无动于衷，而其他弟子则表现出情绪化的迹象。卧佛上方是一座窣堵坡（暗示佛陀的死亡），而在最上方，天人乐师在演奏双头鼓和钹。

玄武岩
10 世纪
高 58.4 厘米
印度东部
馆藏编号 1880.1

2. 毗湿奴立像

这尊毗湿奴像头戴王冠，如同一位理想的国王，并有四只手（两只前臂损坏）。毗湿奴戴着精美的珠宝，花环（vanamala，即"森林花环"）一直垂到膝盖之上。毗湿奴还由他的两个神妃室利和补陪伴。密集繁复的莲花涡卷纹是波罗王朝雕塑的典型特征，特别是脚部周围的这类纹样。

片岩，后涂黑
11 世纪
高 164 厘米，宽 78 厘米
印度东部
布里奇家族捐赠
馆藏编号 1872,0701.32

3. 戴王冠佛立像

这尊戴着王冠、珠光宝气的雄伟立佛被反映其生平场景的浮雕所包围。在佛陀右肩上有一句铭文，也就是所谓的佛偈，是佛陀关于苦难及停止苦难的教导的浓缩版本。左下方是匍匐的供养人形象，下面是双莲花底座，另有铭文。

片岩
11－12 世纪
高 195 厘米
比哈尔邦菩提伽耶
布里奇家族捐赠
馆藏编号 1872,0701.30

3 | 5 印度东部的铜雕

从 9 世纪到 12 世纪，铜像制造在印度东部（今天的比哈尔邦和西孟加拉邦）和今天的孟加拉国得到显著发展。在波罗王朝和塞纳王朝的统治时期，这一地区的失蜡法铜铸工制造了许多杰出的神像，为佛教和印度教服务。

虽然释迦牟尼佛是常见题材（毕竟这里是他传教的地方），但这一地区所制造的大部分雕像都是大乘和金刚乘的神祇（1、2）。许多实例得以被保存下来是因为它们足够小，可以被访问过菩提伽耶等圣地的朝圣者带到其他佛教中心如尼泊尔、中国西藏，然后再带到中国内陆（见第 126 页）。因此，它们在远离其生产地的地方对当地雕塑风格的发展产生了影响。这些人物或坐或站于寺庙基座之上，带有笈多风格，同时又有一种纤细的美感，这种美感常常通过使用镶嵌银（眼睛和珠宝）和铜（衣服的细节）来强调。

虽然佛教铜像占多数，但也有毗湿奴派主题的铜像（3、4）。其中部分被带到了中国西藏，在那里被用于祭祀活动，这一点可以从头发中发现的天蓝色或红色粉末（取决于该神祇被认为是和平的还是恐怖的）以及添加在脸上的金粉颜料看出。仅仅是这些铜像来自佛陀诞生地这一事实，似乎就足以让它们受到珍视和敬奉，它们原本是否严格地属于佛教则无关紧要。

对页左上
1. 观世音菩萨像
这尊雕像所描绘的神祇是一直以来都很受欢迎的菩萨 —— 慈悲的观世音菩萨。其位于一建筑外框内。阶梯状的底座和神祇所坐的基座与佛龛的轮廓相映成趣。头发中的蓝色粉末表明它被运出印度之后在中国西藏被使用。

青铜，鎏金并镶银
12 世纪初
高 18 厘米，宽 9.2 厘米
印度东部
1985,0511.1

对页右上
2. 莲花曼荼罗像
此雕塑是圣图曼荼罗的立体形式，其底座上刻有俗家弟子丹陀那迦的名字。它的中心是阿閦佛。在曼荼罗理论中，阿閦佛被认为是镇坐主要方位的佛之一：东方佛。大乘佛教认为在释迦牟尼佛之前一定曾有其他佛（包括五方佛），就像将来会有其他佛一样。在这个精美的青铜铸造范例中，莲花可以开合，并被下方涡卷纹中的那迦所支撑。

青铜，部分鎏金，嵌银和铜
12 世纪
高 14 厘米
印度东部
馆藏编号 1982,0804.1

对页左下
3. 四臂毗湿奴像
这位神祇带有头光，站在一宝座前方。大面积的触摸磨损表明了几个世纪以来对神像的虔诚使用。这尊雕像还表明了恒河三角洲以东的毗湿奴派的势力范围，当地用独特方式表现神的器物，即右侧下方手所持的轮宝和左侧下方手所持的杵。

青铜
9 世纪
高 19.5 厘米，宽 10 厘米
孟加拉国东南部，或出自吉大港
阿兰·泰勒博士遗赠
馆藏编号 2014,3025.1

对页右下
4. 大力罗摩与犍尼萨、拉克什米像
这尊非常精致的雕像由五个不同的元素组成，它们共同构成了完整的组合。大力罗摩（特征是右肩扛犁）通常是毗湿奴派一个不太重要的成员，却在这尊雕像中位于中央，而重要的吉祥神祇位于两侧。在某个时候，这尊雕像被运到了中国西藏，在那里，它在一座佛教寺院里获得了第二次生命。

青铜，嵌银
12 世纪
高 28.5 厘米，宽 15 厘米
印度东部
馆藏编号 1985,0719.1

3 | 6 中世纪的耆那教女神

虽然对耆那教祖师的崇敬（见第 46 页）接近于崇拜，但耆那教的基本信条回避了这种活动——毕竟在其世界观中没有终极神祇。然而，在其宗教历史的早期，耆那教的宇宙中出现了一组女性神祇，由于这类雕塑的顶部经常刻有祖师像，因此可以辨识出其耆那教身份。

这些女性神祇通常被称为药叉女，这个古老术语表明她们起源于对生育神祇的崇拜，而生育神祇在早期佛教中的地位同样众所周知。她们与生育、儿童、繁荣以及知识有关。她们大多在俗家弟子中拥有追随者，并与她们的印度教同名女神有明显的联系，其中包括安必迦（丰育）（1）和娑罗室伐底（智慧）（2）。中世纪时期，这些女神的铜像和石像很常见。青铜像大部分用于家庭神龛（它们的尺寸很小）。石像则来自耆那教寺庙的外部或部分开放的大厅——曼达波（mandapa），这些大厅连接着寺庙的外部和供奉着祖师像的深处。

过去，耆那教在南亚许多地方包括印度中部都很繁盛。这方面的证据来自埃洛拉的耆那教石窟寺（见第 123 页）和卡久拉霍等地的结构性寺庙。一系列来自印度中部的雕塑作品也展现了众多女神，其中一些女神至今仍为人所知（3），而另一些则现在已不为人知（4）。

1. 安必迦像

安必迦女神的左臂抱着一个孩子，而右手正将一串芒果（一种与她有关的水果）给予另一个孩子。安必迦体现了母性与宁静的特质。在她周围，涡卷纹形成外框，其上布满了小型人物，而在她上方是祖师内密那陀，这清楚地表明了这尊雕塑的耆那教身份。

片岩
11 世纪
高 47 厘米，宽 22.9 厘米
奥里萨邦
布里奇家族捐赠
馆藏编号 1872,0701.94

2. 娑罗室伐底像

作为一位智慧女神，娑罗室伐底的左手恰如其分地拿着一份贝叶手稿。耆那教以致力于学习而闻名，印度教知识女神的形象经常出现在耆那教的背景中。这尊雕像的耆那教背景就非常明显，因为女神上方的雕像是一个坐在多层伞盖下的祖师形象。

青铜
10 世纪
高 33 厘米，宽 15 厘米
德干地区，或出自卡纳塔克邦
P. T. 布鲁克·塞维尔捐赠
馆藏编号 1957,1021.1

3. 妙目像
有人形雕像的浮雕传统上会被放置于寺庙的外墙上,它们通常有一个系列。该实例雕刻了一尊八臂女神,其名字"妙目"被刻在了底部。上面的祖师像表明了其耆那教的身份。

砂岩
850 – 900 年
高 76.2 厘米,宽 47 厘米
或出自中央邦的吉亚拉斯普尔
布里奇家族捐赠
馆藏编号 1872,0701.65

4. 身份不明的耆那教女神像
这位女神的十二只手臂之一正在额头上点上一个提拉克(宗教标记)。浮雕顶部那个三角形的标记可能表明此处曾刻有一尊祖师像。

砂岩
10 世纪
高 106.5 厘米,宽 74 厘米
中央邦北部
布里奇家族捐赠
馆藏编号 1872,0701.81

3 | 7 印度西部的耆那教

铜雕和石雕（3、4）、插图手稿（1）和绘画（2）的制作记录了耆那教在印度西部的存在。古吉拉特邦和拉贾斯坦邦都存有中世纪寺庙，许多都是用白色大理石建造而成的，其中最著名的寺庙位于阿布山（11 世纪及以后）和拉纳克普尔（15 世纪）。这些寺庙中供奉的神像通常由相同的白色大理石制成（4），如今有时还用纺织布幕来敬奉他们。

在印度西部，使用失蜡法铸造青铜器以及青铜镶嵌银和黄铜的工艺（3）得到了很好的发展。由于功德是通过捐赠神像获得的，因此许多耆那教雕塑都有记录捐赠日期和捐赠者姓名的铭文（4）。

在耆那教中，制作手稿是一项宗教义务。这意味着图书馆的手稿库即"书藏"中积累了大量的插图手稿。幸存下来的 12 世纪罕见手稿用脆弱的棕榈叶书写，这是印度手稿最早的常用材料（见第 128－129 页）。纸本手稿更常见，大多可以追溯到 14 世纪及以后。图案通常以红色为背景；对金色和蓝色（来自青金石）的运用则是后来的特征（1）。虽然纸张为文字和图画提供了更大的空间，但纸本的耆那教手稿仍然沿用了棕榈叶的长方形布局，神圣的先例至关重要。

在布上绘制的图画同样存在，有些画作的主题是耆那教的宇宙观（2），有些画作的主题是朝圣，这是耆那教生活的一个重要方面。还有一种更鲜活的图画类型则描绘了罪人在地狱中即将受到的惩罚。

1.《劫波经》
该文献讲述了最后一位祖师大雄的生平故事。这一时期的典型耆那教绘画作品使用金色和蓝色，后者的颜料用阿富汗东北部的青金石制作而成。离观者较远的眼睛被描绘为突出在脸部的轮廓之外，这是一种独特的印度西部绘画惯例（见第 73 页）。

纸本绘画
约 1500 年
纵 22.4 厘米，横 15.5 厘米
印度西部，或出自古吉拉特邦
珀西·马努克和 G. 科尔斯小姐通过艺术基金（时为 NACF）遗赠
馆藏编号 1948,1009,0.159

对页上
2. 曼荼罗形式的凡人世界
这幅作品就是耆那教教义所想象的人类世界。瞻部洲位于正中间，其名意即"莲雾之岛"，印度次大陆就在其中。弥卢山位于其中心。再往外的黄色圆形元素是外围大陆，它们之间被伟大的宇宙之海分隔开来，海中含有吉祥的符号和动物。

布本绘画
17 世纪或 18 世纪
纵 104 厘米，横 105 厘米
古吉拉特邦或拉贾斯坦邦
路易吉和劳拉·达拉皮科拉基金会和布鲁克·塞维尔永久基金捐赠
馆藏编号 2002,1019,0.1

对页左下
3. 巴湿伐那陀祖师像
耆那教 24 祖师中倒数第二位的巴湿伐那陀被七首眼镜蛇化作的头盖所保护。左右两侧坐着的是药叉陀罗因陀罗和药叉女钵摩婆底；前面是代表九大行星的没有身体的小脑袋，这些行星昭示着人类的命运。

青铜，嵌银和铜
11 世纪中叶
高 34 厘米
印度西部，或出自古吉拉特邦
布鲁克·苏厄尔常设基金
馆藏编号 1974,0411.1

对页右下
4. 祖师像
这尊雕像中，祖师以"莲花坐"的姿势端坐，胸前为突出的室利靺蹉吉祥符。垫子上刻有供养人铭文。

白色大理石
12 世纪中期至晚期
高 68.5 厘米
古吉拉特邦
阿尔弗雷德·莱尔爵士捐赠
馆藏编号 1915,0515.1

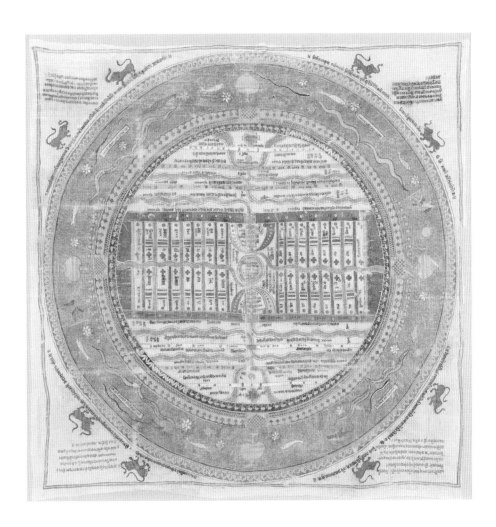

3 | 8 印度南部的耆那教

除印度西部外，耆那教在南亚的主要据点在印度南部。

早期传说中，有一群人在孔雀王朝时期离开原来的耆那教中心地带比哈尔，向南迁移以躲避饥荒。在历史上，耆那教的后期存在有着清晰的实物记录。位于泰米尔纳德邦的 7 世纪悉昙那瓦塞尔石窟中曾有大量壁画和祖师雕像，但现在已只剩残损片段。甘吉布勒姆仍在发挥作用的耆那教寺庙可能是在波陀耶时期修建的，也有来自这个时期的证据。7 世纪及之后的泰米尔湿婆派和毗湿奴派圣徒的诗歌中对耆那教的负面看法提供了同时期看待耆那教的不同视角（见第 124 页）。

如今，卡纳塔克邦南部是耆那教的主要据点，其最著名的朝圣中心是圣人巴霍巴利 [有时也被称为美丽之主（Gommateshvara）] 17.7 米的巨石立像。这尊雕像建于 10 世纪，矗立在什拉瓦纳贝尔格拉的山顶。每隔 12 年就有大量的朝圣者聚集在一起，用牛奶、藏红花和酸奶等净化物质对石像进行隆重的洁净仪式（1）。耆那教苦行者有的赤身裸体，舍弃了所有的执着（天衣派），也有穿着衣服的男女僧尼（白衣派），他们在这伟大的节庆活动时齐聚什拉瓦纳贝尔格拉。另一个重要中心是位于附近海岸的穆德比德里。

巴湿伐那陀是 24 祖师中的第 23 位，他在这一地区很受欢迎，他的铜像（2）和石像多有发现。耆那教寺庙也会使用覆有祈愿或咒语的金属造像。

1. 巴霍巴利像的洁净仪式

在卡纳塔克邦的什拉瓦纳贝尔格拉，巴霍巴利巨像在每 12 年一次的节日中受到敬奉。作为虔信行为的一部分，朝圣者将珍贵的东西倾倒在它上面（图中为牛奶），即大灌顶（Mahamastakabhisheka），供养人将获得功德。在耆那教传统中，巴霍巴利是伟大的苦行典范，他在冥想中静止不动很长时间，以至于他的腿周围长出了植物。

2. 祖师巴湿伐那陀像

巴湿伐那陀安坐在标志性的蛇冠下，背屏繁复华丽，其上的拱形图案从神话中的水怪摩羯罗的嘴中伸出。他的两侧是王室的拂尘侍者；下面是药叉陀罗因陀罗和药叉女钵摩婆底（见第 136 页）。

青铜
11 世纪
高 35.1 厘米
南德干地区
肯尼斯·凯伊夫人捐赠
馆藏编号 1936,1219.1

3 | 9 朱罗王朝的青铜雕塑

朱罗时期（9-13 世纪），印度南部的青铜雕塑蜚声国际。泰米尔纳德邦坦贾武尔地区的金属匠人借鉴了之前波腊伐时期的金属加工技术，同时受益于朱罗王朝统治者虔诚而慷慨的赞助，将金属雕塑铸造推向了最精美的境界（关于青铜铸造技术，见第 112 页）。

朱罗时期的铜铸神像大多不在寺庙的圣殿内供奉。神像穿着盛装、戴着花环，主要是用来巡游，要么放于轿子上，要么每年节日时置于被拖着穿城过街的巨大战车之上（见第 146 页）。人们可以亲睹置于座驾上的神祇和他们的标志；神祇有时还有配偶和孩子（1）或圣徒（3）陪同。在这种巡游崇拜中，信徒们能够与神祇进行目光接触［即面见神颜（darshan）］并献上他们的供品。青铜雕塑的表面可能是黄铜色的，也可能是接近绿色的，这取决于神像的历史，但通过触摸和洁净，表面通常已经变得光滑（2）。有些雕塑为了安全起见曾被埋在地下，最著名的是在蒂鲁文加杜发现的雕塑：该窖藏中的铜像现在被公认是朱罗时期所有雕塑中最动人的作品。

这些雕塑的年代判定基于铭文，以及少数与历史人物有关的雕塑。然而，朱罗王朝的铜像和石像之间存在着明确的时间联系，还有一种假设，即较为朴素的、没有装饰的实例更接近波腊伐时期的雕塑。最近，人们认识到，风格上的差异并不只是年代指标，也是地区差异的特征，这一点已被接受（4）。

本页
1. 娑摩室建陀像
娑摩室建陀一词指的是湿婆、他的妻子帕尔瓦蒂（又称乌玛）和她的儿子室建陀。三位神祇以这种形式共同出现是这一时期的特色。

青铜
约 1100 年
高 48 厘米，长 60.5 厘米
泰米尔纳德邦坦贾武尔
布鲁克·塞维尔永久基金
馆藏编号 1984,0403.1

对页左
2. 湿婆三叉戟
经过几个世纪的虔诚抚摸，湿婆靠在南迪身上的身形已经变得光滑。湿婆三叉戟被认为可以斩断无知的束缚。

青铜（含现代木材）
约 950 年
高 85 厘米，宽 33.5 厘米
泰米尔纳德邦
塞缪尔·艾伦伯格教授遗赠
馆藏编号 2001,1126.1

右

3. 旃德湿像

圣徒旃德湿是纳衍马尔之一（见第 124 页），作为湿婆的虔诚崇拜者而被人铭记。他双手合十（手掌合拢）的姿态强调了他的虔诚。

青铜
约 970 年
高 48 厘米，宽 17 厘米
泰米尔纳德邦坦贾武尔地区
伊顿学院捐赠
馆藏编号 1988,0425.1

下

4. 带有标识的毗湿奴像

与图 1 相较而言，这尊神像在风格上与坦贾武尔地区的青铜像有所不同，应来自泰米尔纳德邦西部。两侧的柄脚曾经支撑着一件青铜背光（prabha）。

青铜
约 950 年
高 35 厘米，宽 27.4 厘米
泰米尔纳德邦西部孔古纳德
布鲁克·塞维尔永久基金
馆藏编号 1967,1215.1

1. 舞王湿婆像

宇宙舞者湿婆被燃烧的火之环绕。恒伽女神（即恒河）被湿婆散开的发束困在右侧，双手合十表示敬意。

青铜
约 1100 年
高 89.5 厘米
泰米尔纳德邦，或出自坦贾武尔地区
布鲁克·塞维尔永久基金
馆藏编号 1987,0314.1

2. 舞王湿婆像（细节）

湿婆右手所持之鼓发出的声音乃是造始之源。

3. 舞王湿婆像（细节）

湿婆左手捧着毁灭之火。

舞王湿婆

湿婆神在火圈内欢悦之舞的形象可能是对"印度教的印度"理念最广为人知的概括（1）。在世界各地，都可以看到作为"舞蹈之主"的舞王湿婆雕塑作品。对这一神祇圣像的关注在某种程度上是阿南达·库马拉斯瓦米（1887－1947）的遗产，他是出生在英国的作家、思想家和艺术家，母亲是斯里兰卡泰米尔人，父亲是斯里兰卡人。他的作品以及法国雕塑家奥古斯特·罗丹等人的作品使得舞王这一形态能够长期流行，尽管库马拉斯瓦米的理论明显只是对舞王诸般可能解释的其中一种。

该神像背后的部分神话事关宇宙运行。在印度的传统思想中，时间被认为是周期性的，而不是线性的。舞王湿婆的形象被想象为同时站在时间的尽头和起点；他"跳出"一个周期，"跳入"下一个周期。这正是湿婆的特质，他出现在时间的两端，而不是中间。这一叙事中的破坏性和创造性元素由湿婆所持有的标志来象征：他左上手捧着毁灭之火，象征着一个周期的结束（3），右上手持沙漏状的创造之鼓，鼓声乃是造始之源（2）。

这种对湿婆的描绘在朱罗时期（9－13世纪）非常流行，与奇丹巴拉姆神庙密切相关。奇丹巴拉姆位于高韦里河三角洲，朱罗王朝的中心地带，从朱罗王朝的赞助中获益颇多。在这样的神庙里，人们会诵习和引用虔信圣徒（见第124页）的诗句，如7世纪的诗人阿帕尔的作品（见第145页）。

舞王湿婆形象的起源尚不清楚。象岛（孟买港附近的岛屿）石窟（见第122页），有一块该主题的浮雕，时间可以追溯到8世纪。然而，四臂、一脚斜抬、以欢喜坦达罗（anandatandava）的姿势在光圈内起舞的舞王湿婆形象似乎很明显是泰米尔的产物。何时首次以青铜制作这一形象并不清楚，但有一尊雕像很有可能是最早的实例之一（5）。冶金学分析表明，这件藏品与少数几件能与朱罗王朝之前的统治者——波腊伐王朝关联起来的青铜雕像有很多共同之处。另外，从造像学角度来看，该雕像也有迹象表明其年代较早：火环呈椭圆形而非圆形；湿婆左侧的腰带垂下而非扬起与火环相连；头发仍环绕在头部而非飞散开来与火环相接。此外，代表湿婆所践踏的无知侏儒形象被描绘成与神像成直角，而不是像后来的雕像那样与其在同一平面内。

舞王湿婆的大型铜像是为巡游而制作的。后来，印度艺术家为英国游客绘制了舞王穿过街道的绘画作品。在摄影出现之前的年代里，这些作品为那些不熟悉传统的人提供了纪念品（4）。下一页的绘画作品上也许显示的就是奇丹巴拉姆的舞王湿婆本尊（6）。

4. 舞王湿婆和他的信徒在巡游
这幅画是一位印度艺术家为一位欧洲客户画的（见第146页），展示了舞王湿婆在他的妻子希瓦卡米*的陪同下，乘坐着一台小型神龛形式的轿子。他们由带着火炬、旗帜、拂尘和阳伞的祭司陪同。

纸本墨水画
约1820年
纵22厘米，横35.5厘米
泰米尔纳德邦，或出自斯里兰格姆
馆藏编号 1990,1029,0.4

5. 舞王湿婆像
头饰中直立的羽毛是早期舞王像的特征，也是出现在早期泰米尔虔信赞美诗句中的一个特色。

青铜
800年或稍晚
高33.5厘米，宽21.5厘米
泰米尔纳德邦
布鲁克·塞维尔永久基金
馆藏编号 1969,1216.1

---

* 希瓦卡米（Sivakami）是湿婆配偶帕尔瓦蒂的别称，专用于她陪伴在湿婆舞王形态的时候。

6. 舞王湿婆与希瓦卡米

在这幅画中所描绘的舞王和他的配偶希瓦卡米位于一座寺庙内，也许是奇丹巴拉姆神庙；两侧的祭司正向湿婆献上神圣的避罗叶（右）和灯火（左）。这种奢华的效果是通过浮雕装饰并镶嵌彩色玻璃和黄金来实现的。

布本水粉画，有浮雕效果并嵌彩色玻璃
约 1800 年
纵 48.7 厘米，横 47.5 厘米
泰米尔纳德邦坦贾武尔
J. H. 德雷克夫人捐赠
馆藏编号 1939,0311,0.1

若你得见
他的眉弓，
绽开的笑颜
如考瓦伊果*般鲜红的嘴唇，
清凉的头发，
珊瑚色皮肤上的乳白色灰烬，
以及美好金足
在他舞蹈中抬起，
那么即使是在这广阔大地上降生为人
也会成为一次宝贵的经历。

—— 阿帕尔，7 世纪

---

* 即红瓜（Coccinia grandis），梵文中称为频婆果，诗歌中经常用于形容嘴唇颜色。

3 | 10 宇宙拯救者湿婆

对页这尊雕像是现存最完好的朱罗时期的青铜雕塑之一（2）。根据其风格，应是制作于 970 年前后。这一时期，朱罗王朝的势力正从高韦里河三角洲地区的坦贾武尔附近的早期中心地带向外扩张，成为南方的主要政权。

雕塑背后的宇宙故事能唤起农牧式意象 —— 搅动牛奶以制作黄油。这个故事讲述了诸神和恶魔如何将宇宙巨蛇婆苏吉缠绕在曼荼罗山上，并各自抓住其一端搅动宇宙海洋。搅动中产生了善与恶的元素，第一个元素是威胁到宇宙未来的毒药。湿婆作为宇宙拯救者英勇地吞下了它。我们认为铜像中所描绘的就是他吞下毒液后的那一刻。神的力量战胜了毒药的邪恶，但湿婆的身体紧绷着，让人感受到他与毒药斗争的激烈程度。

雕像身下的基座和两侧的柄脚（这些柄脚用来固定雕塑周围现已遗失的背光）告诉我们，这是专门为节日时在街上巡游而制作的神像（1）。雕像的背面几乎和正面一样美丽，扇形的发卷披散在他的肩膀，光辉的头轮（siraschakra，轮饰）覆盖在头带结之上（2）。

1. 巡游中的湿婆及其家族
此类绘画展示了 19 世纪初湿婆等诸神的铜像是如何在街上巡游的。湿婆与他的妻子帕尔瓦蒂在一起，前面是他们的孩子犍尼萨（破除障碍者，所以总是走在前面）和妙梵*（由他的两个妻子陪同）。同一系列作品的另一幅见第 144 页图 4。

纸本墨水画
约 1820 年
纵 37.4 厘米，横 23.2 厘米
泰米尔纳德邦，或出自斯里兰格姆
馆藏编号 1990,1029,0.5

* 即战神室建陀，妙梵是其在印度南部的特有称谓。

2. 驱散毒液者湿婆像

这尊雕像描绘了立下赫赫之功时的湿婆。他吉祥的右下手呈施无畏印 —— 他的信徒得到了保护，宇宙的未来安全无虞。金属匠人制作这种美丽神像的技巧非常了不起，因为雕像中包括许多向后弯曲的部分，熔化的合金必须在凝固之前就被倒入其中。雕塑家对通常无法在巡游中看到的背部所倾注的注意力（见左图细节）表明了其创作中所固有的虔诚品质。披散在肩部的层层叠叠的发辫惟妙惟肖，而高高盘起的头发（jata）细节也都可谓精美的艺术。

青铜
约 970 年
高 58 厘米，宽 41 厘米
泰米尔纳德邦，或出自坦贾武尔
布鲁克·塞维尔永久基金
馆藏编号 1970,0921.1

3 | 11 朱罗王朝的石雕

通过寺庙建筑，朱罗王朝依然在南亚景观中展现着自身的风采。与前辈相比，他们的帝国神庙的规模和宏伟程度出类拔萃。坦贾武尔供奉湿婆的寺庙 —— 布里诃丁湿伐罗神庙由罗茶罗乍一世建造，并在 1010 年落成开光（1）。坦贾武尔是朱罗王朝的首都，位于朱罗王国的中心地带高韦里三角洲的肥沃土地上。该地区还有许多由朱罗王朝国王建造的其他寺庙，所有寺庙都有非常精致的石雕装饰。这些寺庙包括恒伽贡达朱罗普拉姆神庙（它记录了朱罗王朝远达恒河流域的势力范围），达拉苏拉姆的爱罗婆多之主神庙和奇丹巴拉姆的舞王神庙（见第 145 页）；它们都是用来供奉湿婆的。

朱罗王朝寺庙的外部是石雕工匠展现技艺的重要空间，尤其是供奉着神祇的中央区域。此部分通常有两层高的建筑，外壁饰以壁龛，雕塑被放置其中。雕塑的设计展示了被供奉的神祇的故事和形态的多样性。较为重要的湿婆信仰叙事之一是神的自林伽现身相（lingodbhavamurti），展示他对其他神祇的优越性（3）。另一个经常出现在朱罗寺庙外墙上的重要湿婆变相是湿婆作为导师的南面相（dakshinamurti）（2）。

虽然朱罗王朝国王是湿婆的伟大追随者，但他们对毗湿奴的虔信也是显而易见的。装饰有毗湿奴或其化身的寺庙也广为人知。

1. 坦贾武尔的布里诃丁湿伐罗神庙

这座著名寺庙的金字塔形庙塔耸立在里面供奉的林伽之上。寺庙第一、二层外部的壁龛里供奉着类似图 2 和图 3 的雕像。

2. 南面相湿婆像

湿婆在这里被塑造为一位面容甜美的年轻人，教导着他的追随者，右下手呈施无畏印，表达无所恐惧。脚放在一个代表无知的侏儒身上，这与舞王湿婆的描绘方式一样（见第 142 页）。

花岗岩
10 世纪中期
高 109.2 厘米
泰米尔纳德邦中部
布鲁克·塞维尔永久基金
馆藏编号 1961,0410.1

3. 自林伽现身相湿婆像

湿婆的这一变相展示了他对梵天和毗湿奴的超然地位。湿婆从无限高和深的林伽中出现，另外两位神祇曾试图确定林伽所及之处，梵天化作一只大鸟，试图飞到它的顶峰，毗湿奴化作一头野猪，试图到达其根基。二者都没有成功，他们不得不承认湿婆至高无上。这样的雕像既是叙事又是对神力的展示，经常出现在供奉湿婆的朱罗王朝寺庙的神殿外墙上。

花岗岩
约 900 年
高 138 厘米，宽 42 厘米
泰米尔纳德邦
P.T. 布鲁克·塞维尔捐赠
馆藏编号 1955,1018.1

3 | 12 寺庙器具

在印度教和耆那教的寺庙中，凡是供奉神像的地方都放有各种类型的青铜器；这些青铜器是用来进行崇拜或普祭的，主要是用来盛放供奉给神的礼物——香（香炉）、美食（盛放水果的托盘）、水（青铜器）和凉风（风扇）。虽然近代的实例广为人知，但中世纪时期的实例却非常罕见，因为它们经常被熔化和重铸，或者被掠夺（少数留存下来的器物来自战争发生前的仪式器物窖藏）。

克什米尔地区留存下来一件9－10世纪的香炉（2）。它或许由于被埋藏而幸存下来；这可以解释为什么它的（可能为木制）把手和飞翔的四臂人物朝向后方的腿大部分已佚失。后期的一件德干式香炉是奔跑的猫科动物形象（3），显然是借鉴了12－13世纪德干南部曷萨拉王朝作为纹章使用的狮子形象。而一组更晚、更华丽的孔雀香炉则与15－16世纪德干苏丹国联系密切（4）。

中世纪德干地区的直流壶式水器是金属工艺的典型范例，它本被放置在寺庙内部神殿入口处的三足器座上。此处所示器物的浑圆形状及其上的弧形线条装饰那出色的触感和质量使其成为中世纪最杰出的金属容器之一（1）。其三足器座上的装饰所运用的丰富狮子形象与上述香炉中所见装饰类似，其年代也大致相同。

本页
1. 祭祀用壶式水器和三足器座
这件直流壶式水器及置放它的三足器座是寺庙器具，来自1000－1325年的不同时期；它们被用于寺庙的神像供奉仪式。曲线突出但朴实无华的镶边与器座上繁复的狮子形象形成鲜明对比。

青铜
14世纪或更早
高15.3厘米（壶），10.9厘米（架）
卡纳塔克邦比贾布尔地区
肯尼斯·凯伊女士捐赠
馆藏编号 1936,1219.3,4

对页左上
2. 飞行天人香炉
这件容器呈四臂铜像举着铰链碗的形象。容器顶部的孔中升腾起焚香的芬芳烟雾。这位天人被辨识为布湿波丹多，是为湿婆献上花环的人。

青铜
9世纪晚期至10世纪
高19.2厘米
克什米尔
布鲁克·塞维尔永久基金和艺术基金
馆藏编号 2011,3041.1

对页右上
3. 狮子香炉
改变大小对比是德干艺术的典型特征——注意猫科动物爪子下的大象。以前人们认为这是一头狮子，但这头野兽身上又有老虎的条纹，表明金属匠人不太确定狮子的真实模样（德干地区的荒野上未出现过狮子）。

青铜
11世纪
高15.9厘米
德干地区东南部
沃尔特·利奥·希尔德伯格博士捐赠
馆藏编号 1953,0713.15

右

4. 孔雀香炉

在德干视觉文化中，孔雀攫住大象的构思甚为流行。在这件香炉中，鸟的身体用来盛放香，并有穿孔，以使烟雾得以逸出。左侧大象向上抬起的尾巴和象鼻上可以放香枝，而僧侣可以使用后面的把手将馥郁香气献给受供奉的神像。

青铜
16 世纪
高 29 厘米（最大处）
德干地区
陈康顺博士捐赠
馆藏编号 1993,1223.1

3 | 13 葛萨拉王朝

与印度西南部的葛萨拉王朝相关联的主要寺庙位于贝鲁尔和哈勒比德，其中包括位于贝鲁尔的 1117 年建成的陈那吉沙婆 * 神庙与位于哈勒比德的 1121 年开始建造的葛萨拉之主神庙。同一时期另一座令人印象深刻的寺庙位于更南部的索姆纳特普尔（1268 年建成）（1）。在葛萨拉王朝建筑中，星状平面结构很常见，这一特点造就了令人目眩的建筑复杂性。

这三个寺庙遗址中，尤其值得注意的是装饰外墙的人物雕塑（2）。男神和女神几乎完全是圆雕，衣服、珠宝和头冠尽显巴洛克式奢华。这种张扬风格在构成人物壁龛的树木和藤蔓上也得到了明显的体现。这些元素集中体现在女性人物斜撑上，她们以一定角度被置于屋檐的水平线和寺庙墙壁的垂直线之间（2）。比较特别的是，葛萨拉王朝寺庙遗址的许多雕塑都有艺术家的签名。

该王朝的王家纹章是举着一只爪子的狮子（见第 151 页图 3），在葛萨拉王朝崩溃和他们的继任者 —— 位于通加巴德拉河畔毗奢耶那伽罗（今汉比）的桑加玛王朝崛起后的几个世纪里，这种装饰图案一直在德干地区传承。

1. 索姆纳特普尔
位于索姆纳特普尔的寺庙坐落在庭院之中，由三间不同但连接起来的神殿组成。它可能是葛萨拉王朝最后的、最引人瞩目的毗湿奴神庙。它以其外部的浮雕和内部的穹顶状藻井而闻名，其浮雕描绘了史诗中的场景。从寺庙的基座到建筑物的最高部分，一直延续着星形平面结构这个特点。

---

* 陈那吉沙婆（Chenna-Keshava），Chenna 意即美丽的，Keshava 为黑天常见别称，意即美发者，因此神庙名称本意为"英俊的美发者"。

2. 三件女性斜撑

这些雕塑乃是感官运动中的优美
小品，鲜明地唤起了舞蹈和音乐
元素。其中一人在击鼓，另外两
人则是舞者，且其中一人慵懒地
凝视着一面镜子。20世纪初的
舞蹈爱好者正是通过这样的雕塑
以及对文献的研究而将印度舞蹈
正规化。1848－1856年，达尔
豪斯侯爵担任印度总督时，可能
得到这组雕塑作为礼物；这些雕
塑是大英博物馆从其后代那里获
得的。

片岩
12世纪
高83.8厘米（右上），
90.4厘米（右和左上）
卡纳塔克邦西南部
布鲁克·塞维尔永久基金
馆藏编号 1962,0721.1-3

3 | 14 尼尔吉里丘陵

西高止山地区的尼尔吉里丘陵大部分位于如今的泰米尔纳德邦西北部，其历史文化为研究偏远的高原地区如何与平原地区的定居文化保持联系提供了迷人的机会。尼尔吉里地区森林密布，许多非种姓群体居住在这里，其中包括被称为托达（Toda）的部族。这些群体似乎收集香料、甘蔗、药用植物、宝石、蜂蜜和硬木等森林特产与平原地区的居民进行交换。12世纪曷萨拉王朝统治者毗湿奴伐尔陀那的铭文证实，平原和丘陵之间存在联系，且前者试图控制后者。由此我们可以思考，是否可以提出一个理论体系来刻画类似的所谓部落群体与更倾向定居的城镇文化发生接触的地区。

尼尔吉里丘陵还以其山顶墓葬而闻名，这些墓葬通常设置在石圈内；其中部分在英治时期被发掘，尤为重要的是由学者和行政官员沃尔特·艾略特爵士主持的发掘。这些墓葬曾被认为是史前遗迹，但现在一般认为属于公元1千纪，这主要是因为在其中发现的一系列陪葬品。陪葬品包括碗中带钮的高锡青铜碗（1）、黄金首饰（2）、一面来源不明的铜镜以及形状奇特的铁剑。

与这些很可能是进口而来的精美物品放在一起的是一种独特的陶器。这些陶器材质粗糙，其中一类的器形是带盖的分层碗，上面装饰有动物形象，有时也有人类（3）。虽然这些雕塑在技术上并不复杂，但却极为生动和富有吸引力。这些容器显然是墓葬用的瓮。

1. 青铜碗

在尼尔吉里的墓葬中，这样的碗由于制作精良，一般认为是进口产品；但是，目前还不清楚它们是在哪里制作的。远在西北方的塔克西拉在1世纪就有生产带钮器皿，但很少有其他可供比较的对象。

青铜
11世纪中期
高4.7厘米，直径14.1厘米
泰米尔纳德邦尼尔吉里丘陵
詹姆斯·布里克斯遗赠
馆藏编号 1879,1201.3

2. 黄金首饰

这三件物品都来自沃尔特·艾略特爵士发掘和公布的墓葬。与带钮的青铜碗（1）一样，它们也被认为是输入到尼尔吉里丘陵地区的高价值进口品，是用森林特产交换而来的。

黄金以及（圆形物品）彩色石头
约公元1千纪前半期
高3.5厘米（左），3厘米（右）；
直径2.5厘米（中）
泰米尔纳德邦尼尔吉里丘陵
沃尔特·艾略特爵士捐赠
馆藏编号 1886,0515.3,10,6

3. 埋骨瓮

在尼尔吉里丘陵，许多用于埋葬骨灰的分层器皿都有安放在顶端的动物或人的形象。图中左边的实例顶端有一头水牛，这可能与后期托达部族对动物的崇拜有关。右边的盖子上则是一个人形塑像。

陶
公元1千纪中期
高39.5厘米（左），22.8厘米（右）
泰米尔纳德邦尼尔吉里丘陵
詹姆斯·威尔金森·布里克斯
捐赠
馆藏编号 1879,1201.9；
1880.459

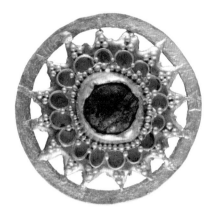

3 | 15 奥里萨邦的寺庙雕塑

12 世纪和 13 世纪，东恒河王朝的国王在奥里萨邦沿海地区资助了一项了不起的寺庙建设计划。这些寺庙的一个特点是高耸的悉卡罗（shikhara）——神殿上方的上层建筑，这一特点在布巴内斯瓦尔（林伽之王神庙）和普里（世主神庙，见第 164 页）仍然可以看到。还有一处宏伟实例位于科纳尔克，但现在只能想象其昔日模样，其下部结构尚存，但悉卡罗已经倒塌。*

奥里萨的雕塑家们发展出了一种主要用于描绘印度教神祇的风格（在奥里萨邦北部，佛教在宝石山等地仍有存续，但属于例外情况）。奥里萨雕塑以其高浮雕和密集的人物形象而闻名，这些人物通常围绕着较大的、中心的——因此也是最重要的——人物。在此处展示的实例（3）中，湿婆与他的妻子帕尔瓦蒂在一起，两位神祇的坐骑——湿婆的雄牛南迪和帕尔瓦蒂的狮子（通常被视为帕尔瓦蒂的凶猛形态杜尔迦的坐骑）位于底座之上。此外，雕塑中还出现了寺庙祭祀活动所需的物品：三足架、香炉和海螺法号，以及帕尔瓦蒂之子犍尼萨的缩小形象。中世纪时期，象头神，包括其五头形态（1），在奥里萨也有描绘。我们并不总是很清楚许多这样的雕塑到底被放置在寺庙的什么地方。然而，我们知道，描绘行星的吉祥序列（2）被放置在寺庙的门楣之上。

1. 犍尼萨像
这尊罕见的五头犍尼萨及其配偶的雕塑表明，它来自密宗信仰盛行的环境。犍尼萨呈单腿下垂的姿势，这意味着他在信徒们的世界里给出回应的能力。

片岩
13 世纪
高 101.6 厘米、宽 54.6 厘米
奥里萨邦沿海地区，或出自科纳尔克
布里奇家族捐赠
馆藏编号 1872,0701.60

2. 日月食化身罗睺像
这尊雕塑来自一组九大行星（即九曜）神像。罗睺也被认为是一个行星。

片岩
13 世纪
高 99 厘米
奥里萨邦
英国海外传道会捐赠
馆藏编号 1951,0720.2

3. 湿婆与帕尔瓦蒂像
这对天国夫妻坐在三叶形的拱门内。上方的一队天人乐师演奏着长笛、铙钹和鼓；持花环者和持麈尾者也是该皇家队列的一部分。双莲花宝座底部的两边都刻有信徒形象，左下方的八行铭文也清晰可见。这段铭文只开了个头，未完成。

片岩
12 – 13 世纪
高 184.2 厘米、宽 119.4 厘米
奥里萨邦沿海地区
布里奇家族捐赠
馆藏编号 1872,0701.70

* 此处指位于奥里萨邦普里地区科纳尔克（又作科纳克）的太阳神庙，是世界遗产。

3 | 16 尼泊尔

尼泊尔位于印度平原以北,其国境内延绵着喜马拉雅山脉和世界上最高的山峰。这个国家历史上最重要的地区是加德满都谷地。加德满都谷地坐落于印度与中国西藏之间的路线上,这一地理位置使得一个基于佛教和印度教的充满活力的文化从公元前最后几个世纪便在此地繁荣兴盛。加德满都谷地一直是保存印度艺术风格的重要地区,有时这些风格在印度本土于很久之前就已经被后来者取代。一个典型的例子是 12 世纪印度东部风格的佛教手稿制作传统(写在棕榈叶上,覆以木质书封,见第 128 – 129 页),在尼泊尔得以传承。

窣堵坡和多层木构寺庙是加德满都谷地建筑最重要的组成部分,前者中仍然存续至今的最著名例子是斯瓦扬布纳特佛塔和博达哈大佛塔。博达哈一直是一个市场,也是一个朝圣地,特别受来自中国西藏的游客欢迎。大约从 7 世纪开始,佛教和印度教建筑中的石雕开始在此地广为人知(1)。虽然谷地中也生产石雕、象牙雕和木雕,但加德满都的原始居民尼瓦尔人真正擅长的是青铜铸造,包括人物雕塑、宗教器具和容器。整个喜马拉雅山脉和中国西藏地区对这种技术都有需求。10 世纪后的佛教雕塑(3)、凸纹背屏(4)和在普祭中使用过的直流壶式水器等展现了尼瓦尔人的技艺。印度教和佛教使用的布画(2)和木质书封上的绘画在尼泊尔有着悠久的历史。

1. 佛立像
这尊佛像的宁静之美让人想起鹿野苑等遗址的早期笈多风格(见第 78 页),包括其向下凝视的大眼睛和摆出赐福手势的超大右手。在底座上,供养人身下有一条铭文,意思是将委托制作雕塑所获得的功德献给几位受益人。

片岩
7 – 8 世纪
高 62 厘米
尼泊尔
布鲁克·塞维尔永久基金
馆藏编号 1966,0217.2

对页右

2. 曼荼罗

财续佛母女神很受欢迎，她能够
带来金钱和农业方面的财富（她
的一只手拿着一串成熟的稻米）。
在这幅曼荼罗中（见第 160 页），
财续佛母出现在中心位置，周围
是她的随侍。每个关键方位上都
有一个进入她境界的守卫森严的
门户。曼荼罗内部两个方形元素
之间蜿蜒的涡卷纹是印度后期佛
教绘画的特点，并从尼泊尔传到
了中国西藏。

布画
1504 年（铭文日期）
纵 115 厘米，横 86 厘米（整个
织物）
尼泊尔加德满都谷地
赫伯特·汤普森爵士捐赠
馆藏编号 1933,0722,0.1

3. 金刚萨埵像

金刚萨埵无论是作为曼荼罗中心
还是作为菩萨单独出现，都呈现
为右手持霹雳，左手持铃铛的形
象。带有翼状终端的三叶冠成就
了这座尼瓦尔雕像的堂皇。

青铜，鎏金
15 世纪
高 44.5 厘米
尼泊尔加德满都谷地
格里菲斯夫人捐赠
馆藏编号 1932,0211.4

4. 背屏

这块背屏前的雕像已经遗失，但
它显示了让加德满都谷地的尼瓦
尔金属匠人享誉于世的凸纹高浮
雕工艺。背屏顶端的迦楼罗像和
华丽的神话水怪摩羯罗是尼泊尔
后期作品的特点。

青铜，经鎏金和彩绘，采用凸纹
工艺
最初定代为 19 世纪，但可能可
追溯至 1500 年
高 52.8 厘米，宽 44.8 厘米
尼瓦尔工艺，得自中国西藏
馆藏编号 1905,0519.96

3 | 17 央陀罗、曼怛罗和曼荼罗

南亚地区的三个古老宗教中都存在着央陀罗（yantra）、曼怛罗（mantra）和曼荼罗（mandala）这些术语。央陀罗和曼荼罗是二维概念，而曼怛罗则是在空间中构想出来的——它是声音，是神圣之音。在古代思想中，往往是声音引发创造，如湿婆的鼓声带来了新的循环（见第 143 页）。正确表达的声音被认为具有内在的创造力和保护力。因此，在印度教、耆那教和佛教中，特定的发音（曼怛罗）是与个别神祇关联在一起的，也被认为是有益的，即使通常情况下它们没有明确的意义，只是声音。这些曼怛罗中最著名的是"唵"（Om），它常出现在祷词的开头。

央陀罗是以书写包蕴声音的纹样（1、2）。然而，也有在普祭中召唤神祇的专用纹样。它们通常以金属板的形式出现，金属板通常是圆形或三角形，上面刻有针对个别神祇的曼怛罗。三角形的央陀罗通常是为女神举行的仪式的一部分，其形状近似于女性生殖器。

曼荼罗是二维的，被认为是神祇的居所，可以促使神力进入其中。最常看到的曼荼罗为绘画形式（3）。在印度晚期佛教和后来的藏传佛教中，它们作为冥想的辅助工具尤为重要。然而，在埃洛拉第 12 窟，发现了一幅 8 世纪时雕刻的立体曼荼罗，方形的网格中央是佛像，周围是菩萨。

1. 央陀罗
该央陀罗纹样中的莲花瓣意象和中央的三角形表明它被用于召唤女神的仪式。表面各个部分覆盖着短文曼怛罗，在召唤神祇的时候使用。包围这些纹样的正方形各条边上，均有进入女神宫殿领域的门户（图 3 有类似图形）。

青铜
19 世纪或更早
高 19.4 厘米，宽 19.3 厘米
尼泊尔
奥古斯都·沃拉斯顿·弗兰克斯爵士捐赠
馆藏编号 1894,0520.14

2. 耆那教央陀罗

在该圆形央陀罗的中心是被写成一个整体的一串强大字符，它们是曼怛罗"甚"（hrim）。在冥想中，将思想集中于祖师之时，该曼怛罗被认为十分灵验。三角形、圆形和刻满曼怛罗的莲花瓣在这里构成了一个威力强大的图案。

铜，有铭文
1631 年（铭文日期）
完整物品的直径为 41 厘米
印度西部
馆藏编号 1880.4057

3. 佛教神祇胜乐金刚的曼荼罗

藏传佛教传统中，布本绘画一般被称为唐卡；图中所示是一幅曼荼罗。中心是胜乐金刚，是阿閦佛的一种形式，在宇宙曼荼罗中，他坐镇东方。胜乐金刚拥抱着他的般若佛母。中央部分的重重圆圈中是神的随侍，都位于神宫的门墙内。

唐卡
1861 年（铭文日期）
宽约 44 厘米（图示面积）
尼泊尔
路易斯·克拉克捐赠
馆藏编号 1961,1014,0.7

1.《薄伽梵往世书》手稿插图

蓝色皮肤的黑天在上下两排都有
出现，与沃林达文的牧牛人交
谈。沃林达文位于亚穆纳河畔，
黑天在那里完成了他年轻时的壮
举。文字在背面（另见第215页
图2）。

纸本不透明水彩画
约1525年
纵18.1厘米，横23.9厘米
地点不确定，或出自马图拉附近
或更南
布鲁克·塞维尔永久基金
馆藏编号 1958,1011,0.4

2. 哈努曼像

悍勇英雄哈努曼的猿猴外表与他
合十敬拜的双手形成了反差。这
是虔信的姿势，信徒以这种姿势
在神祇前献出一切。

花岗岩
17 世纪
高145厘米，宽45厘米
印度南部
馆藏编号 1880.298

3. 阿杰梅尔的契斯提圣陵

这幅大众印刷品描绘了著名的逊
尼派导师和神秘主义者穆伊努
丁·契斯提（1143－1236）在
拉贾斯坦邦阿杰梅尔的墓祠，它
对于所有来访者都是一个重要的
虔信朝圣中心。

彩色石版画
20 世纪
纵35.1厘米，横49.3厘米
德里印刷
克劳迪奥·莫斯卡泰利为纪念尼
古拉斯·奥克斯顿而捐赠
馆藏编号 2016,3051.1

虔信

过去的 1000 年里，南亚地区宗教活动的一大特征就是虔信（bhakti）。在印度教中，虔信的特征最为突出，但在锡克教、伊斯兰教和基督教中这一特征也显而易见。这个梵语词表示对神祇的绝对热爱和完全奉献。在印度教观念中，罗摩的盟友和伙伴哈努曼（见第 86 - 89 页）体现了这种无私奉献的精髓（2）。他将英雄伟力和慈悲之爱结合在一起，这是虔信圣徒的特点。这些特点 —— 力量和爱 —— 在《罗摩衍那》关于他从喜马拉雅山脉为受伤的罗什曼那带去疗伤的药材山的故事中得到了体现。

虔信无疑源于印度南部的泰米尔圣徒（见第124 页）。有时，其诗歌将信徒视作神祇的情人，虔诚的倾诉混合了责备、分离和未能实现的满足感。印度教的神祇崇拜，特别是对湿婆和毗湿奴的崇拜，以佛教和耆那教作为代价在南方取得了胜利，此前这两个宗教在此地都很有影响力，但都缺乏对神祇不顾一切的爱，而这一点在虔信中可以找到。

《薄伽梵往世书》是虔信发展过程中的一部重要文献，可能创作于 10 世纪的印度南部，并受到早期圣徒崇拜的影响。它讲述了美丽的年轻天神黑天的故事（见第 165 页图 3），在公元 2 千纪，黑天崇拜在整个南亚乃至南亚之外的地区都有着极为重要的地位（1）。黑天的事迹和与他交流的强烈渴望启发了许多虔信传统诗人，如柴坦尼亚、米拉巴伊和商羯罗提婆。

虔信也体现在对其他神祇的崇拜中，例如卡纳达诗人跋娑婆崇敬湿婆，他在 12 世纪创立了林伽亚特教派（Lingayat）；17 世纪本特尔布尔的圣徒图克拉姆是毗湿奴的毗陀巴化身的信徒；18 世纪孟加拉地区的狂喜信徒罗摩普拉萨德·森崇拜迦梨，并以诗句描绘她。

贯穿虔信诗人诗歌的是这样一种思想：无论神性如何被构想，所有人都可以接近神。虔信隐晦地，有时甚至是明确地否认这样一种观念：在寻求与神的个人联系时，需要婆罗门作为中介。此外，还有对种姓社会结构的否定 —— 部分虔信圣徒来自低种姓家庭，他们无一例外地将对神的爱置于种姓之上。最后一个虔信要素是对白话文的运用，包括跋娑婆诗句中使用的卡纳达语（卡纳塔克邦的语言），图克拉姆使用的马拉地语（马哈拉施特拉邦语言）和罗摩普拉萨德·森的孟加拉语。对这些诗人来说，相对于梵文的规则约束，他们所使用的白话文的直接性使其能够与听众进行有益的交流。

虽然虔信主要是印度教的一种表现形式，但伊斯兰教所强调的神面前人与人之间隐含的平等关系对印度教信徒也有吸引力，使其从仪式化的、以寺庙为基础的活动转向更亲密的个人信仰。这使得印度教圣徒和穆斯林圣徒的崇拜有了交叉点，特别是在大众层面。莫卧儿时期的绘画作品中就表现了这一点，在这些作品中描绘的所有宗教的苦行者都受到信徒的崇拜。穆斯林圣徒，特别是那些苏菲派圣徒，如逊尼派的契斯提教团或什叶派的盖兰德里派圣徒，仍然在他们的多尔加（dargah，墓祠）接受所有来访者的虔信，无论这些朝圣者是穆斯林还是印度教徒。其中最有名的也许是位于拉贾斯坦邦阿杰梅尔（3）和德里的尼桑木丁（见第 11 页）的两座契斯提教团圣陵。

普里的世主神庙位于奥里萨邦沿海地区，起源不详。但可以肯定的是，黑天在他的兄弟大力罗摩和他的妹妹妙贤陪同下的形象是非同寻常的（1）。同样可以肯定的是，到了12世纪，该寺庙不仅成为当地的圣地，而且还成为东恒河王朝的统治中心。

在普里，黑天被当作"世主"（Jagannatha）来崇拜。这也许暗示了该信仰的森林和部落起源。这三位神祇的神像会定期更新，人们会到内陆地区考察，选择经过仔细评估的木材来制作新神像。在整个印度中部，森林中的神祇往往是站立的木柱形象，几乎没有人类特征。因此，所谓的普里三神可能就是这样的神祇，对其的崇拜已慢慢被正统的寺庙活动所吸收，并更多地被塑造为人形。

普里也是一个重要的朝圣中心，因为它是标志着神圣印度边界的四个想象中的端点——圣居（dhama）——之一。普里是四个端点中的东端；其他三个端点是杜瓦尔卡（西）、巴德里纳特（北）和拉梅斯沃勒姆（南）。因此，普里神庙在整个印度都很有名（2）。

朝圣者也会来到普里，因为根据传统，12世纪的诗人胜天就是在这里写下了他的《牧童歌》（3）。这部热情洋溢描绘罗陀和黑天之间爱情的诗歌仍然每天在普里的世主神庙中传唱。此地与胜天的这种联系也是孟加拉圣徒柴坦尼亚（约1486 – 1533）晚年在此定居的原因，他以此接近黑天和他的信徒。无论是在印度还是国际上，他都留下了遗产，且在世界各地的黑天崇拜中仍然地位显赫。

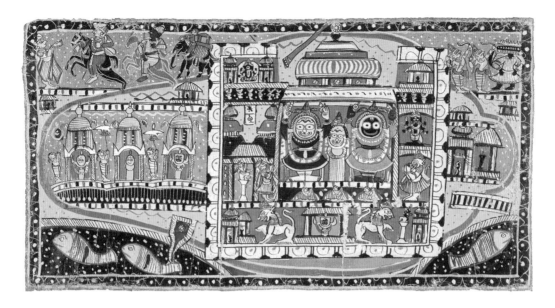

2. 普里神庙

从色彩、小画幅和主题来看，这幅画具有典型的普里风格。这幅画被朝圣者带走后，可以在远离寺庙的地方面见神颜。它展示了建筑的平面图（方形轮廓）、切面图（中央的神祇清晰可见）、剖面图（寺庙的高塔耸立在神祇之上），以及其神话（据说寺庙位于"毗湿奴的海螺壳内"，即环绕寺庙的红线）。

布本漆画
19 世纪或更早
纵 37 厘米，横 71.3 厘米
奥里萨邦普里
馆藏编号 1880,0.301

3.《牧童歌》手稿插图

那蓝皮肤的神——英俊的年轻黑天在森林的花丛中吹笛子。两侧是两个牧女（gopi），即女信徒，因接近他而万分陶醉。下方是布满蜜蜂的花树，上方是被绘制成图画的《牧童歌》梵文诗句。

纸画
18 世纪
纵 24.5 厘米，横 15.2 厘米
奥里萨沿海地区
馆藏编号 1947,0412,0.2

3 | 19 来自阿萨姆的黑天纺织品

在南亚地区，为宗教用途——供人瞻仰或用于仪式——制作美丽的纺织品有着悠久的历史。现存最杰出的类型之一是来自阿萨姆邦的所谓"沃林达文尼布"（Vrindavani Vastra）；这个名字的意思是"沃林达文的织物"（据说沃林达文是黑天度过其青年时代的森林地区）。这些纺织品中，有不少保存了下来（2）。它们之所以被留存下来几乎无一例外是由于中国西藏地区寒冷的气候，其中许多是在18世纪被交易到中国西藏的。

用来编织这些布的复杂技术被称为兰蕴斯（lampas），它可以同时纺织两根经线和两根纬线，使前景（通常是人物或文字）和背景可以同时编织（3）。这些纺织品上描绘的黑天的生活场景包括战胜蛇妖迦梨耶，藏起女信徒——众牧女的衣服，以及击败鹤妖巴迦修罗。一件描绘了黑天击败恶魔迦梨耶的故事的纺织品（3），展现了非凡的技法，11行宗教剧《降迦梨耶记》的文字和标题都被编织其上。这部戏剧——以及其他许多戏剧——由伟大的阿萨姆人、黑天信徒、导师商羯罗提婆（1568年逝世）创作。至今，它仍然在雅鲁藏布江中的一个岛屿——马朱里岛的寺院中上演，其中有些是由戴着面具的演员扮演的（1）。每件织物都可能是用来包裹手稿的，但如果布上有引文，那就有可能是用来包裹戏剧《降迦梨耶记》本身的。

1. 巴迦修罗面具

在阿萨姆邦，以黑天为主题的戏剧"袍那"（bhaona）在恶魔们所戴的面具上花费了巨大的精力。图中所示的鹤妖巴迦修罗面具有铰接的下颚，使僧侣演员能够扮傻逗乐，试图用它的长喙抓住其他演员。

以竹子为基材的棉布
2015年
高25.2厘米，宽21厘米
阿萨姆邦马朱里岛娑摩古里锡姆钱德拉的哥斯瓦米作坊制作
路易吉和劳拉·达拉皮科拉基金会
馆藏编号 2015,3041.5

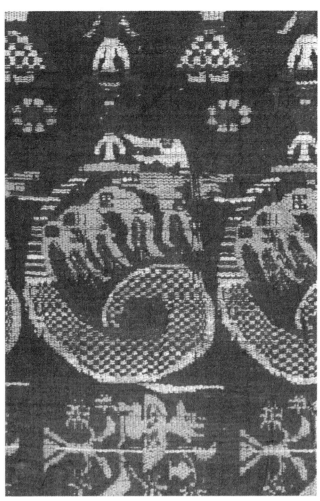

2. 沃林达文尼布

这类条状织物织上了黑天或毗湿奴化身的生活场景。有些被卖掉或被带到中国西藏；而本图中的织物被缝在了一起作为壁挂，并在顶部加上了中国的丝绸锦缎。这里展示的沃林达文尼布部分描绘了以下内容:《降迦梨耶记》戏剧的部分内容（顶部）、迦楼罗、黑天和牧女，以及黑天击败蛇妖和鹤妖（迦梨耶和巴迦修罗）。

兰葩斯丝织品
17 世纪
所示区域的宽度约 80 厘米
下阿萨姆专区
珀斯瓦尔·兰登捐赠
馆藏编号 As1905,0118.4

3. 黑天打败蛇妖迦梨耶

大英博物馆的另一件沃林达文尼布的局部细节中展示了兰葩斯技术 —— 棕色的背景是用一组经线和纬线织成的，而黑天在被打败的迦梨耶头上跳舞的形象是用另一组经线和纬线织成的。

3 | 20 南亚的基督教

基督教在印度次大陆有着悠久的历史，可能始自 4 世纪中期。传统上认为使徒多马首先将福音带到了喀拉拉邦沿海地区，如今那里的基督徒仍然称自己为他的信徒。印度南部使用叙利亚礼仪，喀拉拉邦的各个基督教团体与东方其他教会之间仍然保持着密切联系。从教堂里巴列维文字的铭文和早期传统中独特的花纹十字架中，可以清楚地窥见这些早期基督教团体存在的痕迹（1）。

1498 年，葡萄牙人来到南亚南部海岸，改变了基督教实践。印度教徒以及实际上的当地基督徒都皈依了天主教，意味着基督教在葡萄牙人定居的地方都以罗马的形式蓬勃发展，尤其是在果阿和孟买附近的沿海地区。基督（2）和使徒的形象，特别是那些与东方福音化有关的使徒形象变得十分受欢迎，如圣方济各（他埋葬于果阿，见第 226 页）。象牙经常被用于制作基督教形象，其中一种独特的形象类型是"好牧人"（3），雕塑家利用象牙的细长形状塑造出了一种高度个性化的形象。

欧洲人在贸易的诱惑下迁往莫卧儿统治者宫廷所在的德里，基督教形象也与他们一路同行。在阿克巴的宫廷里，人们对基督教的兴趣使得一些欧洲人试图让当地人皈依，莫卧儿宫廷画坊的画作见证了这一点（4）。然而，这是对宫廷知识分子的强烈好奇心产生了误解，皇室成员同样对其他宗教体系感到好奇。

本页
1. 科塔亚姆瓦利亚帕里的圣母玛利亚教堂
带有前伊斯兰时代伊朗的巴列维铭文的十字架，证实了至少从 6 世纪开始喀拉拉邦沿海地区就有基督徒存在。

对页左上
2. 象牙纪念牌
幼年基督现身于"拯救之船"，这艘船被想象成一艘欧洲船的模样。果阿以象牙雕刻而闻名，这类物品的便携性解释了它们为何可以广泛分布。

象牙
17 世纪初
高 13 厘米、宽 9.8 厘米
果阿
布鲁克·塞维尔永久基金
馆藏编号 1959,0721.1

对页右
3. 好牧人基督
基督被描绘成一个被羊群包围的年轻人，底部是蜷卧着的抹大拉的玛丽亚。

象牙
17 世纪早期至中期
高 23.1 厘米
果阿
馆藏编号 1856,0623.161

对页左下
4. 耶稣受难
耶稣会士将欧洲版画带到了早期莫卧儿帝国的宫廷。艺术家们复制了这一主题，并用欧洲绘画技巧来表现体积和距离，但风格却是彻头彻尾的莫卧儿风格。

纸本，施墨水、水粉和黄金
或为画家基述达斯的作品
约 1590 年
纵 29.3 厘米、横 17.7 厘米
布鲁克·塞维尔永久基金
馆藏编号 1983,1015,0.1

1. 骑着老虎的比尔噶兹

圣徒（或称比尔，Pir）英勇无畏地骑着老虎，右手拿着一串珠串，左手持致命的眼镜蛇作为权杖，他的力量由此得到了强调。这位圣徒显然控制着自然界中最危险的元素。这幅画有着大胆的色彩和复杂的设计，是某个孟加拉故事卷轴画的 53 幅画之一，也是同一类型中最好的作品之一（另见第 237 页图 2）。

纸画（现裱于布上）
约 1800 年
纵 38 厘米，横 36.5 厘米（整幅卷轴画长 13 米）
孟加拉地区，或出自桑德班斯
艺术基金（时为 NACF）
馆藏编号 1955,1008,0.95

森林中的动物：老虎、大象和孔雀

如今南亚地区仍有老虎，但数量很少。它们分布在恒河三角洲地区以及印度、不丹和尼泊尔的少数几个保护区内。老虎数量稀少，各地栖息地的丧失已经成为一个大问题，传统医学认为虎骨可以治疗疾病的错误观点也助长了偷猎。

然而，老虎在印度次大陆有着重要的文化史。这种凶猛的猫科动物一直被认为几乎不可能被驯服，所以只有特殊的人——例如孟加拉东部的穆斯林圣徒噶兹——才能骑上老虎（1）。正是因为他对野生动物的控制，人们才有可能在桑德班斯——也就是恒河与雅鲁藏布江的三角洲地区——的密林中定居。在印度教传统中，安必迦女神的坐骑就是老虎，这反映了她对自然世界的主宰力。

苦行僧使用虎皮作为坐垫，也正是要唤起这种力量。"迈索尔之虎"提普苏丹则以精明的政治手段将所有老虎元素结合在一起（见第238页）。

印度象与人类的互动有着悠久的历史。这种野生动物的力量确保了它在文学、艺术和宗教中的地位；总的来说，其象征意义是积极的、威严的，有时也是色情的。大象很早便出现在记载中（见第24、40页），而且自史前时期大象在印度河流域的森林中游荡时，象牙就被用来制作象牙制品（见第27页）。在早期历史中，大象与皇室的联系就已初露端倪（4）。

象头神犍尼萨是起始之神，是带来障碍者，若是安抚得当，他也是破除障碍者。在寺庙里，大象为神祇服务；在斯里兰卡，大象在每年的佛牙节巡游中仍然携带着佛陀的牙齿舍利。

在文学作品中，印度洋季风的云在大小和颜色上都被比作森林巨兽。这种关系在大象身上得到进一步体现，因为大象用再生的水净化了拉克什米女神（5）。大象在传统上也是王室成员向其臣民展示自己的手段。当印度总督寇松勋爵在1901年的德里杜巴* 上骑着大象巡游、向人们展示自己时，使用的是旧日的莫卧儿宫廷礼仪，将丛林之国和宫殿中的国王相互关联依然是一项不言自明的古老传统。大象体现了王室威严的精髓：强壮、巨大、不可抗拒。

雄性孔雀在试图赢得雌性的注意时展示的华丽羽毛与印度教的两位神祇有着特定的联系。这两位神祇是黑天和迦绨吉夜，前者在他的头饰上神气十足地戴着孔雀羽毛，后者是湿婆的由昴宿星团所孕育的儿子（因此而得名），永葆青春的迦绨吉夜的坐骑就是一只孔雀（2、3），孔雀那色彩斑斓的展示是年轻气盛之神的典型特征。5世纪，笈多王朝国王鸠摩罗笈多一世的钱币上也有孔雀的形象，这是对国王名字的一种双关使用，因为鸠摩罗是迦绨吉夜的另一个名字。年轻的黑天在沃林达文森林中风流逍遥时，他头巾上佩戴着昂首阔步的孔雀的羽毛，同样也带有这种炫耀之意。

1739年，纳迪尔·沙阿攻陷德里后，莫卧儿帝国那著名的缀满珠宝的王座——孔雀宝座在德黑兰被拆毁。与黎民百姓生活更相关的是，印度次大陆所有地区的扇子都是用孔雀羽毛制作的。

---

* 杜巴（Durbar 或 darbar）传统上是臣属谒见莫卧儿皇帝处理国务的朝会。英国殖民政府借用了其形式，使其成为土邦主向英帝国宣誓忠诚的政治仪式。

2. 迦绨吉夜像

这位年轻武神坐于孔雀坐骑之上，脖颈上带着一条镶有虎爪的链子，以显示其勇气。

玄武岩
7-8世纪
高58厘米，宽40.5厘米
印度东部，或出自北方邦东部
布里奇家族捐赠
馆藏编号 1872,0701.66

3. 孔雀坐骑上的迦绨吉夜

这尊湿婆之子骑着美丽孔雀坐骑的小雕像（如图所示为正反两面）发现于于阗国（今属中国），它提供了印度商人与喀喇昆仑山的中亚同行之间商业往来的证据。

玛瑙石（冻石的一种），经雕刻和鎏金
8世纪
高6.4厘米
或出自克什米尔
克拉蒙·斯科林爵士捐赠
馆藏编号 1925,0619.40

4. 两个银质圆形饰物

纪念牌上对这些银质大象的生动描绘，标志着它们出自运用凸纹工艺的出色金属匠人之手。它们或出自印度次大陆西北部，这表明大象的栖息地要比今天更靠北和西。

银
公元前 2 世纪
直径 7.5 厘米（左），
7.1 厘米（右）
印度西北部
M. 朗沃斯女爵士捐赠
馆藏编号 1937,0319.6,5

5. 大象净化拉克什米

幸运女神拉克什米坐在一朵开放的莲花之上，大象为她沐浴，这一场景征着即将到来的繁荣。

纸本水粉画
1700 – 1715 年
纵 22.9 厘米，
横 27.7 厘米
拉贾斯坦邦邦迪
馆藏编号 1956,0714,0.32

大事年表

4

德干苏丹国、莫卧儿帝国与拉杰普特王国

12 世纪晚期至 18 世纪

伊斯兰教在南亚历史早期就已传播到此地,从信德省(今巴基斯坦)的班博发掘出的证据显示,当地一座清真寺地基上的铭文日期为728年。古吉拉特邦和喀拉拉邦与西部海上贸易关系密切的地区,也是伊斯兰教出现较早的地区,卡奇(古吉拉特邦西部)的巴德雷什瓦尔清真寺是南亚地区现存最早的清真寺,根据铭文其历史可追溯到1160年。这座小型清真寺建有穹顶,并有当地耆那教风格的莲花纹饰。

11世纪初,阿富汗统治者伽色尼的马哈茂德以一种更暴力的方式让人们认识了伊斯兰教。马哈茂德从阿富汗东部进入印度平原,他寻求战利品而非贸易。然而,近两个世纪后,部分伊斯兰群体——主要是阿富汗人和土耳其人——才成功地击败拉杰普特统治者。他们建立了以德里为中心的国家,并控制了印度北部的大部分地区。在接下来的200年里,清真寺、陵墓和防御工事纷纷建成。在德里,苏丹建造了他们的第一座清真寺,库瓦特·乌尔伊斯兰清真寺(1197年开始修建)使用了被拆除的印度教和耆那教寺庙的柱子和其他构件。在这附近,稍后他们又建造了一座伟大的胜利之塔——顾特卜塔,其装饰开创了新的先例,不仅使用了众所周知的印度纹样(珍珠带、盛开的莲花和植物涡卷纹),还使用了阿拉伯书法。在随后的几个世纪里,书法与自然万物的结合成为印度丰富多彩的装饰传统。

尽管德里的突厥和阿富汗血统的苏丹彼此之间纷争不断(自1206年始出现了四个王朝,直到1526年洛迪王朝终结),但仍维持着他们在印度北部的统治;此外,还有在东部的孟加拉和西部的古吉拉特等地区建立的其他独立苏丹国。后两个王国的首都分别设在北孟加拉的高尔-潘杜阿和艾哈迈达巴德。在高尔-潘杜阿,许多带有玄武岩石面和琉璃瓦装饰的废弃砖构建筑仍能让人感受到其原来的宏伟(见第182页),而在艾哈迈达巴德和附近的占帕内尔,

1. 西迪·巴希尔清真寺的尖塔
这座建于 15 世纪后半期的清真寺只残存下了雄伟的尖塔和它们之间的连接拱门（后面可见的清真寺是现代修建的）。它依然在使用传说中的建筑师西迪·巴希尔的名字，这位建筑师曾被苏丹艾哈迈德·沙阿所奴役。清真寺的尖塔展示了伊斯兰教到来之前的当地建筑形式：阶梯状的方形平面、外表面的壁龛和支撑阳台的斜撑，它们都是早期寺庙建筑的特征。

精美的清真寺那鲜明独特的风格清楚地表明了该地区统治者的财富（1）。在德干地区，特别是温迪亚山脉南部的高原地区，在德里苏丹当初的掠夺战利品之战后，其他穆斯林统治者——巴赫曼尼苏丹——从 14 世纪中期到 16 世纪初在这里建立了自己的王国。他们控制了这一区域的大部分地区，但在与南部的毗奢耶那伽罗帝国开战后，巴赫曼尼苏丹国崩溃，一系列较小的苏丹国随之建立起来。毗奢耶那伽罗帝国继续控制着印度南部的大部分地区（2），但在 1565 年的塔里科塔战役中，北方的苏丹国统治者击溃了毗奢耶那伽罗。

虽然莫卧儿皇帝是印度穆斯林统治者中最知名的，印度最著名的建筑物泰姬陵也由莫卧儿皇帝（3）建造，但他们直到 16 世纪才来到印度次大陆。第一位莫卧儿统治者巴布尔（1483－1530）来

2. 毗奢耶那伽罗的蒂鲁文格拉纳塔神庙

这座供奉毗湿奴的废墟寺庙（根据碑文记载建成于 1534 年）展现了毗奢耶那伽罗帝国晚期寺庙风格的特点，这座寺庙在 1565 年被洗劫一空，再也没有被重新启用。主殿位于两重围墙内，一侧有一座附属的女神神殿。高耸的塔门有石构的下层和砖构的上层建筑，与主殿对齐。一条长长的战车大道穿过北边的门（图中左侧）通向通加巴德拉河。寺庙位于引人瞩目的德干地貌中，那里有世界上最古老的露天地质地貌。

自现代乌兹别克斯坦的费尔干纳盆地。巴布尔从阿富汗进入印度，经过一系列的战役于 1526 年击败了洛迪王朝的最后一位德里苏丹。巴布尔似乎是一位魅力十足的人物，他的《巴布尔回忆录》中也写到了他对印度新生活的回应。他用楚格泰土耳其语写作，这让人想起他的中亚血统而非波斯血统，尽管波斯语后来成为莫卧儿的宫廷语言。巴布尔去世后，新王朝遭受挫折，巴布尔的儿子胡马雍于 1540 年被阿富汗人谢尔·沙阿·苏尔逼得不得不流亡，在伊朗和阿富汗度过了漫长的岁月，直到 1555 年才回到德里。但不到一年，胡马雍就去世了，他的继任者是莫卧儿帝国最伟大的皇帝阿克巴（1556 – 1605 年在位）。阿克巴时期虽然不是莫卧儿政权的顶点，却展现了该帝国的最佳品质。阿克巴是一个特别的人，乐于接受讨论和辩论，尤其是宗教议题。今天，人们常常把他和阿育王放在一起谈论。阿克巴可能有阅读障碍，但还是对手稿及插图表现出极大的热情。在他的继承者即他的儿子贾汗吉尔（1605 – 1627 年在位）和孙子沙贾汗（1628 – 1658 年在位）的领导下，帝国继续扩张。后者作为泰姬陵的建造者为人们所铭记，但所有莫卧儿人都是伟大的建筑家 —— 阿克巴在法特普尔锡克里建造了一座全新的城市。在阿克巴、贾汗吉尔和沙贾汗的统治时期，

3. 泰姬陵

这座著名古迹是莫卧儿皇帝沙贾汗为他的妻子慕塔芝玛哈建造的陵墓，后来他也被埋葬在她身边。泰姬陵建在一座平台上，坐落于亚穆纳河畔一个天堂般的花园里。镶嵌着半宝石的白色大理石与建筑群中其他红色砂岩建筑形成鲜明的对比，其中包括一座清真寺和塔门。

成立了帝国绘画工坊，制作适合当时统治者的绘画作品，主题包括史诗、博物和肖像。此外，所有的皇帝都效仿他们的祖先巴布尔，记录了自己的统治史。

莫卧儿帝国的最后一位伟大统治者是奥朗则布（1658－1707年在位），与他的前任不同，他的性格很简朴。他信仰严格的逊尼派，不喜欢音乐和绘画艺术。在他统治期间，莫卧儿帝国处于最辉煌的时期，整个德干地区最终都被置于莫卧儿的统治之下。然而，虽然成功征服了德干地区，但劳师糜饷，莫卧儿帝国再未恢复其财政稳定或对多元性的兼收并蓄。奥朗则布的继任者缺乏他们前任那样的权威，在奥朗则布死后的50年里，帝国疆域缩小，新的参与者出现在舞台上。其中包括西高止山地区的马拉塔统治者、欧洲商人和越来越强大的英国东印度公司。

在印度西部，古老的拉杰普特宫廷（如斋浦尔、焦特布尔和乌代浦尔）摆脱了莫卧儿的控制，重新建立了自己的独立王国，并且通过他们对建筑、绘画和宗教艺术方面的赞助证明了其独立性。

4 | 1 印度北部的苏丹国

著名的顾特卜塔（1）是印度北部苏丹国的建筑作品之一。它是德里苏丹国的创始人顾特卜丁·艾贝克（1206－1210年在位）建造的胜利之柱，他本是阿富汗古尔王朝统治者的总督。顾特卜塔主要由红色砂岩建造，由一直延伸到塔最高点的圆角和锐角构件构筑而成。塔身刻满华丽的涡卷纹和铭文，其中包括《古兰经》的内容。

至今依然可以在德里看到后来图格鲁克王朝的城堡 —— 图格鲁克巴德堡以及菲罗兹·沙阿城堡，还有最后一个王朝洛迪家族的穹顶墓（4；2）。这些建筑是统治者们最大的遗产，不仅在德里，而且在东部的江布尔（沙尔吉苏丹国的中心）和古吉拉特邦的艾哈迈达巴德也是如此。艾哈迈达巴德也是一个独立苏丹国的所在地，今天此地因其精美的建筑而为人铭记，特别是西迪·赛义德清真寺及其精美的窗格。画家们在德里苏丹的宫廷里十分活跃，尽管他们为波斯语文献所作的插图作品只留存下稀少的实例，其中就包括阿米尔·胡斯劳的《五卷诗》（*Khamsa*）（3）。

各王朝之间争斗不休，但1526年莫卧儿帝国到来前，他们一直控制着从东部孟加拉到西部旁遮普的北方大部分地区。1309年，德里苏丹阿拉·乌德－丁·卡尔吉的将军马力克·卡福尔向印度南部的进军极具破坏性，但未能形成永久性统治。德里苏丹在德干任命的总督最终独立，建立了巴赫曼尼苏丹国（见第186页）。再往南，毗奢耶那伽罗帝国在穆斯林军队撤退后留下的权力真空中发展起来。

1. 顾特卜塔
这座伟大的石塔如今淹没在现代德里的繁华之中，印度艺术家经常为欧洲游客画下它的身姿。这张册页清楚地显示了下部的红色砂岩和上部的白色大理石。

纸画，来自画册
19世纪初
纵29厘米，横21.7厘米
印度北部德里
弗朗西斯·爱德华·佩吉特遗赠
馆藏编号 1945,1013,0.9.8

2. 香炉
这件优雅香炉的六边形平面，反映了印度苏丹国的伊斯兰建筑对几何形状的运用方式（见图4）。

黄铜
16世纪
高15厘米，宽16厘米
印度北部，或出自德里
布鲁克·塞维尔永久基金
馆藏编号 1992,0715.1

3. 阿米尔·胡斯劳的《五卷诗》
诗人阿米尔·胡斯劳（1253–1325）在德里苏丹的宫廷中写下了他的《五卷诗》。在《五卷诗》手稿页的这个细节中，坎大哈的女祭司正在向一幅画像跪拜。浓烈的红色背景是印度当地绘画传统的一个显著特点。

纸本不透明水彩画
15 世纪中期
纵 33.9 厘米，横 29.2 厘米（整画）
或出自德里
馆藏编号 1996,1005,0.5

4. 穆罕默德·沙阿·赛义德的陵墓
这座陵墓是为赛义德王朝最后一位苏丹建造的，其统治于 1443 年结束。陵墓位于壮观的洛迪花园中，得以在德里留存下来。中央的八角室上为穹顶，其周围是一条拱形的开放式廊道，上面建有微型穹顶亭子，这些都是印度次大陆伊斯兰建筑的典型特征。

4 | 2 孟加拉苏丹国

如今，在原孟加拉苏丹国的首都高尔仍然可以看到大量废墟，附近的潘杜阿也是如此，那里的阿迪纳清真寺（1375 年建成）曾是整个印度次大陆最大的清真寺。虽然现在已损毁，但其中央空间的巨大桶状拱顶遗迹仍令人印象深刻，这种拱顶类型在印度伊斯兰建筑中很少见，而穹顶更为常见。这座清真寺和当时孟加拉地区的许多其他清真寺一样，都是用砖和玄武岩砌成的（2），特别是沿墙设置的米哈拉布（mihrab），也就是指示麦加方向方便祈祷的壁龛。这些石刻面表明了当地工匠在建筑中使用的工艺，诸如盛开的莲花和植物涡卷纹等伊斯兰教之前印度东部的典型纹样与更明显的伊斯兰教装饰如米哈拉布和吊灯特征结合在一起，这是一种令人满意的天作之合（3）。城市中的许多建筑都用彩色琉璃瓦装饰外部，尽管如今这些琉璃瓦很少留存下来。

苏丹们为了彰显独立于德里的地位，发行了他们自己的钱币。他们还在自己的建筑物上刻制了一系列引人瞩目的铭文。这些铭文书写在黑色玄武岩上，是一种优雅的阿拉伯字体，即花押体（tughra'i），它具有高度延伸的垂直元素，给人一种生动的视觉效果；一个令人印象深刻的实例是 5 块岩石组成的石板，据说它们曾是高尔的坦蒂帕拉清真寺的基石，上面的铭文记录了 1480 年优素福·沙阿在位期间（1474－1481）制作了这块石板（1）。

1. 铭文
高尔的坦蒂帕拉清真寺入口处的这块黑色玄武岩石板上的铭文运用了新引入的阿拉伯字体，提到了在位执政的苏丹优素福·沙阿之名。

玄武岩
1480 年 3 月 26 日刻
高 49.5 厘米，宽 265.5 厘米
北孟加拉地区高尔
威廉·富兰克林上校捐赠
馆藏编号 1826,0708.2.a-e

2. 石柱
孟加拉砖构建筑石质表面的典型特征是光泽的玄武岩和雕刻的丰富视觉词汇。

玄武岩
15 世纪
高 112 厘米
或出自北孟加拉地区潘杜阿的阿迪纳清真寺
馆藏编号 1880.352

3. 刻有米哈拉布的石板
植物涡卷纹和莲花借鉴了伊斯兰教之前的纹样设计。

玄武岩
15 世纪
高 84.1 厘米
或出自北孟加拉地区高尔
馆藏编号 1880.145

德干苏丹

14 世纪中期，巴赫曼尼苏丹在卡纳塔克邦北部的比德尔建立了一个庞大的伊斯兰国家。除他们建造的出色建筑外，这些统治者的宫廷几乎没有留下任何遗存，这也预示了其命运。15 世纪末，巴赫曼尼苏丹国分崩离析，五个独立国家由此得以建立 —— 比德尔、贝拉尔、艾哈迈德纳加尔、戈尔康达和比贾布尔。这些王国的统治者主宰着该地区的政治、宗教和文化生活，直到最后一个王国被莫卧儿帝国最后一位伟大皇帝奥朗则布的无情攻击和德干地区新势力马拉塔人的出现扼杀。波斯和中亚在这些德干苏丹国有着强大影响力，与北方莫卧儿的存在形成了有趣的对比，这意味着统治者既支持什叶派伊斯兰教，也支持逊尼派伊斯兰教。然而，在大多数王国中，统治者往往是占少数的宗教和美学精英，因为他们的臣民大部分是印度教徒。

绘画在德干苏丹的宫廷里非常盛行，特别是戈尔康达和比贾布尔这两个最大和存续时间最长的苏丹国。绘画中充满了大胆的色彩组合和对黄金的运用。肖像画经常使用不真实而又引人入胜的比例变化。神秘的夜景很受欢迎 —— 人们几乎可以闻到令人陶醉的茉莉花香（1）。在戈尔康达和比贾布尔，音乐、舞蹈和诗歌是重要主题，宫廷生活场景也是一个重要的主题（2）。我们通过这些绘画作品可以对统治者的性格有一定的了解，比贾布尔苏丹易卜拉欣·阿迪尔·沙阿二世尤其能引起共鸣（1）。他因对音乐和文学的热爱以及神秘主义倾向而被人铭记。这位苏丹显然不仅对他的印度－波斯遗产感兴趣，也对他大多数臣民的文化所具有的美丽和价值感兴趣。美丽的装裱、水彩纸和精美的书法会使来自这些宫廷的画作更加出色。

这一时期很少有加工过的象牙制品存世，但也有萨林达琴（sarinda）这样的少量出色乐器留存。这些遗存可以让我们对这一地区的技能有一定了解（4）。再往南，加工过的象牙被用于装饰小型印度教神龛（见第 83 页），果阿邦会生产基督教题材的象牙雕塑（见第 169 页），其中部分是为了出口。

德干地区生产色彩鲜艳的陶砖，用以装饰建筑物的外部，这也是这一地区具有高超技巧的一项工艺。从如今仍留在原地的装饰组合中，可以得知它们在整个地区的使用情况。在博物馆藏品中发现了一些实例（3），还有从中国明朝进口的青花瓷残片，偶尔也有完整的实例留存（5）。这些都是贵重物品，也出现在有关宫廷场景的绘画中。

1. 比贾布尔的易卜拉欣·阿迪尔·沙阿二世
这位苏丹（1579－1627 年在位）因其对音乐的兴趣而闻名于世。他被描绘成手拿响板，身穿透明外袍，裹着一条金线披肩，立于夜色之中的形象。

纸本，施不透明水彩和黄金
或为画家阿里·里扎的作品
约 1615 年
纵 17 厘米，横 10.2 厘米
卡纳塔克邦比贾布尔
馆藏编号 1937,0410,0.2

2. 戈尔康达苏丹穆罕默德·库特布·沙阿的宫廷

图中年轻的统治者穆罕默德（1612－1626 年在位）正接受廷臣的朝见，其中跪着的人物可能是 1616 年被任命为驻伊朗大使的谢赫·穆罕默德·伊本·哈屯。这幅画可能描绘了他在出发执行任务时的情景，马匹和马夫在下面瞪大眼睛等待着。

纸本不透明水彩画
约 1612－1620 年
纵 25 厘米，横 15.5 厘米
特伦甘纳戈尔康达
馆藏编号 1937,0410,0.1

3. 两块六边形陶砖

这种用于装饰建筑物（通常是清真寺）外部的陶砖从伊朗和中亚进入印度次大陆。图中这些实例使用了三种配色 —— 白色、绿松石色和淡红色材质上的蓝色。

釉下彩陶
17 世纪
高 15.5 厘米
卡纳塔克邦比贾布尔
奥古斯都·沃拉斯顿·弗兰克斯爵士捐赠
馆藏编号 1895,0603,152,153

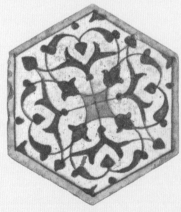

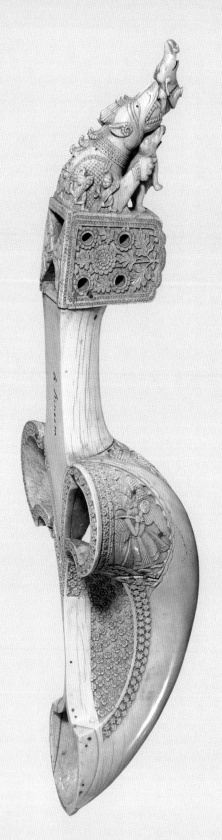

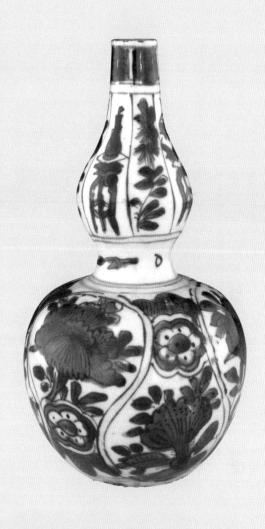

4. 萨林达琴

虽然这种类型的弦乐器来自伊朗化地区，但其装饰含有德干当地的元素，如其顶端的神话动物，口中钻出一头大象，爪子又抓着另一头大象。

象牙
约1700年
高59.7厘米，宽16.1厘米
德干海德拉巴地区
W. 丁道尔捐赠；舒尔达姆上校
收集
馆藏编号1829,1114.1

5. 青花葫芦瓶

在德干宫廷的考古发掘工作中，发现了中国的陶瓷残片。这只葫芦瓶是罕见的完整遗存，它饰以出口风格，在欧洲被称为"克拉克瓷"（kraak）。

瓷器，釉下彩
1600－1620年
高15.5厘米
制造于中国景德镇；发现于卡纳塔克邦比贾布尔
B. 肯尼迪夫人捐赠
馆藏编号1927,0519.1

4 | 3 德干金属制品

在德干地区，青铜、铁和钢的金属加工传统非常悠久，正如在特伦甘纳的卡里姆纳格尔地区发现的矿渣堆所显示的那样。在公元1千纪初，此地可能就已经开始生产钢，这比欧洲要早得多。这种深厚的经验，加上德干宫廷的精致审美，在16世纪和17世纪出现了杰出的金属加工实例。世俗和宗教用途的器皿都有生产，早期设计和舶来的波斯设计也被融入其中。世俗用品有许多类型（关于比德尔器皿，见第212页），特别是用于享受"潘"（pan）的容器（见第210页）。还有少量长方形盒子，也许是用来收藏珠宝的，上面有锻敲出的动物图案；它们是17世纪的作品，不过存世量很少（2）。同一时期还留存有数量很少的使用了绚丽莲花瓣纹样的厚铸碗（4）。

宗教金属制品多见于香炉，有些借鉴了几何和泛伊斯兰设计，呈八角形。另一些则是动物造型，如狮子或孔雀（见第151页），借鉴了长期以来的动物描绘传统。众所周知，举着爪子的狮子是葛萨拉王朝的纹章（见第151页）。同时，孔雀或神话中的孔雀在许多物品上都可以看到，它要么站在大象身上，要么抓着大象，要么吞食大象或与大象搏斗。我们在印度－葡萄牙家具的象牙镶嵌、特伦甘纳的故事卷轴画（见第236－237页）（3）以及1565年前南德干地区的统治者毗奢耶那伽罗帝国的钱币上都可以看到这种图案（1）。它在德干地区经久不衰，并在苏丹国时期得以被精妙地重新运用。

1. 阿遮逾陀提婆罗耶国王的金币
这枚金币是毗奢耶那伽罗帝国于其鼎盛时期发行的，该帝国以汉皮为根据地。其正面是抓着大象的双头鹰 —— 双首神鸟（gandabherunda）图案，是神奇力量的象征。

黄金
1530－1542年（阿遮逾陀提婆罗耶在位时期）
直径1厘米
铸于毗奢耶那伽罗（今汉皮），卡纳塔克邦
沃尔特·艾略特爵士捐赠
馆藏编号 1886,0505.44

2. 首饰匣
大象、鱼和包括孔雀在内的各种鸟类等印度动物装饰着匣子的外部；在其另一面则是两位王室人物。打开首饰匣的旋钮被做成了盛开莲花的样子。

黄铜，经锻敲
17世纪后半期
高15.2厘米，宽22.1厘米
北德干地区
馆藏编号 1939,0117.1

3. 故事卷轴画（部分）

传统的双首神鸟图案是一只双头鸟用它的嘴和爪子抓着大象，它出现在这幅描绘跋婆那仙人史诗的卷轴画上。跋婆那仙人被认为是特伦甘纳的织工亚种姓 —— 帕德玛萨利（padmasali）的祖先。这幅长达 9 米的卷轴画讲述了这群织布工的英雄起源。故事叙述通常在晚上通过歌曲和卷轴画上的图像来展开，一般要花上好几个小时，这是一种电影出现前的电影 —— 一个又一个色彩斑斓的部分将令人沉醉的神话故事娓娓道来。

涂胶布画
18 世纪晚期
横 930 厘米，纵 85.5 厘米
（整卷）
特伦甘纳
布鲁克·塞维尔永久基金
馆藏编号 1996,0615,0.1

4. 莲花形碗

在比德尔的拉尔巴格和奥兰加巴德的比比卡马克巴克拉陵等德干精英阶层建筑中，几何或莲花形状的喷泉和水池等水景很常见。这件既美观又实用的碗就是以同样的构思制作而成的。

黄铜
17 世纪
直径 22.5 厘米
德干地区
布鲁克·塞维尔永久基金
馆藏编号 1963,1017.1

4 | 4 《帖木儿家族的王子》

自大英博物馆于 1913 年收购这幅著名的莫卧儿绘画以来，已经有诸多关于它的著述。这幅画描绘了一群帖木儿的后裔王子围坐在花园亭子内外，亭子中央坐着莫卧儿帝国第二位皇帝胡马雍（1530－1540 年和 1555－1556 年在位；根据他特别的头巾可以确定其身份）；他们身边还有仆人随侍（1）。这幅画最初为波斯风格，但在莫卧儿时期曾进行两次不同的补画。然而，它的波斯起源以及中心人物的身份，使学者们能够将它的起源归于 1545 年在喀布尔加入胡马雍麾下的两位波斯艺术家之一，即阿卜杜勒·萨马德和米尔·赛义德·阿里。这幅作品虽然有损坏（大约 1/4 的部分佚失），但依然是莫卧儿早期绘画的一个重要而美丽的记录。

这幅画的最初目的无法确定，但后来增添的部分以莫卧儿风格进行了大规模的重新加工，并插入了各种带有说明的人物，特别是胡马雍的后裔，从而"使其符合时代需求"（2）。这可能是在贾汗吉尔统治的头几年完成的。在沙贾汗统治早期，此画被再次加工，一些人物被完全改画，而其他人物的比例也被改变了。虽然没有完成，但这幅画一定是被用来作为王朝的记录，强调莫卧儿统治者与中亚先民帖木儿之间的联系；这种祖先联系对莫卧儿皇帝十分重要。

1.《帖木儿家族的王子》
即使缺失了部分，仍然可以看出原作品的壮丽程度。早期元素中突出的波斯风格——花园亭子、梧桐树、金色的天空和岩石山景——很有启发性，但都被亭子内后来的莫卧儿与会者冲淡了。

布本不透明水彩画
约 1550－1555 年（第一层）
约 1605 年和 1628 年（第二层和第三层）
纵 109 厘米，横 108 厘米
初次绘制可能在阿富汗喀布尔；
后在印度北部补画
艺术基金（时为 NACF）
馆藏编号 1913,0208,0.1

2.《帖木儿家族的王子》(细节)
画的中央描绘了故事中的主要人
物：戴着尖头巾的胡马雍坐在右
边，阿克巴、贾汗吉尔和沙贾汉
面对着他。莫卧儿帝国的王子们
从左右两边看向亭子。

4 | 5 阿克巴统治时期的绘画

在其漫长统治的初期，阿克巴便已经很熟悉波斯画家阿卜杜勒·萨马德和米尔·赛义德·阿里的作品，他们被他的父亲胡马雍带到了德里，并为莫卧儿早期绘画提供了波斯萨法维王朝的模板（见第 190 页）。阿克巴统治时期的伟大成就即是将这种传统与印度当地相融合，然后再加上一些描绘体积和距离的新概念，这些概念是从耶稣会士和商人带到莫卧儿宫廷的欧洲版画中借鉴来的。

阿克巴的御用画坊最初的工作之一是为《哈姆扎的历险》绘制插图，其数量达到惊人的 1400 幅，该文献描述了英雄哈姆扎的传奇事迹（3）。我们知道阿克巴很喜爱这部冒险故事集，并喜欢听人给他读这本书。印度人对色彩和自然世界的感知造就了这些插图中一系列叫人眼花缭乱的场景。这项工程花费了 15 年的时间才完成，尽管今天只有少量画作存世。

阿克巴也非常希望他说波斯语的穆斯林朝臣能够理解人口占多数的印度教徒臣民的伟大史诗（另见第 71 页）。因此，他将《罗摩衍那》和《摩诃婆罗多》从梵文翻译成波斯文，并让宫廷艺术家为这两部史诗绘制了插图（2）。画坊的其他主要工作包括为波斯文学、巴布尔的回忆录和阿克巴自己的统治史《阿克巴本纪》绘制插图。肖像画也得到鼓励，其形式是立于无背景的彩色地面上的侧面男性形象，这后来成为莫卧儿肖像画的标准形式。阿克巴后期宫廷中最伟大的画家之一是曼苏尔（1）。

1. 一位维纳琴演奏者，可能是瑙巴特·汗·卡拉万特；应为画家曼苏尔（1590－1624 年活跃）的作品

曼苏尔主要因其在阿克巴的儿子贾汗吉尔统治时期的博物画而闻名。不过，在这幅作品里，乐师占主导地位；鸟类和开花植物也在画中，这也是对即将发生之事的一种暗示。

纸本，施不透明水彩和黄金，附文字和印章
约 1590－1595 年
纵 11.2 厘米，横 9 厘米（仅图像）
莫卧儿
布鲁克·塞维尔永久基金
馆藏编号 1989,0818,0.1

2. 坚战与迦尔纳搏斗
《战争之书》是《摩诃婆罗多》的波斯语版简写和翻译。在这份散落的《战争之书》手稿单页中，般度兄弟的长兄坚战与他同父异母的兄弟迦尔纳进行搏斗。这两个人物之间的关系体现了这部宏大史诗的典型特征 —— 关联密切的人物之间发生了无情的对立。

纸本不透明水彩画
1598 年
纵 20.3 厘米，横 11.1 厘米（仅画作）
莫卧儿
馆藏编号 1921,1115,0.13

3.《哈姆扎的历险》中的插图
这幅画中，先知埃利亚斯拯救了
溺水的努鲁达尔王子。虽然这幅
作品的绘制时间是在阿克巴统治
的早期，但清楚地展现了波斯风
格、中亚题材和印度人对自然世

界感知的完美结合。森林被声音
和美所充盈。

布本不透明水彩画
应为画家巴萨瓦纳的作品
约 1567－1572 年

纵 67.4 厘米，横 51.3 厘米
莫卧儿
斯特拉顿·坎贝尔牧师捐赠
馆藏编号 1925,0929,0.1

4 | 6 用于出口的刺绣床罩

葡萄牙人是现代最早与印度进行贸易的欧洲人。虽然他们最早的定居点是在西海岸，果阿尤多，但他们也以恒河－雅鲁藏布江三角洲的萨特冈为根据地，在印度东部进行贸易，主要是纺织品贸易。大约在 17 世纪初，绗缝刺绣床罩从此地出口到葡萄牙，并大为流行。床罩大多由棉布制成，而刺绣则通常以未染色的金黄色柞蚕丝（还有少数玫瑰粉色的刺绣留存下来）完成。有些床罩是为葡萄牙贵族家庭定制的，因刺绣中强调了武器纹章。

特别有趣的是在这些纺织品中发现的混合图案——部分是当地元素，部分是欧洲元素。在欧洲图案中，我们看到葡萄牙士兵正在进行狩猎（1）。正义女神的形象和她的天平出现在另一件床罩的中心，四角则是模仿自欧洲版画的场景（这些铜版画在安特卫普生产并大量出口）（2）。孟加拉地区的绣工们在面对源自古典时代或《圣经》中的场景时，并不总是能理解其中的含义，今天也很难确定图案所想表现的一切。然而，有两个场景出处明确:《阿克泰翁之死》和奥维德《变形记》中皮拉摩斯和提斯比的故事。

这些异国情调的出口产品被生产之后，精细刺绣的传统被传承下来，几个世纪后，在整个孟加拉地区发现的更小型的、更多用于家庭的康塔*中，这个传统再度重现（见第 278－279 页）。

1. 刺绣床罩

在 17 世纪的葡萄牙，像图中这样繁复的刺绣和绗缝纺织品十分流行。它们的吸引力来自白色棉布质地和金黄色柞蚕丝之间的微妙对比。葡萄牙士兵经常出现在这些床罩上，且通常出现在打猎场景中。此处所示细节显示他们穿着独特的服装，戴着头饰，骑在马背上，挥舞着剑。

棉、丝
17 世纪初
孟加拉地区，或出自萨特冈
兰托·辛格律师的收藏

* 康塔（Kantha）又叫作 kanta 或 qanta，是印度东部（特别是在西孟加拉邦、特里普拉邦和奥里萨邦）和孟加拉国流行的刺绣布艺，可用于床罩、衣物等用途。

2. 刺绣床罩

这件刺绣床罩中央的圆盘描绘了
拿着天平的正义女神，她被一圈
美人鱼饰带所环绕，其中一个美
人鱼（紧挨着正义女神的下方）
弹着欧洲乐器吉他。右图显示的
细节是《阿克泰翁之死》，抄自
欧洲的印刷品（或来自安特卫
普）。这幅画中倒霉的男主角下
半身被戴安娜女神变成了一只
鹿，而他的上半身则正在被自己
的猎犬撕碎。

棉、丝
17 世纪初
长 272 厘米，宽 236 厘米
孟加拉地区，或出自萨特冈
布鲁克·塞维尔永久基金
馆藏编号 2000,1213,0.1

4 | 7 印花棉布

印度纺织品的惊人多样性引起了早期欧洲商人的注意。通过对染色技术的熟练掌握而制作出来的色彩和种类令人眼花缭乱的纺织品，使印度西南部，从默吉利伯德纳姆到高韦里河三角洲，或者对欧洲人而言的科罗曼德尔海岸，成为被高度关注的地区。在英国，这种染色纺织品被称为印花棉布（chinz）。

当欧洲人在15世纪末首次到达印度时，印度纺织品贸易已经很发达，主要销往东南亚（见第72－73页），很快欧洲也成为这种贸易的一部分。这些纺织品很少存世，但我们可以从后期的实例中了解到它们的情况（3）。狩猎图案是德干地区王公贵族宫廷纺织品的典型特征。在17世纪中期的戈尔康达地垫上，可以看到这种图案较为完整的形式。

这一地区后来可能通过默吉利伯德纳姆港出口产品，其中包括著名的印花棉布帕棱布（palampore，床罩或壁毯）。这种贸易的国际性体现在对页所展示的巨大布匹上（2），从中可以看到从运往欧洲的中国屏风上复制的设计元素，也有来自日本印刷书籍的主题以及来自荷兰和英国的印刷品式样。有一块与它明显相同的棉布残片（发现于苏拉威西，目前存于苏拉特的塔皮收藏馆），为这块巨大的织物提供了有趣的注脚。下图的袋子也为棉布纺织品贸易的国际性提供了证据（1）。它由两块较大的碎布制成，保存于斯里兰卡并在此地重新被使用，但最初生产于科罗曼德尔海岸。

对页上
2. 大型印花棉布帕棱布
这种大面积的染色和彩绘纺织品因其图案中可见的一系列亚洲和欧洲元素而引人瞩目。也许最引人瞩目的是，在其背面有一枚西里尔字母的海关印章，表明它曾于1772年在圣彼得堡出现，从而为其生产日期提供了一个年代下限。

染色彩绘棉布
18世纪中期，1772年之前
高约500厘米，宽约500厘米
科罗曼德尔海岸，或出自默吉利伯德纳姆
布鲁克·塞维尔永久基金
馆藏编号 1998,0505,0.1

对页下
3. 地垫残片
饰有狩猎和动物图案的纺织品在德干宫廷中被用作地垫。葡萄牙人称其为"平泰多"（pintado），这个词出现在出口物品的清单中。虽然这个名称意味着绘画，但这些设计都是通过使用各种抗染色剂和媒染工艺造就不同颜色来实现的。

抗染棉布
约1630年
高45.5厘米，宽205厘米
科罗曼德尔海岸
布鲁克·塞维尔永久基金
馆藏编号 1964,0208,0.1

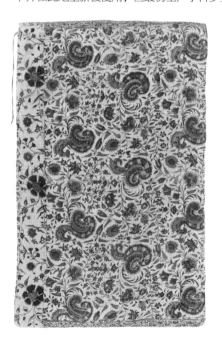

左
1. 袋子
两块大小不一的染色棉布碎片 —— 可能原来是包臀布 —— 被缝合在一起，做成了一个袋子。其形状说明这个袋子可能被用来携带贝叶手稿。

染色棉布
18世纪
长105厘米，宽64.5厘米
科罗曼德尔海岸；出口到斯里兰卡，并在斯里兰卡被发现
布鲁克·塞维尔永久基金
馆藏编号 2002,0408,0.4

4 | 8 莫卧儿玉器

在印度被伊斯兰统治者（特别是莫卧儿王朝统治者）统治期间，来自今中国西部的和田的玉器受到极大欢迎。和田玉容器和其他和田玉物品都是由莫卧儿的宫廷工坊制作的。和田靠近克什米尔（莫卧儿统治者所钟爱和统治的地方），尽管商路经过的喀喇昆仑山耸拔入云，但依然有一条相对较短的、非常成熟的贸易路线。玉石一旦运到莫卧儿的城市，就会被雕刻为器皿和其他玉器，而且还经常会刻上文字。莫卧儿统治者钟爱玉石，特别是玉石的极度坚硬和其精致的半透明性形成的对比，这种偏好可能是从他们的帖木儿祖先那里继承来的，他们也是著名的玉石生产赞助人。据记载，贾汗吉尔拥有为他的帖木儿祖先制作的玉器，这些玉器上的铭文也暗示了这种密切联系（1）。

杯子和盘子（1、2）是最常见的玉制容器，其中最好的是那些利用石料的固有品质达到最佳效果的容器。后期的实例有时会嵌上不同颜色的玉石，也会嵌上青金石、红宝石等宝石。这种后期类型中最引人瞩目的是一对水烟壶（huqqa）基座（3）。这对基座是莫卧儿王朝玉器工艺令人印象深刻的范例，每朵镶嵌着青金石的鸢尾花和每片深绿色的玉叶上都雕刻有纹样。据说它们曾经属于古怪的英国收藏家威廉·贝克福德（1760－1844）。

1. 玉杯
这只不同凡响的玉杯呈切开的葫芦状，其边缘下方的铭文更增其美感，且表明了它属于莫卧儿帝国皇帝沙贾汗。在这段铭文中，沙贾汗称自己为"第二位合相*的主宰"，此处意指他的祖先帖木儿，帖木儿有一个类似的头衔，"第一位合相的主宰"。

玉
1647－1648 年（据铭文）或更早
高 6 厘米，长 17.8 厘米
莫卧儿
奥斯卡·拉斐尔遗赠
馆藏编号 1945,1017.259

2. 玉盘
莫卧儿帝国晚期的玉器往往以镶嵌宝石和贵重金属的方式进行更高级的装饰。这只优雅玉盘的花形与内部装饰中的金色花枝具有同样的意象。

玉器，镶嵌黄金、红宝石和珍珠
18 世纪
直径 24.2 厘米
莫卧儿
P. T. 布鲁克·塞维尔捐赠
馆藏编号 1938,1011.1.

* 第二位合相（conjunction），此名是因为沙贾汗与帖木儿一样，都出生在两颗行星相合（即在黄道带上位置大致相同）之时。

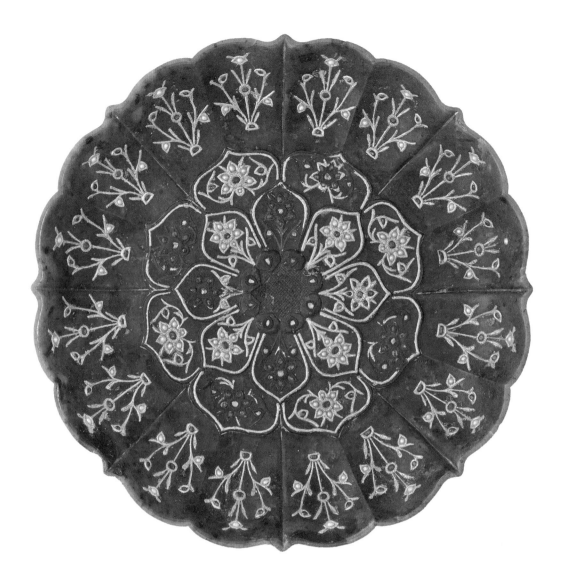

3. 水烟壶基座

图中这对珠辉玉丽的镶嵌玉石的水烟壶基座（另见第 211 页）充分展现了莫卧儿王朝的豪奢品味。这两件器皿都用深绿色玉石、青金石和镶嵌在黄金中的红宝石所嵌成的花纹图案装饰。它们后来被带到欧洲，摆放在大理石支架上的鎏金底座上。

玉石、黄金、青金石和红宝石
约 1700 年
高 19.4 厘米
印度
P. T. 布鲁克·塞维尔捐赠
馆藏编号 1956,0724.1,2

后期莫卧儿绘画

在贾汗吉尔统治时期，宫廷对有关史诗和历史故事的插图兴趣不再，而是将注意力转向了记录自然世界。这种兴趣被贾汗吉尔对克什米尔的宣传大大增强，他曾多次访问克什米尔，并在他的回忆录《贾汗吉尔本纪》中对克什米尔进行了生动的描写。在为他服务的艺术家中，曼苏尔是最擅长描绘自然世界的人之一，尤其精于花卉和动物题材。

与统治者有关的主题在贾汗吉尔时期也很流行。一幅著名画作（1）记录了对古代印度习俗的重新利用——用黄金来称量一位统治者（画中是贾汗吉尔的儿子）的重量；这一事件被记录在贾汗吉尔的回忆录中。基督教在贾汗吉尔的宫廷中仍然是奇特的存在，一幅天使报喜图（2）可能是在他统治时期绘制的。这幅作品一定是临摹自一幅西方印刷品，虽然其画法和那些华丽夺目的花卉边框都完全是印度的。

贾汗吉尔的儿子沙贾汗继承了皇位，他的伟大绘画工程是为他的官方历史《帝王书纪》绘作插图。此时期，肖像画很受欢迎，且普遍绘有条纹状的金色天空、画面底部的一排花草以及精致的头巾和武器（见第 209 页图 3）。

然而，奥朗则布统治时期的情况却截然不同。他遵循严格的伊斯兰教逊尼派教义，对早期莫卧儿宫廷的乐趣（包括王朝故事的编撰）不屑一顾。在大多数情况下，绘画只在宫廷之外蓬勃发展，这是奥朗则布死后莫卧儿帝国开始解体的前兆。穆罕默德·沙（1719－1748 年在位）时期出现了暂时的稳定，但 1739 年波斯国王纳迪尔·沙阿对德里的洗劫敲响了莫卧儿帝国最后的丧钟。画家们开始在其他地方寻找赞助人，特别是在勒克瑙和孟加拉（见第 226 页）。

1. 称量胡拉姆王子
贾汗吉尔身穿薄薄的"贾玛"（jama，棉质外袍），面对他的儿子——未来的皇帝沙贾汗，后者盘腿坐在天平一端。侍从在天平另一端装上一袋袋的钱，然后分给穷人。前景是摆放着丰富布匹和珠宝武器的托盘。在远处的背景中，可以看到架子上的中国瓷器。

纸本，施不透明水彩和黄金
约 1615 年
纵 30 厘米，横 19.6 厘米（仅图）
莫卧儿
P. 马努克和 G. M. 科尔斯小姐
通过艺术基金捐赠
馆藏编号 1948,1009,0.69

2. 天使报喜图
这幅着色画显示了莫卧儿宫廷对基督教图像的兴趣，它无疑是以欧洲的印刷品为基础的。然而，某些印度特征已经悄然出现，如天使正在行完整的五体投地礼。

纸本彩色素描
17 世纪
纵 16.3 厘米，横 9.3 厘米（仅图）
莫卧儿
馆藏编号 1920,0917,0.13.21

3. 赛义德·阿卜杜拉·汗举行仪式
在奥朗则布死后不久，多位统治者迅速接连上台，部分是在赛义德兄弟——阿卜杜拉·汗和侯赛因·阿里·汗的推动之下发生的。他们充当了无情的国王制造者。他们来自一个在莫卧儿宫廷中长期存在的家族，惯于宫廷政治斗争。在这幅绘画作品中，阿卜杜拉·汗被描述为在顾问的陪同下举行宫廷活动，并由乐师进行招待。

纸画
18 世纪初
纵 21.4 厘米，横 34.5 厘米
莫卧儿
馆藏编号 1921,1011,0.4

4 | 9 克什米尔的后期艺术

到 16 世纪末，克什米尔谷地已被莫卧儿皇帝阿克巴吞并。然而，在这之前的几个世纪，伊斯兰教已经成为克什米尔的主要宗教，第一位穆斯林统治者是一位从 1320 年前后开始统治的当地皈依者。伊朗和中亚对克什米尔的宗教影响看来可能比印度平原更突出。

17 世纪，我们对克什米尔有了很多了解，因为莫卧儿统治者发现谷地的气候和美景都具有不可抗拒的魅力。贾汗吉尔是一位特别热衷于此地的游客，他和他的妻子努尔贾汗一起在斯利那加周围建造了花园，即使是今天，这些花园的水池、喷泉和茂盛的花木依然很精致。其中最有名的是夏利玛尔花园（2），它与达尔湖相连，从 17 世纪初的游记到爱德华时代的英文歌曲都有对它的记载。贾汗吉尔还记录了该地区的博物志。

这一时期，陵墓和清真寺也被建造或修复。其中包括赛义德·马达尼的陵墓，其门上装饰着色彩鲜艳的陶砖（1）。中世纪时期，克什米尔工匠的金属加工技术已经受到关注（见第 150 页），但在莫卧儿王朝和后来的时期，这些技术被运用于生产容器，其中许多容器同时使用了阿拉伯纹样和书法来装饰，形成了非常好的效果（3）。

1. 花纹陶砖
莫卧儿时期的彩色陶砖经常使用这样的配色，其中红褐色最为突出。装饰使用了"干线"（cuerda seca）工艺，以防止颜色相互混同，但几乎完全局限于花和叶的设计。

釉面陶
约 1655 年
高 19.5 厘米，宽 17.2 厘米
在拉合尔制作并被带到克什米尔，或在斯利那加制作
牛津大学阿什莫林博物馆藏
馆藏编号 EA1994.77

2. 夏利玛尔花园
莫卧儿统治者在斯利那加的达尔湖周围修建起了一系列花园。夏利玛尔花园建于 1616 年贾汗吉尔统治时期，与尼沙特花园等其他花园一样，它由朝向湖边逐级下降的平台组成，被一系列的瀑布和喷泉分隔开来。欧洲旅行家弗朗索瓦·贝尼尔在 1660 年代对夏利玛尔花园进行了描述。

3. 带铭文的钵
像这样的容器以前曾被描述为波斯风格，但有证据表明，这只钵是在克什米尔制造的，因为捐赠者在建设新德里时在克什米尔得到了它。边缘的铭文来自波斯诗人哈菲兹（1325–1390），表明它可能是用于饮用葡萄酒的。

青铜
1600–1630 年
直径 25 厘米（最大）
克什米尔
H. A. N. 梅德捐赠
馆藏编号 1969,0212.1

4 | 10 泰姬陵

这座建筑可能是印度最著名的象征，然而颇具玩味的是，它也是一座混合了多种风格的建筑。泰姬陵在很大程度上承袭了波斯和中亚的皇家陵墓结构，尽管大量的植物、花卉和建筑装饰元素标志着它同样属于印度。泰姬陵建于 1632–1643 年，坐落于阿格拉的亚穆纳河畔莫卧儿堡垒的下游（2）。莫卧儿帝国的第五位皇帝沙贾汗将其作为他最爱的妻子慕塔芝玛哈（1631 年逝世）的陵墓。她的陵寝以及后来沙贾汗（卒于 1666 年）本人的陵寝都位于这里的地下室中。

泰姬陵位于一座规格严整的花园尽头，这座花园中的水渠象征着天国。陵墓本身建在两个大平台上 —— 下层巨大的平台表面为红色砂岩，在河边仍然可以看到；上层平台则以白色大理石覆盖。位于上层平台中央的辉煌的穹顶陵墓也以白色大理石包裹，其中大部分覆盖以半宝石镶嵌的花纹（3）。正方形上层平台的四边有四座尖塔，而离尖塔更远处的西面和东面是一座清真寺和一个集会大厅。无论你的信仰如何或是你对沙贾汗的看法如何，泰姬陵无疑都是人类文明的伟大建筑之一，是"永恒脸颊上的一滴泪珠"[1]，而且 —— 毫不奇怪 —— 它已经被多次绘制和拍摄（1）。

---

1 罗宾德拉纳特·泰戈尔，引自：*Rabindranath Tagore: The Myriad-Minded Man* by Krishna Dutta & Andrew Robinson, 1995, p. 191. —— 作者注

1. 泰姬陵
这幅泰姬陵花园中的远景图是对这座伟大纪念碑经久不衰的摄影描写的开端。

照片；摄影者不详
1860–1870 年
高 22 厘米，宽 28 厘米
北方邦阿格拉
马修·邓津赠
纽约大都会艺术博物馆藏
馆藏编号 1985.1168.26

2. 泰姬陵鸟瞰图
这种不寻常的视角将景观压平以便尽可能多地显示细节，包括左上的阿格拉堡垒，可能是作为欧洲游客的纪念品而生产的。

纸本不透明水彩画（未完成）
约 1800 年
纵 18.6 厘米，横 26.6 厘米
北方邦阿格拉
通过安妮·麦克唐纳阁下捐赠
馆藏编号 1940,1012,0.1

3. 画册中的泰姬陵屏风
白色大理石的切割与彩色半宝石的镶嵌相结合，使以慕塔芝玛哈和沙贾汗纪念冢为核心主题的八角形屏风成为一种非常考究的摆设。他们真正的墓穴在其下方的地下室里。

纸本水彩画
约 1820 年
纵 21.7 厘米，横 29 厘米
北方邦阿格拉
弗朗西斯·佩吉特律师捐赠
馆藏编号 1945,1013,0.9.5

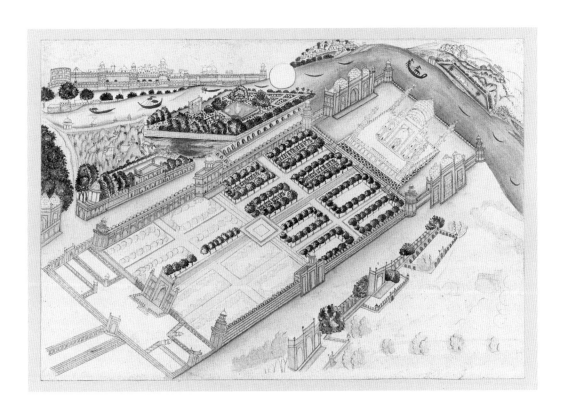

1. 围栏立柱上的圆形装饰

在阿默拉沃蒂窣堵坡的圆形装饰中（见第60–61页），一位女舞者面对观众，而她周围是各种乐师：鼓手、竖琴手、长笛手和背对着观众的诗琴手（琴颈在左，琴腹在右）。

帕尔纳德片岩
3世纪
高225厘米，宽60厘米（柱子的总尺寸）
安得拉邦贡土尔区阿默拉沃蒂
馆藏编号 1880,0709.17

2. 统治者与舞者

宫廷乐师与两位舞者的表演刚刚达到高潮。两位舞者半蹲着，双手高举，朝向正在欣赏她们的王子。

纸本不透明水彩画
18世纪中期
纵22.6厘米，横19.8厘米
拉贾斯坦邦，或出自斋浦尔
馆藏编号 1920,0917,0.155

舞蹈

在古代印度，无论是美学理论还是实践，雕塑与舞蹈都是紧密相连的。人物在寺庙装饰中的重要性证实了这种联系；印度雕塑中有很多呈现舞蹈和音乐演奏场景的（1）。在古代，舞蹈是寺庙和宫廷生活的一大特色。舞蹈是神祇和国王的一种娱乐手段，是献上敬意的一种方式，在世俗和精神领域都很重要。在舞王湿婆的形象中，进一步体现了神的作为与舞蹈之间的联系（见第142－143页）。

南亚的舞蹈一直存在地区差异，但今天的主要差别存在于北方和南方的传统之间。500多年来，北方的精英舞种大都是宫廷活动，因为舞蹈在正统伊斯兰宗教习俗中并不突出，但舞蹈和音乐却是伊斯兰宫廷的重要组成部分，德干苏丹（见第187页）和后来的莫卧儿王朝（见第192页）及其继承者（2）的宫廷都是如此。我们今天所知道的卡塔克（kathak）这一舞种就是这一传统的后裔，它基于充满活力的脚步，以技艺精湛的旋转和踩踏动作来增强情感。

在印度南部，与寺庙生活联系在一起的舞蹈在伊斯兰文化影响之外的地区继续存在，尽管在19世纪晚期，英国人出于道德激愤阻遏当地寺庙的舞蹈，导致其几乎完全消亡。鲁克米妮·黛薇·阿兰达勒（1904－1986）是印度南部舞种婆罗多舞（bharatanatyam）的复兴者与再造者之一。稍晚，拉姆·戈帕尔（3）在次大陆和西方推广印度舞蹈，他与芭蕾舞明星如艾丽西亚·玛尔科娃一起跳舞。比这两个人年代更早的是乌代·香卡，他是拉维·香卡（见第294－295页）的弟弟，他也与安娜·巴甫洛娃等人一起重新创作了印度舞蹈。有记载说他为了编排印度舞蹈在大英博物馆学习过印度雕塑。

3. 舞蹈家拉姆·戈帕尔

拉姆·戈帕尔（1912－2003）是半缅甸半印度裔，在第二次世界大战前的几年，他因再现印度舞蹈而风靡伦敦。波兰艺术家费利克斯·托波尔斯基多次为他画过素描，图中的戈帕尔正扮演黑天。

纸本墨水画
费利克斯·托波尔斯基（1907－1989）绘
1939年
纵18厘米、横13.5厘米
伦敦
布鲁克·塞维尔永久基金
馆藏编号 2006,0116,0.9

4 | 11 武器和盔甲

从金属首次在南亚出现开始，剑和其他武器就已经存在。史前遗存中发现的一些实例，表明铁和钢的锻造历史悠久，尤其是在印度南部。南方的这种专业技术在其整个历史时期都得以延续，泰米尔纳德邦的坦贾武尔军械库中的波纹钢刀尤为声名远扬。中世纪时期的雕塑中也留下了对武器的记录。

然而，直到莫卧儿王朝和后来的时期，才有大量的剑、盾、斧、匕首和盔甲（包括人和动物的）存世。这些武器使用金银镶嵌、珐琅和雕刻技术进行精心装饰，刀刃通常为波纹钢，它们既用于仪式，也用于实战。

许多武器被用于宫廷展示，现存的带有玉石和其他皂石刀柄的匕首更为今人所熟知（2）；这些物品经常被莫卧儿统治者作为礼物送给封臣。印度西部的统治者是莫卧儿军队的将领，他们的剑有大量存世。其中包括塔尔瓦（Talwar），一种常见的印度马刀，刀柄圆头上通常镶嵌有装饰；还有钢制或水牛皮盾牌，通常在外表面有四个凸起物（3）。其他常见武器包括拳剑，或称卡塔尔（Katar），这种武器在整个印度都有使用，但在次大陆以外却鲜为人知；它在莫卧儿宫廷的贵族画像中非常引人瞩目（3），而且常带有精美装饰（4）。驱象棒（ankusha）（1）和斧头也同样有着考究的装饰。

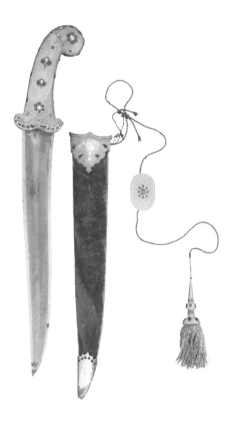

4. 卡塔尔及其剑鞘

莫卧儿时期，拳剑或卡特尔这种常用武器经常出现在肖像画中（3）。这把匕首和其他许多匕首一样，巧妙结合了精巧审美和致命宗旨。

钢，经鎏金和雕刻；镶嵌仿红宝石和绿宝石的铅玻璃；木头、天鹅绒
18世纪
长48厘米，宽10.5厘米（最大处）
莫卧儿
奥古斯都·W. H. 梅里克中将
馆藏编号 1878,1101.472

在德干地区比德尔制造的镶嵌工艺金属制品被称为比德尔器皿（bidri），其生产可能至少始自 17 世纪。在黑色表面镶嵌上对比鲜明的银或银与铜（2），以构成引人瞩目的装饰。以这种工艺制造的器物主要是容器，许多与潘或烟草（3）的准备或食用有关（见第 212 页）（1）。其他器型还包括瓶、瓦罐和盆。

这类器物是用含锌的合金铸造的。印度早于欧洲，至少从 14 世纪开始就已经掌握了在冶炼过程中冷凝制锌的方法。拉贾斯坦邦扎瓦尔矿场出产的矿石被就地冶炼，然后出口。

让比德尔闻名于世的器皿很特别，银丝或银片被嵌入已经蚀刻在器皿表面的图案中。镶嵌过程结束后，再在其表面覆盖上含有氯化铵的泥浆，随后揭去糊糊，打磨表面，使金属变得非常有光泽，从而增强了器身和镶嵌物之间的对比。

最早的比德尔器皿实例来自 17 世纪，现在能留存下来的数量甚少。它们的表面装饰非常精致，几乎完全覆盖了器物的表面，这就是阿法塔比（aftabi）技术。后来的实例镶嵌较少，黑色表面增加。许多绘画中也有比德尔器皿（特别是水烟壶基座）出现（4）。比德尔风格在 18 世纪和 19 世纪很流行，这种器皿在海德拉巴的生产一直持续至今。19 世纪早期为欧洲人在印度使用而制作的物品有时会装饰有欧洲古典纹样。后期器物制作于比哈尔邦布尔尼亚和勒克瑙，这种技术在英治时期引入这两个地方（1）。

本页

1. 潘丹
图中这种小盒子是运用比德尔工艺的工匠最擅长的制品类型之一。它被称为潘丹（pandan），是存放制作潘的原料的容器（见第 212页）。其内部有一个托盘，上面有用于放置各种原料的隔间，而托盘下面的部分则用于放置槟榔叶。

锌合金，嵌银
18 世纪末 19 世纪初
高 9.5 厘米，长 12 厘米
比哈尔邦布尔尼亚，或北方邦勒克瑙
西蒙·迪格比纪念慈善机构捐赠
馆藏编号 2017,3038.23

对页左上
2. 带瓶塞的瓶子
这件精美容器有着美丽的花卉纹饰，银和铜的镶嵌工艺使其具有更为生动的效果。瓶子的外形源自伊朗，这也说明了德干地区和西方之间的密切联系。

锌合金，嵌银和铜
17 世纪或 18 世纪初
高 30 厘米，宽 17 厘米
德干地区比德尔
约翰·亨德森遗赠
馆藏编号 1878,1230.758

对页右上
3. 水烟壶基座
在比德尔，图中这种通过带有香味的水吸食烟草的容器以比德尔工艺被大量制造。球状的基座通常被认为比钟状年代更早（见第212 页图 2）。

锌合金，嵌银
约 1740 年
高 16.5 厘米，宽 14.5 厘米
德干地区比德尔
阿尔弗雷德·米切尔·因斯捐赠
馆藏编号 1934,0514.6

4. 穆罕默德·沙

17 世纪和 18 世纪印度统治者的肖像画经常会描绘他们吸水烟的场景。通常情况下，图中的水烟壶基座与穆罕默德·沙皇帝身边的剑和他戴着手套的右手上栖息的鹰一样，几乎成为皇家的象征。放在地板上专用的圆形垫子上的这件水烟壶基座显然是用比德尔工艺制作的，它属于后期的钟状器形，这是 18 世纪的特色。

纸画
18 世纪中期
纵 44 厘米，横 25 厘米
印度北部
馆藏编号 1974,0617,0.17.20

4 | 13 烟草和"潘"文化

烟草与其他现在被认为完全属于印度的植物——辣椒、西红柿和马铃薯一样，也来自新世界。它是由葡萄牙人引入印度的。尽管贾汗吉尔并不乐见其流行，但它很快就大行其道。烟草通常用水烟壶吸食。在这种方式中，烟雾在被吸入之前要以有香味的水来过滤。因此，需要有一个装水的容器；包括下至非常平凡的黏土或椰子制成的容器，上至最精致的镶嵌玉石（见第199页）、彩色玻璃或进口陶瓷（1）制成的容器。正如17世纪以来的肖像画中经常描绘的那样，许多容器是用金属制成的（见第211页）（2）。用水烟壶抽烟是一种在印度的欧洲人也乐意采纳的习惯。

嚼潘是南亚社会的另一种乐趣。潘由槟榔藤叶子制作而成（3）。在每片叶子上放上熟石灰糯糊，然后加入香料、糖、能带来轻度兴奋的槟榔片，也经常会加入烟草——内容物可根据口味而变化。嚼潘通常可在饭后帮助消化，旁边还得放一个痰盂，因为嚼潘会产生大量的红色唾液。

容器或潘丹十分常见，被用来装准备潘的各种原料（4）。这些容器内由通常在底部的放槟榔叶的平坦荫凉部分，以及存放其他不同原料的结构组成。槟榔用特殊的坚果切割器切割，其中许多实例都体现了装饰性巧思（单独用来装熟石灰的便携盒子也是如此）。

1. 球状水烟壶基座
这件豪华的瓷器是在中国制造的，可能是为莫卧儿王朝后期宫廷而作。它体现了在追求吸烟乐趣的过程中所使用的各种原料，以及两个伟大的亚洲帝国——莫卧儿帝国和清帝国之间的贸易。

釉下彩瓷器与釉上珐琅
康熙年款（1662－1722年）
高18厘米，直径14厘米
中国景德镇
R. 索姆·詹宁斯捐赠
馆藏编号 1956,1017.2

2. 钟状水烟壶基座
这种后期的水烟基座比图1中的瓷器更日常一些，但仍然很出色，它以比德尔工艺制作和装饰（见第210页）。以罂粟花作为装饰图案是后期比德尔器皿的一个特征。

锌合金，嵌银
19世纪初
高19厘米，直径17.5厘米（底）
德干地区，或出自比德尔
馆藏编号 1880.229

3. 槟榔藤

这幅来自皮尔逊画册的槟榔藤画上同时注明了其植物学和本土印度名称,画中显示的多片叶子的每一片都可能会被用来制作潘。这本画册中的许多画作出自一位不知名的艺术家,他描绘了次大陆上具有实用性和装饰性的植物群(另见第 229 页)。

纸本不透明水彩画
约 1820 年
纵 49 厘米,横 37 厘米
或画于加尔各答的西布普尔植物园
J. P. S. 皮尔逊少校遗赠
馆藏编号 1999,0203,0.2

Piper Betle, of Linnaus.   *Diandria Trigynia.*   *Paun Leaves.*

4. 八角形潘丹

这样的盒子是用来盛放制作潘的原料的 —— 槟榔叶放在荫凉的下部,香料放在上方的盘子里。康乃馨的雕刻纹饰(莫卧儿艺术家的最爱)最初用黑色的铅玻璃填充,以突出其纹样(盖子上仍可看到其残片)。

黄铜,经锻打和雕刻,镶嵌铅玻璃
17 世纪晚期
高 10.2 厘米,宽 14.6 厘米
印度北部
P.T. 布鲁克 · 塞维尔捐赠
馆藏编号 1956,0726.18.a–b

4 | 14 拉杰普特绘画的早期画派

南亚所产出的最美丽、最生动的部分绘画作品是由印度西部各土邦宫廷委托制作的，这些土邦大多位于如今的拉贾斯坦邦这个现代政治单元内。这些土邦由自称为拉杰普特人（意为"王族后裔"）的家族统治，他们在莫卧儿时期和英治时期都秉承战士的生活方式。他们的起源不详，可能是公元1千纪由当地人和外来群体融合而成。位于印度西部之外的一些土邦也自称拉杰普特，例如旁遮普山区和尼泊尔的土邦。主要绘画中心位于焦特布尔、斋浦尔、比卡内尔和基尚加尔的宫廷以及一些较小的宫廷，其中部分土邦位于今日毗连的政治单元内。接下来的四节，将对这些不同宫廷的绘画作品进行说明（见第216−223页）。

只有极少的画作在年代上可以归为莫卧儿到达次大陆之前或同时期（1、2），大多数绘画作品是在莫卧儿皇帝驻在德里（或阿格拉或拉合尔）时绘制的。一些画坊直到英治时期还在生产精美的绘画。

虽然拉杰普特绘画独特的配色和大面积的无中介色彩*将其与更为古老的传统联系起来，但拉杰普特绘画也包含了与莫卧儿宫廷绘画有关的元素。广义上讲，来自拉杰普特宫廷画坊的绘画——除寺庙绘画外，几乎所有作品都来自宫廷——结合了这两个来源的各个方面；它们可以是世界性的、最初源自波斯传统的作品，也可以是本土的、吟游诗人式的、色彩鲜艳的、英雄式的、激发情感的作品。

大多数拉杰普特绘画都绘于纸上（布画只用于寺庙），并用于单独观赏，作为一项（男性）娱乐活动，从一个人传到另一个人；它们从未被制作成壁画形式。单独拿在手中观看也意味着画面可以移动，好让画中的金属表面反光，或照亮绘画艺术中的其他元素。

1.《薄伽梵往世书》手稿插图

这份散落手稿中的许多画作是现存最早的拉杰普特绘画之一——尽管它们大都处于破损状态，但却充满活力，引人入胜。《薄伽梵往世书》中讲述了黑天（以其蓝色皮肤为标志）早期的生活。在图的上半部中，他和妻子在一座穹顶亭子里接受礼物，此外还描绘了一个充满暗示性的、正在等待被使用的寝室以及他们一起进食的场景。在图的下半部，黑天坐着战车离开。文字书写在背面（另见第162页图1）。

纸本不透明水彩画
约1525年
纵17.3厘米，横23.2厘米
地点不确定，或出自马图拉附近，或更南
布鲁克·塞维尔永久基金
馆藏编号 1958,1011,0.2

---

* unmediated colour，或称非媒介，在绘画中指观者视角跟图中人物视角不一致。

2. 达乌德的《昌达衍那》插图

劳里克和昌达这对恋人的史诗故事在苏丹国时期开始流行起来。该文献可能是根据一个古老的吟游诗人传统编纂而成的，但其作者在故事中注入了苏菲派元素。这些画作的典型特征是以金色斑点强化平涂色彩背景，人物被置于其上。尽管画作已遭损坏，但这些特征依然清晰可见。在（严格意义上的）拉杰普特地区之外制作的这一系列绘画中的风格元素对后来的拉杰普特绘画产生了影响，例如，单一色彩的厚涂背景和透明服装的绘制方式。

纸本不透明水彩画
约 1530 年
纵 24.9 厘米，横 19.4 厘米（含边框）
德里 - 阿格拉地区
布鲁克·塞维尔永久基金
馆藏编号 1968,0722,0.2

4 | 15 斋浦尔和焦特布尔

斋浦尔是今天拉贾斯坦邦最著名的城市，由于离德里近而受莫卧儿人的影响最大。16 世纪和 17 世纪的斋浦尔统治者与莫卧儿帝国保持着密切的婚姻与政治联系，在这一时期，产生了一种结合了莫卧儿和拉杰普特审美观念的王室风格。我们今天知道的这座城市实际上是较晚时期（1728）才建成的，其最早的绘画作品绘于斋浦尔山上的琥珀堡还是其首都的时代。随着莫卧儿帝国的影响力下降，在 1707 年奥朗则布去世后，宗教题材开始流行，许多画作广为人知（1）。到了 19 世纪，画家们表现出了对欧洲透视法的精通。

焦特布尔的统治者是拉索尔家族，此地比斋浦尔更深入沙漠。拉索尔家族控制着马尔瓦地区，17 世纪初，他们也与莫卧儿帝国关系密切，并为他们提供军事援助。我们可以通过一幅"拉格花环"作品（见第 222 页）（2）对其早期绘画略知一二。画作虽已损坏，但可以看出占据主导地位的是莫卧儿美学（3）。随着莫卧儿政权在 18 世纪的衰落，焦特布尔经历了一次戏剧性的绘画繁荣时期，强调色彩、设计、等级和肖像，而这些取代了莫卧儿的自然主义（4）。

本页
1. 湿婆
湿婆坐在伏诛象魔被剥下的皮上。画中采用了三种不同深浅的灰色来描绘这位瑜伽士魁首的形象——象皮、神坐的山丘和他头发上流淌的恒河——所有这些都被一个大红色的边框所中和。

纸本不透明水彩画
约 1750 年
纵 30.2 厘米，横 23.5 厘米（含边框）
拉贾斯坦邦斋浦尔
A. G. 摩尔夫人捐赠
馆藏编号 1940,0713,0.45

对页上
2. 娑拉提·拉吉妮*
这幅画来自一个关于音乐、意象和情感的系列；此类画作被称为"拉格花环"（见第 222 页）。每一幅画作都表现了一个乐调以及与之相关的情感，乐调分拉格（raga，男性调式）或拉吉妮（Ragini，女性调式）。这个来自焦特布尔的早期系列具有独特的高高暗色地平线。

纸本不透明水彩画
约 1630 年
纵 21.9 厘米，横 15.2 厘米
马瓦尔地区，或为拉贾斯坦邦焦特布尔
艺术基金（时为 NACF）
馆藏编号 1955,1008,0.37

* 乐调拉吉妮经常会被拟人化，所以此处采用了拟人译法。

左下

3. 焦特布尔的加吉·辛格一世

加吉·辛格（1619－1638年在位）在画中以莫卧儿宫廷的高级贵族形象出现，他携着镶嵌珠宝的武器，腰缠金布腰带，头戴珍珠头巾。按照宫廷肖像画的既定标准，他被置于高高地平线下的绿色背景中。联姻使他成了沙贾汗的表亲。

纸本不透明水彩画
约1630－1638年
纵36厘米，横24厘米（仅中心画像）
莫卧儿
馆藏编号1920,0917,0.13.14

右下

4. 昌达瓦尔的诃利辛格

这幅马尔瓦贵族画的指导原则是色彩、设计和诱惑力。请注意精美的水烟壶和沿画页底部陈设的潘器具。

纸本不透明水彩画
约1760年
纵27.2厘米，模23厘米
拉贾斯坦邦马尔瓦
馆藏编号1947,0412,0.3

4 | 16 梅瓦尔的乌代浦尔和德沃加尔

梅瓦尔是拉杰普特王国中最后一个抵抗莫卧儿的王国，与梅瓦尔相关的绘画时期最早可追溯到 1605 年。这些画来自"拉格花环"系列（见第 222－223 页），其风格仍未受到莫卧儿的影响（1），是在梅瓦尔王室从其根据地乌代浦尔流亡到查万德期间创作的。在 1615 年臣服之后，乌代浦尔的宫廷绘画越来越多地接触到莫卧儿风格，到 17 世纪末，受莫卧儿宫廷画坊影响的肖像画已经开始绘制。大约十几年后，出现了一组引人入胜的画作，描绘了 1711 年荷兰驻莫卧儿宫廷使团在乌代浦尔的场景（2）。几十年后，在桑格拉姆·辛格统治时期（1710－1734），画家们开始为史诗制作大型横幅插图。在他及其后统治者的统治时期，乌代浦尔发展出了一种描写大型公共活动的传统和一种独特的肖像画风格（3）。

18 世纪，随着乌代浦尔势力的衰落，一些宫廷画家在更有利可图的中心找到了赞助人。巴克塔和他的儿子乔卡就是这样的画家，他们都在乌代浦尔西北部的德沃加尔宫廷找到了赞助人。在这里，他们崇尚的是一种有点狂野但非常有吸引力的风格，利用色彩组合来达到出色的效果。德沃加尔统治者的肖像很常见，其中骑马的肖像尤为成功（4）。

1. 对乐调娑拉提·拉吉妮的描绘具有独特矩形头部的人物在鲜艳色块的映衬下坐在穹顶建筑内，这是早期梅瓦尔风格的特征。在这幅来自查万德的"拉格花环"画作中，女士向她的爱人递上了潘，这是未来更亲密关系的前奏。

纸本不透明水彩画
画家纳斯尔丁绘
约 1605 年
纵 27.8 厘米，横 22.5 厘米
拉贾斯坦邦梅瓦尔地区的查万德
布鲁克·塞维尔永久基金
馆藏编号 1978,0417,0.3

对页左
2. 两位身着欧式服装的恋人
此画是否为特定个人的肖像尚不明确。但似乎可以肯定的是，这幅画有欧洲印刷品母本 —— 注意那些模仿美柔汀铜版画技术的点刻和边缘的散漫线条，这些都是凸版印刷的特征。

纸画
约 1720 年
纵 18.6 厘米，横 11.4 厘米
拉贾斯坦邦梅瓦尔地区的乌代浦尔
馆藏编号 1956,0714,0.27

对页右
3. 乌代浦尔的马哈拉纳·阿利·辛格
阿利·辛格统治时期（1761－1773）标志着梅瓦尔王国的衰落，但他在画中还是戴上了珍珠串，并携带了镶嵌大量珠宝的武器，身上的服装也以最好的布料制成。金色的、如流苏般的巨大光环是梅瓦尔王室肖像画中反复出现的一个特征。

纸本不透明水彩画
1764 年
纵 20.7 厘米，横 17.2 厘米
梅瓦尔地区的乌代浦尔
馆藏编号 1956,0714,0.23

左
4. 戈库尔·达斯【德沃加尔的拉瓦特（Rawat，统治者）】和昆瓦尔·德维·辛格
在这幅大尺寸画作中，两位德沃加尔统治家族的成员被描绘为狩猎结束后骑在他们膘肥体壮的奔马上。德沃加尔这个小国是乌代浦尔统治者的附庸（或称thikana）。

纸本不透明水彩画
应为画家巴克塔的作品
1780 年代中期
纵 43.8 厘米，横 33.6 厘米
拉贾斯坦邦德沃加尔
P. T. 布鲁克·塞维尔捐赠
馆藏编号 1958,1011,0.11

4 | 17 其他拉杰普特绘画中心

在拉贾斯坦邦南部的本迪和科塔，宫廷壁画和纸本绘画都有留存。17世纪，本迪的绘画以描绘青翠的植被、戏剧性的天气效果和唤起艳情味，即充满情欲的气氛而闻名（1）。邻近的科塔的特色则是其后期描绘皇家狩猎的绘画作品（2）。

再往北的基尚加尔也有自己的独特风格，与罗阇·罗阇·辛格（3）的统治有关。这种风格的重睑大眼美女别具一格。

纳特杜瓦拉同样位于拉贾斯坦邦南部，它曾在17世纪末庇护了一群宗教难民。他们是筏罗婆师（1478－1530）的黑天教义的追随者。这个新教派最初位于充满黑天生活气息的沃林达文。在莫卧儿王朝后期，信徒们受到死亡威胁，带着神像逃离了那里。他们最终在纳特杜瓦拉定居。从1670年代至今，此地一直是他们的主庙所在地。

该教派的特点之一是其丰富的节日，这些节日也是绘画的重要主题（4）。黑天的形象通常以独特形态现于人前，他只用一根手指便如同举起伞一样高高举起了牛增山，他的追随者可以在其下寻求庇护；他的这种形态被称为室利纳塔吉（Srinathji）。

1. 描绘吠舍佉月的季节循环系列作品

此画顶部的文字来自吉沙婆达斯（1555－1617）的诗歌，描述了初夏时节恋人的苦闷。爱神迦摩在丛林中举弓待发；他那蜜蜂所成之箭从茉莉花所构之弓上射出，直指露台上的罗陀和黑天。

纸本不透明水彩画
1680－1700年
纵30.2厘米，横22厘米（整画）
拉贾斯坦邦本迪
匿名捐赠
馆藏编号 1999,1202,0.5.7

对页上
2. 科塔的皇家狩猎画

18世纪，科塔的绘画作品多有描绘狩猎场景，经常采用高度体积化的风格——树木和动物尤其显示出一种近乎管状的质感，非常引人瞩目。这种特点与21世纪的后超现实主义美学异曲同工。

纸本不透明水彩画
约1780年
纵31.8厘米，横53.6厘米
拉贾斯坦邦科塔
馆藏编号 1953,0411,0.10

对页左下
3. 马背上的罗阇·罗阇·辛格

这幅画由巴瓦尼达斯创作，或是模仿了巴瓦尼达斯的风格，画中的两个人物交换着渴盼的目光，芒果树上的丰富水果也强调了这幅描绘罗阇拜访情人的作品中的情欲色彩。他骑马穿过水面这一不同寻常的特色可能反映了基尚加尔的当地建筑。

纸本，施不透明水彩和黄金
约1725年
纵21.8厘米，横15.4厘米
拉贾斯坦邦基尚加尔
馆藏编号 1959,0411,0.1

右下：

4. 作为室利纳塔吉的黑天

前景中的食物堆表明这幅画描绘的是秋季丰收节＊期间的场景。这幅画在被爱德华·摩尔少校（1771－1848）纳入收藏时可能刚刚绘制完成，他是最早用英语来系统阐述印度教的作家之一。

纸本，施不透明水彩和银
约 1785 年
纵 31.5 厘米，横 21.1 厘米

拉贾斯坦邦纳特朴瓦拉
A. G. 摩尔夫人捐赠
馆藏编号 1940,0713,0.67

＊ 丰收节（Annakuta）又称作牛增山祭典（Govardhan Puja）。

4 | 18 拉格花环："旋律的花环"

"拉格花环"（Ragamala）这个词，字面意思是"拉格（音乐旋律）的花环"，具有多重含义。它主要涉及审美反应，这种审美反应经常在欣赏一幅印度绘画作品时发生（1、2）。其内在理念，一方面是诗歌和描绘诗歌情绪的绘画之间存在着情感联系；另一方面是对旋律的反应。某些特定的"拉格"也与季节或一天中的特定时间对应（3）。因此，诗歌、绘画和音乐都被汇总到了一个与时间有关的系统中。印度人对分类的热爱产生了一个将所有这些元素相互关联的体系，这就是"拉格花环"。在这个体系中有男性的拉格，他有若干妻子——拉吉妮，有时他们还有儿子，拉格普特拉（ragaputra）；他们都有确切的特质，可体现在诗歌和音乐中。

通常情况下，绘画所体现的情感是恋人之间的分离，而且通常是描绘女主角（在与黑天相关的画作中，通常是他的配偶罗陀）渴望她的爱人出现；等待他归来的空床往往出现在画面一角（4）。对于 17 世纪和 18 世纪观看这类绘画的人来说，这会立即让人想到另一种形式，即信徒的虔信诗歌，他们将恋人的分离理解为人类灵魂渴望与神祇结合的隐喻（关于虔信，见第162－163 页）。

1. 毗拉瓦尔·拉吉妮
女主角为她的情人做着准备，在她侍者所持的镜前梳理她的头发。画中产生了分离的情感。她坐在一个前莫卧儿风格的亭子里，这让人回想起更早期的作品。这个"拉格花环"系列绘画以黑暗的天空和风格化的树木为特色。

纸本不透明水彩画
17 世纪中期
纵 19.7 厘米，横 14.5 厘米
印度中部马尔瓦
卡洛斯特·古尔本金捐赠
馆藏编号 1924,1228,0.3

右

2. 阿娑婆哩·拉吉妮

这种音乐表达方式被想象成一位部落女性，穿着孔雀羽毛裙子，用她的歌声把蛇从树中吸引出来；在画中，她用维纳琴为自己伴奏。这个场景被置于一座岩石岛上，周围是开花的睡莲。

纸本不透明水彩画
约 1740 年
纵 31.9 厘米，横 21.6 厘米
德干地区
玛乔丽·科德韦尔基金
馆藏编号 1964,0411,0.2

左下

3. 婆珊婆·拉吉妮

画中，婆珊婆（春天）·拉吉妮被描绘成女主角，与她的男友（被绘成黑天的模样）在一个郁郁葱葱的花园里跳舞。乐师为他们伴奏，而背景中，床在等待着。

纸本不透明水彩画
约 1650 年
纵 38.4 厘米，横 24.9 厘米
印度中部马尔瓦
阿南达·库马拉斯瓦米博士捐赠
馆藏编号 1927,0223,0.1

右下

4. 或为蒂帕克·拉格

画中暗示了与图 1 相似的渴望情绪。心烦意乱的女主角等待着她的爱人，手里拿着一盏火焰摇曳的灯。同时，空荡荡的床在等待着，月亮照耀着星光灿烂的夜空。

纸本不透明水彩画
约 1660 年
纵 27.7 厘米，横 18 厘米（含边框）
拉贾斯坦邦本迪
布鲁克·塞维尔永久基金
馆藏编号 1958,1011,0.7

大事年表

1510 年	葡萄牙人在果阿建立贸易站
约 1605 年	画家纳斯尔丁活跃时期
1615 年	拉杰普特最后一个王国乌代浦尔被莫卧儿人占领
1660 年代	《味花簇》在努尔普尔宫廷里被绘制成生动的画作
约 1660 年代起	印花棉布在欧洲流行，塞缪尔·佩皮斯在他的日记中提到了这种热潮
约 1680－1695 年	《香格里罗摩衍那》绘制
1690 年	约伯·查诺克在加尔各答建立欧洲人定居点
17 世纪晚期起	刺绣床罩从古吉拉特邦出口到欧洲
1719－1748 年	莫卧儿皇帝穆罕默德·沙统治德里
1728 年	斋浦尔城修建
约 1730－1775 年	画家奈舒克在喜马偕尔邦活跃
1739 年	波斯的纳迪尔·沙阿攻陷莫卧儿德里
1754－1775 年	舒贾·道莱统治勒克瑙，并由其子阿萨夫·道莱（1775－1797 年在位）继任
1757 年	罗伯特·克莱武赢得普拉西战役；孟加拉地区落入英国手中
1761－1782 年	海德尔·阿里统治迈索尔
1774－1785 年	沃伦·黑斯廷斯，第一任印度总督
1777－1783 年	伊莱贾爵士和伊姆贝夫人在加尔各答委托谢赫·扎因·乌丁绘制博物画； 早期"公司画"
1782－1799 年	提普苏丹统治迈索尔
1784 年	孟加拉亚洲学会成立
1787 年	罗伯特·基德在西布普尔建立植物园；1793 年威廉·罗克斯堡被任命为园长
1792－1839 年	兰吉特·辛格统治旁遮普
约 1800 年	现存最古老的孟加拉故事卷轴画绘制
1815 年	康提王朝终结，英国统治开始
1857 年	密鲁特兵变发展为整个印度北部的起义
1858 年	东印度公司的统治结束；英国政府通过总督建立了直接统治
1858 年	摄影师林奈·特里普在印度南部活跃
约 1860 年起	银匠欧墨西·茂吉在普杰活跃

5

印度的欧洲人和英国人

1510 年至 1900 年

在莫卧儿王朝后期，欧洲商人在印度的政治舞台上越来越活跃。最初来的是葡萄牙人，他们于 1510 年在果阿建立了定居点（1），然后是荷兰人，他们在印度西部的苏拉特和斯里兰卡占有重要地位，随后是法国人和英国人。最终英国人充分利用了莫卧儿帝国崩溃的混乱局面，并通过与承继莫卧儿的各土邦积极往来而获得最大利益。他们从单纯的高利润货物商人变成了政治上的控制者，特别是在征税方面。这个过程是渐进式的、零散的，但一直在延续。17 世纪，东南海岸马德拉斯（今金奈）的要塞举足轻重，因为从这里可以与现在的马来西亚和印度尼西亚的重要香料市场进行贸易。此外，斯里兰卡早期也备受关注，它是南亚除喜马拉雅地区外唯一一个佛教仍然兴盛的地方。后来，特别是在罗伯特·克莱武（1725－1774）立下功业并在普拉西战役（1757）中大获全胜之后，重点转移到了孟加拉地区，那里已经因为巨额的纺织品贸易而极为富有。这里的权力中心是加尔各答（Calcutta，现名 Kolkata），英国和孟加拉的银行家与商人在这里赚取了丰厚利润，其中一些人 —— 如泰戈尔家族成员 —— 在后世产生了巨大影响。贸易商品不仅包括薄纱等纺织品（尤其是产自今达卡的纺织品），还有靛蓝和鸦片，到了 19 世纪还增加了茶叶。

1. 果阿老城的仁慈耶稣大教堂
仁慈耶稣大教堂建于 1594－1605 年，是果阿最重要的葡萄牙教堂之一，也是著名的圣方济各的墓冢所在地。这位圣人不仅是耶稣会的创始人之一，而且也是罗马天主教会在印度、日本和中国的福音传播者。印度西海岸的许多葡萄牙贸易定居点都建造了这种独特的巴洛克式建筑。

1707年奥朗则布去世后，莫卧儿帝国在18世纪崩溃，次大陆上出现了一系列小国，由以前的总督或将军宣布独立而建；他们或多或少都与欧洲商人打交道。三个较有势力的土邦是位于贡提河（恒河的一条支流）畔、德里以东的勒克瑙；位于加尔各答以北、孟加拉的胡格利河畔的穆尔希达巴德；以及德干地区的海德拉巴。在这些宫廷中，受伊朗影响的什叶派伊斯兰教乃是主流，这使其建筑、绘画和装饰艺术具有鲜明的特点。然而，他们的绝大多数臣民始终都是印度教徒。

在拉贾斯坦邦北部的旁遮普，锡克教徒一直是莫卧儿当权者的麻烦，但直到令人印象深刻的兰吉特·辛格（1792－1839年在位）统治时期，他们都未能团结在任何特定的领袖周围。兰吉特·辛格通过纯粹的个人魅力将该地区打造成一个单一的王国。

3. 泰米尔纳德邦斯里兰格姆供奉的毗湿奴

这幅色彩华丽的画作来自一部画集，其中几乎所有作品展现的都是印度教神祇，有些是特定寺庙中的神祇，就像此图中这幅画。丰富的色彩和对精美纺织品的描绘是这一地区的特色，也是这组印度南部"公司画"的特点。它们展示了当地宗教生活的各个方面，对英国人来说新奇、刺激又重要，值得记录下来。神祇是最为重要的部分，因此被画得比现实中大得多，但寺庙布局的其他元素也被包括在内，如右上方的圆形蓄水池月亮池，旁边是一棵圣树和黑天神龛。

欧洲带水印直纹纸水粉画
约1820年（水印日期为"1816"）
纵 29.2 厘米，横 22.9 厘米
或出自泰米尔纳德邦
布鲁克·塞维尔永久基金
馆藏编号 2007,3005.39

虽然锡克教上师的教义最受尊崇，但这个王国同样是印度教徒的家园，而且，也是少量欧洲雇佣军的家园。

拉杰普特人也值得一提，这群王公贵族虽然在喜马拉雅山脉脚下进行统治，但他们在政治上的无足轻重与他们在文化上的重要性完全不相称。17世纪末，印度有史以来最热烈、最勾人心魄的一些绘画作品就是在这里完成的（2）。大约一个世纪后，同一地区产生了一批不同风格的画家，即所谓的帕哈里*画家。

后莫卧儿时代的文化世界有一个普遍特征，那就是与宫廷相关联的巨额集中赞助被化整为零。在拉合尔等地区中心和拉贾斯坦邦的宫廷中，工匠和艺术家也见证了艺术的繁荣，他们在欧洲人中找到了新的赞助者。用乌木、花梨木和檀香木等豪华木材制作，并镶嵌有珍珠母、象牙或骨质材料的华丽家具在欧洲开始流

---

* 帕哈里（Pahari）意即山区，因此这个画派也被称为山区画派。

4. 皮尔逊画册中一种大青属植物

这幅画出自一本精美画册，其中有 58 幅插图，绘者不详，1999年之前的历史不详。它们提供了真实的植物学特征，同时也是在加尔各答的东印度公司所聘用艺术家作品的美学典范。

直纹纸本不透明水彩画
约 1800 年
纵 50.8 厘米，横 37.2 厘米
或画于加尔各答西布普尔植物园
J. P. S. 皮尔逊少校遗赠
馆藏编号 1999,0203,0.32

行。画家们也在与欧洲贸易相关的蓬勃发展的城市中找到了新出路。他们学会了不同的技法，部分是通过研究从英国大量传来的版画获得的。他们为欧洲客户创作的作品不再是像过去一样的正式的宫廷场景或史诗插图，而是更多地记录了对许多欧洲人，尤其是在印度的英国人来说，新奇、迷人和特别的场景。有着"公司画"（Compang Paintings）统称的一类作品由此得以被创作出来。从南部的坦贾武尔（3）到北部的德里，这些作品在风格上没有什么联系。然而，它们的共同点是客户群、19 世纪这个时代和"记录"这个关注重点（4）。最好的作品往往有更高层次的目的，不仅仅只是制作者返回欧洲后的备忘录。这种艺术的另一个类型是在小片云母上制作的成套绘画，展示了不同的种姓、职业或节日，所有这些对于在南亚的英国人来说都是新鲜的。

1. 波利埃画册中的皇家营地
安托万·波利埃（1741－1795）
是一位出生在瑞士的军官，曾居
住在法扎巴德和勒克瑙。他赞助
印度艺术家，其中许多人喜欢展
示他们所掌握的欧洲技法，例如
画中的单点透视法。

纸本不透明水彩画
1780－1785 年
纵 54 厘米，横 76 厘米
北方邦勒克瑙
馆藏编号 1974,0617,0.5.1

2. 银碗
在 19 世纪和 20 世纪初为英国
和亲英国的印度家庭生产银器的
几个中心中，勒克瑙擅长一种以
棕榈树为主的纹样，棕榈丛中栖
息着野生动物。

19 世纪后半期
直径 24 厘米（顶部），高 15
厘米
北方邦勒克瑙
奥普皮·安特拉希特遗赠
馆藏编号 2011,3014.72

继承者土邦

整个 18 世纪，随着莫卧儿帝国的控制力下降，出现了一些自成一体、越来越独立的土邦，包括恒河中游平原的勒克瑙、孟加拉地区的穆尔希达巴德和德干地区的海德拉巴。它们都形成了自己的文化风格，并且在文化和军事上都与欧洲人有往来。

勒克瑙在成为一个独立王朝的首府之前是莫卧儿帝国阿瓦德省的中心，它坐落于恒河的一条北部支流贡提河畔，其王朝中最重要的人物是舒贾·道莱(1754 - 1775 年在位）和阿萨夫·道莱（1775 - 1797 年在位）父子；后来的加齐·丁·海达尔（1814 - 1827 年在位）虽然在政治上无甚作为，但在文化上地位却很重要。这些被称为纳瓦布（nawab）的统治者因其在建筑上的贡献而被铭记至今。宫殿、清真寺、陵墓和伊曼巴拉（imambara，用于纪念什叶派的穆哈兰姆，见第 234 页）有着令人激动的建筑风格，并借鉴了莫卧儿和欧洲元素。他们之所以闻名，首先是因为对 18 世纪末欧洲艺术家的赞助，其中包括蒂利·凯特尔和约翰·佐法尼；其次是因为欧洲雇佣兵的出现，尤其是克劳德·马丁，他是一名法国士兵，但也是个对知识具有敏锐好奇心的人。印度画家中有许多是来自德里宫廷（1739 年被波斯人纳迪尔·沙阿洗劫）的难民，他们发展出了长于描绘建筑远景的绘画风格，经常使用鸟瞰视角和单点透视（1），其中也有异想天开的作品，尤其是画家米尔·卡兰·汗的作品。

勒克瑙被卷入1857年的印度民族大起义，之后，许多纳瓦布建筑被摧毁或损坏。不过，同时期的照片还是能让人对其卓越风格有所了解。另外，这座城市还是制造中心，尤其是在银器生产方面（2）。

穆尔希达巴德位于恒河水系下游，是莫卧儿时期印度东部的首府。18 世纪，它在孟加拉的纳瓦布穆尔希德·奎利·汗的后裔统治下变得越来越独立，该城市就是以他的名字命名的。在纳瓦布的赞助下形成了繁复细腻的莫卧儿后期绘画风格（3）。该城市迅速成为金融和贸易中心，许多宏伟的纳瓦布式宫殿被建造（4），富有商人（尤其是在该城定居的耆那教银行家）也在此建起豪宅。然而，这座城市靠近英国在加尔各答的定居点，不可避免地使其卷入了与不断扩张的帝国之间的冲突，特别是 1757 年克莱武在普拉西大获全胜之后，在该地区征税的权力从此被转交给了英国人。穆尔希达巴德还被誉为丝织品和象牙雕刻的中心。

从 18 世纪中期莫卧儿政权瓦解开始，位于德干地区的大城市海德拉巴就被阿萨夫·贾赫家族统治，直到 1948 年海德拉巴土邦加入印度联邦。海德拉巴的统治者是莫卧儿贵族尼扎姆·穆尔克的后裔（5），他最初是莫卧儿统治者穆罕默德·沙的朝臣，后脱离了宫廷，在海德拉巴建立了家族统治。伊朗什叶派和该土邦之间的联系很紧密，但波斯苏菲派也在此地留下了深远记忆。尽管该城市以穆斯林为主，但它总是被更为众多的印度教徒所环绕。

这座城市的画家群体专注于有着明亮多彩色调的宫廷肖像画（5）。海德拉巴的统治者被称为尼扎姆（Nizam），他们非常富有，是 19 世纪的伟大建筑家，以各种风格建造宫殿，如乔玛哈拉宫和法拉克努玛宫（6）（后者为新古典主义风格）。

3. 花园中的纳瓦布
画中的纳瓦布坐着，珠光宝气，抽着水烟。在他身后是拿着孔雀旗（morchal）的仆人，鲜花地板上则放着潘丹（装潘的容器）和皮卡丹（pikdan，痰盂），这些都是款待客人的必需品。

纸本不透明水彩画
约1760年
纵24.4厘米，横35.8厘米
或出自西孟加拉邦穆尔希达巴德

馆藏编号 1920,0917,0.239

4. 穆尔希达巴德的纳瓦布宫殿
这幅由鲜为人知的某位帕特尔夫人创作的画作，展现了1829年新古典主义的哈扎尔杜里建成前的纳瓦布宫殿。水面游船中有一种带有孔雀船首的著名船型，被称作"穆尔潘基"（murpankhi）。

纸本水彩画
约1813年
纵35.8厘米，横65.8厘米
西孟加拉邦穆尔希达巴德
J. L. 杜思韦特捐赠
馆藏编号 1958,1118.8

5. 花园亭中的尼扎姆·穆尔克

尼扎姆·穆尔克（1671－1748）是莫卧儿帝国后奥朗则布时代的德干地区总督。他的继任者是阿萨夫·贾赫家族，也就是1948年之前的海德拉巴土邦统治者。

纸本不透明水彩画
约1800年
纵20.5厘米，横14.2厘米
绘于肖拉普尔或海德拉巴
馆藏编号 1856,0712,0.911

6. 海德拉巴的法拉克努玛宫

这座宫殿最初是由海德拉巴第六任尼扎姆的亲戚建造的，它由英国建筑师威廉·沃德·马雷特设计，不久后就传到了尼扎姆手中。他将其作为客殿使用。如今它是一家酒店。这座建筑以混合风格（但以新古典主义风格为主）建造而成，是19世纪印度王公们的典型建筑风格。

5 | 1 穆哈兰姆巡游

先知的外孙伊玛目侯赛因在 680 年卡尔巴拉战役中战亡，什叶派穆斯林每年都会纪念此事，表演重现他殉教的战斗，并举行巡游。这一纪念活动被称为穆哈兰姆巡游。这种巡游在南亚十分常见，男人抬着由竹子和布制成的侯赛因墓的临时模型塔兹耶（ta'ziya）穿过街道，人们通过拍打胸口和自我鞭打等方式表示哀悼（1）。巡游队伍中还举着带有金属顶端的木旗杆，其中有许多呈手指分开的手掌形状，即"旌旗"（'alam）（2、3）。

印度各地都会举行穆哈兰姆巡游，特别值得一提的是孟加拉地区的穆尔希达巴德、北方邦的勒克瑙以及德干的许多城市（特别是海德拉巴）的巡游。在德干地区，来自伊朗的什叶派文化和政治影响在 16－19 世纪尤为明显，其中就包括穆哈兰姆巡游。一年中的大部分时间里，"旌旗"这样的金属工匠作品中的翘楚会被妥善保存，只有在巡游时才会拿出来，但即使是在巡游期间，它们也经常被布覆盖，并被满怀敬意地挂上茉莉花环。有些"旌旗"被认为具有治疗功效，信徒们会去触摸它们以缓解疾病。许多"旌旗"都有雕饰，通常是《古兰经》和什叶派文献的书法文字（2）。

1. 画册中的穆哈兰姆巡游
巡游队伍抬着的带穹顶的结构就是侯赛因圣祠的模型，而在它和大象之间则是手持披挂花环的"旌旗"的男人。紧挨在他前面的两个人也各自举着圣祠的其他模型。

纸本，施不透明水彩和黄金
1820－1830 年
纵 30.8 厘米，横 44 厘米
泰米尔纳德邦，或出自蒂鲁吉拉帕利
布鲁克·塞维尔永久基金
馆藏编号 2005,0716,0.1.7

Mahommedan Procession during the Mohurrum Feast

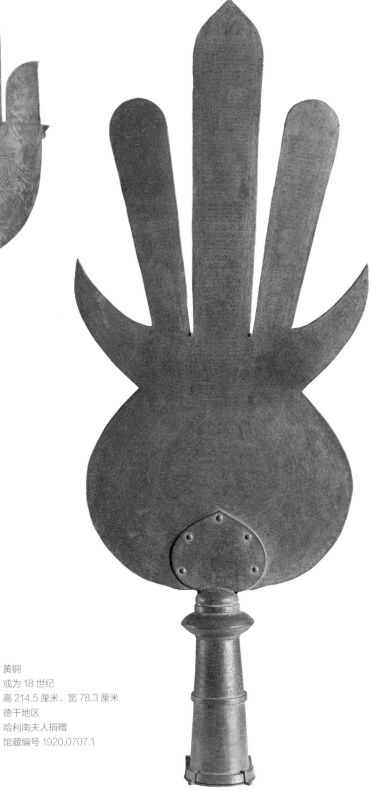

左

3. 巡游旗杆"旌旗"

这件"旌旗"的手掌上描绘了一
座挂满旗帜的穹顶神殿,两侧有
两匹长着人头的马 —— 神兽布拉
克(burag)。手指上还刻有更
多的"旌旗"。博物馆的记录显
示,它是奥德(印度名称阿瓦德
的英文译名,勒克瑙是其首府)
国王的旗杆。

黄铜

18 世纪或更早(1860 年收入大
英博物馆)

高 41 厘米

北方邦勒克瑙

馆藏编号 As1863,1101.1

右

2. 巡游旗杆"旌旗"

这些有着张开手掌形状的旗杆是
为纪念卡尔巴拉战役的,在此战
中先知的外孙侯赛因和他的家人
被杀。穆哈兰姆巡游中所举的这
件旌旗尺寸很大,每一面都刻有
文字,其中还列出了 12 位伊玛
目的名字。

黄铜

或为 18 世纪

高 214.5 厘米,宽 78.3 厘米

德干地区

哈利南夫人捐赠

馆藏编号 1920,0707.1

5 | 2 故事卷轴画

在印度有一个悠久的传统，那就是漫游各地的说书人会用卷轴画来配合他们的故事（见第 114 页）。这里展示的来自孟加拉、特伦甘纳和拉贾斯坦的实例拥有同一种古老印度美学，即不关心如同照片一样的真实性，但对色彩、层次、情感反应和图案感兴趣。这些物品的尺寸、分镜、色彩和故事中的动作场面，使它们成为电影被发明之前的电影。

在孟加拉地区，留存下来的纸本卷轴画来自最近几百年，尽管其使用时间肯定更早。随着吟游诗人的叙述，卷轴画会不断收起和展开，但这也意味着很少有古老卷轴画能够存世。其中一幅讲述的是与恒河三角洲地区的开垦定居有关的比尔（pir，穆斯林圣人）的故事（2）；而另一幅风格非常相似的作品描绘了《罗摩衍那》中的场景，这表明相关艺术家可能不在意宗教差异。

特伦甘纳也有类似的卷轴画传统，但风格迥异。这里的实例描绘了个别种姓的起源故事。这个戏剧性的故事说明了帕德玛萨利（Padma Sale，织工种姓）的起源；他们是跋婆那仙人——此处画格中的主角（1）的后裔。这些卷轴画的第一画格理所当然地描绘了犍尼萨，诵读传说之前都要向他致敬。

最后一幅作品来自拉贾斯坦邦，在夜色下，画作被用来讲述英雄帕布吉的传说（3）。故事内容画在一块"帕"（par，大棉布）而非卷轴画上。故事叙述者的妻子拿着一盏灯来照亮故事场景，而叙述者则在"帕"前边唱故事边移动。

1. 来自特伦甘纳的故事卷轴画
跋婆那仙人是故事里的主角，特伦甘纳织工们的祖先，他被描绘成骑着老虎与罗刹恶魔作战——他可以控制自然和超自然世界。

涂胶布画
18 世纪晚期
整幅卷轴画长 9.3 米，此画格长 85.5 厘米
特伦甘纳
布鲁克·塞维尔永久基金
馆藏编号 1996,0615,0.1

左上和右上

2. 孟加拉地区的故事卷轴画

这幅 13 米长的卷轴画的中央画格（另见第 170 页）的左侧是圣人马尼克奇迹般地使一头牛泌乳，并使其他死于火灾的牛复活。动物和圣人那猩红色的背景是典型的古代印度风格，这种风格充满了戏剧性，但对风景或现实主义不感兴趣。整幅卷轴画中对动物的描写特别精细，在右图的画格中更是如此。在南亚，大象与皇室息息相关，图中有一位穆斯林皇室人物坐在象轿里，身后有一个人拿着麈尾（另一个地位崇高的标志）。

纸画（现裱于布上）
约 1800 年
圣人马尼克的画格长 34 厘米
（整幅卷轴画长 13 米）
孟加拉地区，或出自桑德班斯
艺术基金（时为 NACF）
馆藏编号 1955,1008,0.95

右

3. 帕布吉的大棉布画

拉贾斯坦邦英雄帕布吉的传奇故事充满了偷牛劣迹、浪漫和强盗行为。在这个细节部分，主人公坐在他的城堡里，全副武装，但也像莫卧儿皇帝一样嗅着一朵芬芳的鲜花。

布画
20 世纪初
长 540 厘米，宽 132 厘米
（整布）
拉贾斯坦邦，或出自马尔瓦
馆藏编号 1994,0523,0.1

5｜3 "迈索尔之虎"提普苏丹

海德尔·阿里（1761－1782 年在位）（1）和他的儿子提普苏丹（1782－1799 年在位）（3）是 18 世纪末英国于印度西南部的扩张故事中的重要人物。伊斯兰统治者们在印度教为主的迈索尔地区建立了一个王国，这个王国时盛时衰，最终无法抵御英国势力的扩张而崩溃。莫卧儿帝国崩溃后，在印度南部复杂的联盟网络中，提普被英国人想象为特别邪恶的人，他囚禁英国人，并与法国人结盟；他过于独立，拒绝被纳入英国统治范围。

尽管他和他的父亲参与了四次迈索尔战争，但提普苏丹统治着一个复杂的宫廷，波斯语、卡纳达语和泰卢固语都在宫廷中通用；迈索尔也是重要贸易网络的中心。提普苏丹宫廷生产的大多数物品都有他独特的老虎意象 —— 要么是老虎本身（4），要么是巴布里（babri，虎纹）。

1799 年的塞林伽帕坦之战［塞林伽帕坦（Seringapatam）是他的首府斯里兰加帕坦（Shrirangapatnam）的英文写法］后，提普的统治终结。战争结束后，王宫被洗劫一空，许多物品被搬走，其中最著名的是提普被拆毁的金王座的部件。一枚纪念英国胜利的勋章被铸造出来，并分发给参加战斗的士兵（2）。提普作为反抗英国势力的人物而被铭记，这意味着他在印度南部时至今日仍被当作护佑一方的英杰。印度最重要的现代剧作家之一吉里什·卡纳德以此为背景写了一部戏剧，其中提普 —— 以及他的梦想 —— 是剧中最重要的角色。

1. 海德尔·阿里
提普苏丹的父亲海德尔·阿里篡夺了迈索尔的沃德亚尔统治者的王位，后来对英国人发起了两次战争。19 世纪末的奇特拉沙拉蒸汽印刷社是最早生产廉价大众版画的印刷社之一，以德干的当地英雄为特色。

纸本印刷品
1878－1900 年
高 50 厘米，宽 33.7 厘米
马哈拉施特拉邦浦那
馆藏编号 1990,0707,0.15

2. 塞林伽帕坦勋章
这枚勋章上的意象很明确 —— 英国的狮子正在征服印度的老虎。其日期为 1799 年，也就是提普被杀的那一年，背面是战争场景。提普死后，王国又回到了 50 年前被海德尔·阿里废黜的沃德亚尔家族手中，英国成为其宗主国。

黄金
1799 年
直径 4.8 厘米
伯明翰生产
乔治四世捐赠
馆藏编号 G3,EM.57

3. 提普苏丹

提普引起了英国公众的极大兴趣，在他死后，关于他的绘画和印刷品大量被制作出来。其中许多都是虚构的，但这幅肖像画有可能比较接近他本人。

版画
S. W. 雷诺兹根据原图绘制
1800 年 5 月印刷
纵 27.1 厘米，横 18.8 厘米
伦敦
坎贝尔·道奇森捐赠
馆藏编号 1917,0809.27

Engraved by S.W.Reynolds

TIPPOO SULTAUN.
From an original Drawing in the Possession of the Marquis Wellesley.

4. 提普苏丹军械库中的剑

这把武器上有个明显的逡巡老虎标记，剑柄下方还有虎纹，显然与提普苏丹有关。虎纹上的波斯铭文特别提到了他的名字。提普军械库中的许多武器都有类似的装饰设计。在他战败后，这些武器被作为战利品带到了欧洲。

锻打过的剑刃、铸造的剑柄和黄金镶嵌
18 世纪晚期
长 97.5 厘米，宽 9.5 厘米
德干西南部的迈索尔地区
奥古斯都·W.H. 梅里克中将捐赠
馆藏编号 1878,1101.450

5 | 4 锡克教徒：虔诚与抵抗

锡克教的起源可以追溯到上师那纳克（1469－1539）（1）。他是印度北部莫卧儿帝国建立之前的动荡年代里崭露头角的精神导师之一。那纳克主要在旁遮普地区活动，他的著名教义是，印度教徒或穆斯林的身份并不重要；对他来说，关键是人对神的爱，宗教派别（以及由此产生的对立）皆为外扰。他的教义，以及其他上师的教义，后来被汇编成一部卷帙浩繁的著作，即《阿底格兰特》。锡克教的圣地主要的崇拜对象是这部书而不是神祇形象。

那纳克去世后，又有九代上师相继出现，他们指引着最初上师的弟子们。这些后代上师中，有几代在莫卧儿皇帝手下蒙难：第五上师阿琼在贾汗吉尔统治时期被处决，而第九上师泰格·巴哈杜尔则在奥朗则布的命令下被处决。十大上师中的最后一代是戈宾德·辛格（1666－1708）（2），他在被迫害的压力下将其追随者变成了一个尚武的群体，他们热衷于捍卫信仰，即使这意味着殉难。这种对尚武生活的强调后来使阿卡利（Akali）这个群体得以发展壮大，他们是巡回的战士，满是武器的独特的高耸蓝色头巾是其特征（3）。

锡克教寺庙（或称谒师所）遍布整个南亚，但旁遮普地区是他们的大本营。其中最著名就是位于阿姆利则的哈尔曼迪尔，俗称金庙。

1. 那纳克
这幅那纳克画作是在他死后很久才创作的，画中演奏雷贝琴的人物（左侧）是马尔达纳，与圣人一起旅行、演唱他创作的赞美诗的穆斯林音乐家。

纸本不透明水彩画
约 1820 年
纵 13.8 厘米，横 18.5 厘米
喜马偕尔邦康格拉
馆藏编号 1922,1214,0.2

对页上
2. 卡尔萨的创建
画中，锡克教最后一代上师戈宾德·辛格高居宝座，向他的追随者提供"甘露"（amrit）—— 一种水和糖制成的饮料，所有喝了它的人都将作为一个群体团结一致捍卫他们的信仰，他们由此而成为卡尔萨（khalsa）。此事发生在丰收节之时的阿南德普尔，人物之上的古木基文字记载了这一事件。

印刷品，手绘上色
约 1890 年
纵 26.3 厘米，横 40.4 厘米
旁遮普地区，或出自拉合尔
馆藏编号 1994,1216,0.5

对页左下
3. 阿卡利头巾
阿卡利高耸的蓝色头巾上经常装饰着武器，尤其是圈环。象征性的物品和徽章也经常被包括其中，此处包括了拉特雷锡克第45 团的徽章，该团在英属印度军队中以军事成就闻名。

蓝染棉布（现代）；钢制装饰品和徽章
19 世纪下半叶
高 72.5 厘米，直径 28.5 厘米
（最大处）
1894 年由拉特雷锡克教第 45 团的指挥官 H. A. 索耶中校捐赠给国宴厅博物馆，后移交给大英博物馆
馆藏编号 2005,0727.1.a-p

下
4. 阿姆利则的哈尔曼迪尔
这座位于旁遮普阿姆利则的著名
寺庙也俗称金庙，是对所有锡克
教徒而言最神圣的地方。它由白
色大理石建成，上部覆盖鎏金
铜板，下部以彩色石头镶嵌出
花纹。该建筑位于一处人造水
池中，可穿过一条石堤（图中
右侧）到达。

纸本，施水彩和金粉
19 世纪中期至晚期
纵 18.7 厘米，横 23 厘米
旁遮普地区，或出自拉合尔
布鲁克·塞维尔永久基金
馆藏编号 1984,0124,0.1.17

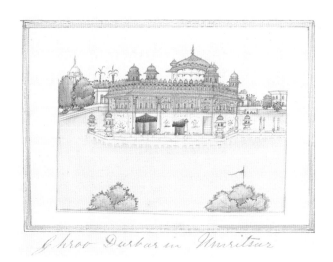

5 | 5 兰吉特·辛格

随着莫卧儿帝国在 18 世纪瓦解，周边地区纷纷独立。波斯人、阿富汗人和马拉塔人对旁遮普及其周边地区展开激烈争夺，锡克教战士也参与其中。最后一代锡克教上师（见第 240 页）戈宾德·辛格于 1708 年被暗杀，直至在兰吉特·辛格的领导下，各锡克教团体才实现了统一。在他统治期间，一个单一的、日益强大的锡克教开始在旁遮普得以扎下根基。

尽管兰吉特·辛格身材矮小，而且年轻时患过天花（这导致他一只眼睛失明），但他显然是一位有强烈独特个性的统治者（2）。他设法将内斗的锡克教各派系整合在一起，并通过武力（1）将其统治范围扩大到阿富汗的喀布尔、信德省的木尔坦和旁遮普北部的山区国家；他还控制了查谟和克什米尔邦。他将莫卧儿古城拉合尔作为根据地，在外交上也获得了成功，在他统治期间，德里的英国人和锡克帝国之间实现了和平。

他在世时把各个锡克教团体团结在一起，但在其去世后，五个家族成员——其中包括他的三个儿子和一个孙子——在腥风血雨中倏来忽往地接连登基。英国人在两次锡克战争中插手了其边界上的混乱局面。第一次战争后，根据《巴伊洛尔条约》，他们将兰吉特·辛格的小儿子达利普·辛格立为傀儡国王（3）。三年后的第二次锡克战争导致达利普·辛格被废黜并流亡到英国。旁遮普恢复了和平，但却落入英国的统治（4）。

1. 圈环
虽然这件精雕细琢的圈环可能只是为了展示而制作的，但圈环其实是锡克教徒用来杀敌制胜的武器。就像第 241 页的实例一样，它经常被放在战士的头巾里。

钢，涂黑并镶嵌黄金
18 世纪
直径 19.7 厘米
旁遮普地区
约翰·亨德森遗赠
馆藏编号 1878,1230.945

2. 兰吉特·辛格和马拉塔统治者贾斯万特·拉奥·霍尔卡
在这次会议上，霍尔卡试图为他反抗英国势力扩张的战役争取支持，但未获成功。兰吉特·辛格（穿红衣者）更精明，宁愿与英国人保持和平。

纸本不透明水彩画
1805－1810 年
纵 17.1 厘米，横 24.2 厘米
旁遮普地区
馆藏编号 1936,0411,0.1

3.《巴伊洛尔条约》（1846 年 12
月 26 日）
年轻的达利普·辛格与锡克宫廷
的成员一同出现，面对着印度总
督哈丁格勋爵和其他英国军官。

纸本不透明水彩画
约 1847 年
纵 39.5 厘米，横 53.9 厘米
旁遮普地区
P. 马努克和 G. M. 科尔斯小姐通
过艺术基金（时为 NACF）遗赠
馆藏编号 1948,1009,0.109

4. 乘坐在有篷马车上的锡克教妇女
19 世纪后期，欧洲的透视法和阴
影被用来表现体积，卡普尔·辛
格的这幅画中就可以看到这种技
法。这些公牛身着盛装，旅行者

似乎是在去参加婚礼的路上。

纸本，施不透明水彩和金粉
1874 年
纵 36.9 厘米，横 49.8 厘米（画）
旁遮普省拉合尔

布鲁克·塞维尔永久基金
馆藏编号 1997,0616,0.1

5 | 6 来自印度南部的卡拉姆卡里布画

卡拉姆卡里（Kalamkari）是一种来自印度南部的绘于织物上的著名叙事画，它主要产自安得拉邦南部的卡拉哈斯蒂镇，大多是为寺庙使用而制作的。泰米尔纳德邦更南部还有不那么出名的其他制作中心。这些大型纺织品使用了让该地区声名远扬的一系列染色技术。从技术上讲，卡拉姆卡里相当于当地的染花棉布，17 世纪和 18 世纪在欧洲受到极大推崇（见第 196－197 页）。过去，这些大幅布画的主题大都是印度教，但近几十年来，基督教主题也被纳入其中。通常，较大的中心部分用来展现主要的神祇或事件，周围以连环画的形式展现中心人物或故事的细节内容（2），还经常添加当地文字泰卢固语的说明。

卡拉姆卡里布画大多可能被悬挂在寺庙中的神像后方，或是挂在寺院中的多柱大厅——曼达波中。它们在曼达波中的展示是为了让信徒了解神祇的相关故事。这在过去识字率低的时代特别行之有效，这种画在这方面与故事卷轴画属于同一类别（见第 236－237 页）。其他实例展示了史诗中的场景，如《罗摩衍那》（1），或描绘了个别神祇（3）。

卡拉姆卡里是在涂胶棉布上绘制的。制作过程十分漫长，首先要用竹笔或"卡拉姆"（kalam）画出各个人物的轮廓，虽然有时也用雕版印制一些重复的图案。通过将布反复浸泡在染缸中，用防染剂保留某些区域（用于蓝色），或使用媒染剂（用于独特的红色）来染上颜色。一些绘画也是手工进行的，所以成品布画是不同技术的混合体。

1. 描绘《罗摩衍那》场景的卡拉姆卡里
在这个细节中，以连环画的形式围绕着加冕的罗摩像描绘了通往楞伽桥梁的建造过程。这是哈努曼和他的猴子军团的功绩。鱼类、螃蟹和其他海洋生物被展示在正在建造桥梁的猴子军队下方。

棉布，经笔画、刻版印花，同时使用防染剂和媒染剂染色而成
20 世纪
长 358 厘米，宽 175 厘米
（整幅）
安得拉邦，或出自卡拉哈斯蒂
馆藏编号 As1966,01.496

2. 卡拉姆卡里

这幅大布画中央的圆形部分，描绘了毗湿奴躺在宇宙大蛇阿难陀身上的场景。这一形象是位于泰米尔纳德邦蒂鲁吉拉姆帕利附近斯里兰格姆岛上的"会堂之主神庙"所敬奉的神像，此处用了满是鱼的蓝色圆圈来表现斯里兰格姆。在这幅作品的中央区域之外，还有一些画格，其中绘有《摩诃婆罗多》中的场景。

棉布，经笔画、刻版印花，同时用防染剂和媒染剂染色而成
19 世纪或 20 世纪初
高 335 厘米，宽 390 厘米（整幅布画）
安得拉邦，或出自卡拉哈斯蒂
布鲁克·塞维尔永久基金
馆藏编号 1991,0327,0.1

3. 杜尔迦女神的卡拉姆卡里

十二臂女神骑在她的狮子坐骑上。武器、火焰般的头发和格子纱丽表现出了杜尔迦的凶猛本性，这种格子纱丽是安得拉邦其他凶猛女神的特色。

棉布，经笔画、刻版印花，同时使用防染剂和媒染剂染色而成
约 1920 年
高 254 厘米，宽 248.5 厘米
安得拉邦，或出自卡拉哈斯蒂
布鲁克·塞维尔永久基金
馆藏编号 1995,1109,0.1

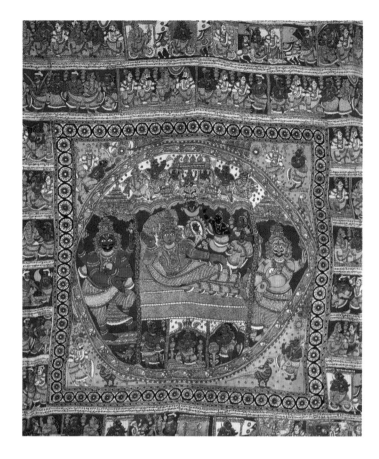

5 | 7 刺绣

在南亚匠人们令人眼花缭乱的诸多纺织技术中，刺绣有着悠久的历史，使用的针法、绣线和材质都很多样。印度西北部和东北部一直是其主要产地。早期的实例中有为葡萄牙出口市场制作的产品（见第 194 – 195 页）。古吉拉特邦——可以说是印度最重要的刺绣品中心——从 17 世纪末开始也为欧洲市场生产制作刺绣地垫和床罩。这些绣品质量上乘，由专业工人以链缝针法制作（1）。

近代以来，旁遮普地区的婚礼上使用的披肩被称为普卡里（phulkari，"覆盖着鲜花的"）和巴格（bagh，"花园"）。其他刺绣纺织品是为宗教用途而制作的，如拉贾斯坦邦的皮恰维（picchvai），它被用于黑天神庙（2）。同时，旁遮普山的鲁马尔（rumal）也绣有黑天的生平场景，用来覆盖供奉神祇的托盘。宗教刺绣中还有用于什叶派仪式的用金属线制作的旗帜（3）。

刺绣理所当然也用在服装中。有几件华丽的莫卧儿服饰得以留存下来，但更常见的是农村社群（特别是印度西部）的服饰。古吉拉特邦西部和信德省的妇女所戴的头巾称为欧德尼（odhni），上面通常绣有花卉或圆形图案（4）。印度西部农村还有一种在衣服上大量刺绣，特别是为儿童服装刺绣的习俗。

其他著名传统包括勒克瑙的白底白线刺绣——钦坎（chikan）、孟加拉的康塔（见第 278 – 279 页）以及来自德干半游牧社区的班贾拉（Banjara，见第 264 – 265 页）。

1. 刺绣地垫

那鲜艳恒久的色彩，以及出口纺织品上那混合了异国情调和梦幻般图像的刺绣，使图中此类地垫产品在欧洲大受欢迎。这里的视觉词汇来自莫卧儿宫廷以及古吉拉特邦当地。

棉布，织有彩色丝线
约 1700 年
长 320 厘米，宽 274 厘米（整件作品）
古吉拉特邦
兰托·辛格藏

对页左上
2. 刺绣皮恰维

该皮恰维无疑是为"滋养之道"派（Pushtimarg，见第 220 页）神龛制作的，表现了黑天在吹笛子，两边是牧女（心怀爱慕的女牧牛人）。他悠闲地站在开花的迦昙婆树下，此树与他关联紧密。下方和四周的图像与他在沃林达文的森林中度过的青年时代有关。

缎面，链缝丝线刺绣
19 世纪末 20 世纪初
高 211 厘米，宽 134 厘米
古吉拉特邦库奇
布鲁克·塞维尔永久基金
馆藏编号 1992,0131,0.1

对页右上
3. 刺绣旗帜

这面旗帜原为一对，可能是在每年的穆哈兰姆巡游中使用的（见第 234 页），上面绣有什叶派伊玛目的名字。使用包金线织就的高浮雕刺绣是典型的伊斯兰针法风格。

棉布、缎子、丝绸、天鹅绒、亮片、玻璃碎片和金线
19 世纪末 20 世纪初
高 164 厘米，宽 46.5 厘米
印度北部
布鲁克·塞维尔永久基金
馆藏编号 2003,0718,0.1

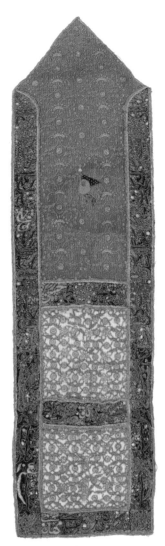

4. 刺绣披肩
这款披肩整体以链缝刺绣的方式
织就（这里显示的是中心的图案
细节），黑底上的栗色和黄色缝
线和上面镶嵌着的闪亮镜面是引
人瞩目的美学展现。这类物品是
靠近当今印度和巴基斯坦边境的
南塔尔沙漠的典型产品。

丝绸披肩，带有绣花和玻璃
镜面
19 世纪末 20 世纪初
长 195 厘米，宽 170 厘米
（整件披肩）
古吉拉特邦库奇
布鲁克·塞维尔永久基金
馆藏编号 2012,3020.1

5 | 8 旁遮普山区的绘画作品

17 世纪至 18 世纪之交，旁遮普山区的小宫廷里产生了一批视觉上激动人心的绘画作品 —— 在主题和色彩组合方面。色彩的艳丽和人物的暴力性质意味着这些元素在当时极受追捧。莫卧儿绘画的温文尔雅或后来帕哈里绘画的甜美动人都毫无体现；暴力元素通常十分显眼，往往是出于宗教或军事的原因，而前伊斯兰时代的印度绘画遗产依然清晰可见。我们知道或者可以推测出一些相关艺术家的名字。

最早的绘画大约作于 1660 – 1670 年间，是将《味花簇》绘制成图画的生动作品，可能是由克里帕尔（努尔普尔一个艺术家家族的首领）创作的。《味花簇》是诗人般努达多的作品，形容和描述了各种类型的男女主角 [分别称为 "纳亚克"（nayaka）和 "纳伊卡"（nayika）]。《味花簇》系列作品的独有特征是将多彩的绿色甲虫壳嵌入画面（2）。后来，大约从 1715 年开始，克里帕尔的孙子、画家戈鲁绘制了另一组《味花簇》（3），但男性原型不再是黑天，而是一位宫廷人物，也许是赞助人 —— 努尔普尔的拉贾·达亚·达塔。

邻近的巴胡也有一组 "拉格花环" 系列画作（见第 222 – 223 页）。对比强烈的色彩引人瞩目，叙事手法在惊人程度上也不遑多让（1）。被称为《香格里罗摩衍那》的系列同样可能来自巴胡；这组画作的年代约为 1680 – 1695 年。来自曼科特的画作 ——《薄伽梵往世书》的插图（见第 162 – 163 页）具有另一种令人难忘的宫廷风格，由于其大胆的单色背景、高远的地平线和对色彩的成功运用而享有盛名（见第 101 页）。

5 | 9 画家奈舒克和他的家族

奈舒克是旁遮普山区后期画派或帕哈里画派最伟大的画家之一。他大约于 1710 年出生在古勒土邦（今喜马偕尔邦）的一个知名画家家族，其父亲是画家潘迪特·修。18 世纪中期，他受雇于附近的贾斯罗塔土邦的统治者，并在此期间活跃，他可能于 1778 年去世。

虽然在此前后他也曾于其他宫廷工作过，但人们首先铭记的是他在贾斯罗塔宫廷创作的作品，尤其是那些描绘统治者巴尔万特·辛格（1724－1763 年在位）的作品，他似乎与统治者有着不同寻常的亲密个人关系（2）。从其完成的作品中可以清楚地看到画家与他描绘对象之间的共鸣。他的赞助人似乎是一位音乐鉴赏家，因为奈舒克的作品中经常出现表演，尽管生活琐事也是其画作主题，这在印度绘画中相当不寻常。

关于奈舒克和他的家族是否在莫卧儿宫廷画坊接受过训练，目前仍有争议。描绘莫卧儿统治者穆罕默德·沙的画作也被认为是奈舒克的作品（1），可能是他在德里创作的，或是他在旁遮普山区时创作的，但运用了平原地区的绘画技法。奈舒克的家族成员还包括他的兄弟马纳库，他可能负责了一个大对开的戏剧系列，即《罗摩衍那》插图（3）。奈舒克的儿子和侄子以及受他们影响的人将帕哈里画派风格延续到了 19 世纪。

1. 莫卧儿皇帝穆罕默德·沙画像，奈舒克绘

德里画坊的艺术家经常为穆罕默德·沙绘制肖像画。与莫卧儿王朝后期的其他宫廷绘画相比，年轻的奈舒克的作品较为简陋，很可能是在他形成成熟作品风格之前画的。

纸本不透明水彩画
1735－1740 年
纵 25.4 厘米，横 35.6 厘米
喜马偕尔邦古勒
P. 马努克和 G. M. 科尔斯通过艺术基金（时为 NACF）捐赠
馆藏编号 1948,1009,0.148

2. 拉贾·巴尔万特·辛格听音乐，奈舒克绘

在描绘这个小宫廷生活的画作中，无论是这位统治者还是正在演奏的乐师们都非常专注，这一点被表现得很明确。这样的风格似乎使奈舒克的作品被早期的印度绘画收藏家所喜爱，例如亚美尼亚人帕西瓦尔·查特·马努克和他的英国伙伴科尔斯小姐，他们将其巨大收藏的一部分赠予了大英博物馆。

纸本不透明水彩画
1745 – 1750 年
纵 19.2 厘米，横 32.5 厘米
喜马偕尔邦贾斯罗塔
P. 马努克和 G. M. 科尔斯通过艺术基金（时为 NACF）捐赠
馆藏编号 1948,1009,0.130

3.《围攻楞伽》系列中未完成的一幅，或为马纳库绘

凶猛的恶魔从楞伽城门涌出，与由熊和猴子组成的罗摩军队作战。罗摩、他的妻子悉多和弟弟罗什曼那坐在山顶上，旁边是阎婆梵和须羯哩婆，他们是熊国和猴国的国王。

纸本不透明水彩画
1725 – 1730 年
纵 59 厘米，横 79.8 厘米
喜马偕尔邦古勒
艺术基金（时为 NACF）
馆藏编号 1955,1008,0.78

5 | 10 流动之神

在南亚许多地方，宗教都有一个明显特征，那就是神像会进行穿越景观的移动（关于塔兹耶巡游，见第 234 页）。节日期间，寺庙中的神像会在街道上进行巡游，以使信徒能"面见神颜"。过去，许多寺庙禁止低种姓群体进入，因此，即使神像被花环完全覆盖，让神像出现在所有能挤进巡游空间的人面前也是一项受欢迎的活动。这些神像或安坐在自己的坐骑之上，或被崇拜者高高抬起（见第 146 页），或用专门准备的战车载着穿过街道，它们通常不是寺庙内供奉的神像，而是专门用青铜铸造的节日版本，即节日像（utsavamurti）。

这些神祇在庙宇外临时造访各处的例子在印度各地都有出现，从南部的泰米尔纳德邦（1）到东部的奥里萨邦。奥里萨邦那著名的寺庙战车是贡献给作为世主的黑天的（见第 164 页），而在北部的尼泊尔，湿婆化身畏怖尊，以骇人面具的形态巡游。运载着众神的战车各不相同，但最引人瞩目的实例来自泰米尔纳德邦蒂鲁吉拉帕利附近的斯里兰格姆，它的一个等比缩小模型制作于 18 世纪末，并于 1793 年收入大英博物馆（3）。这样的战车由两部分组成，永久性的下半部分由木头制成，装饰有单独的饰板，上面雕刻有与神祇相称的形象（2），上半部分则由竹子和布临时制成，每年都会重新搭建。

1. 寺庙战车，可能在斯里兰格姆战车载有高居宝座之上、挂满花环的神像（画中可见），被渴求亲近神祇的信徒拖曳着绕寺庙外墙前行。大象披挂着象衣，其上飘扬着哈努曼旗，这表明正在巡游的神像是罗摩。

纸本不透明水彩画
约 1820 年
纵 20.5 厘米、横 29.4 厘米
泰米尔纳德邦，或出自蒂鲁吉拉帕利
馆藏编号 1974,0617,0.14.5

2. 雕刻的战车饰板
这块饰板顶部有一个用于固定在战车上的榫头，它曾装饰一辆战车的下部。斯里兰格姆的艺术家非常擅长描绘骑马战士形象，在主庙东侧的多柱厅——著名的舍沙曼达波中可见这种形象。

木
19 世纪或更早
高 43.5 厘米，宽 29 厘米
泰米尔纳德邦，或出自斯里兰格姆
布鲁克·塞维尔永久基金
馆藏编号 1997,0127.2

3. 寺庙战车的等比例模型
18 世纪的知识分子意识到，鲜活的宗教传统可能可以用来解释庞贝古城的考古发现，他们被这种可能性所激励，从而向印度寻求线索。查尔斯·马什就是这样的探寻者，他从大卫·辛普森 1792 年伦敦拍卖会上购买了大量印度物品。辛普森是一名外科医生，在 1780 年代曾为东印度公司在斯里兰格姆工作。辛普森目睹了斯里兰格姆神庙举行的仪式，并将其中的一些内容记录在这件模型中。

木、纺织品、油漆
1780 年代
高 220 厘米，宽 90 厘米
泰米尔纳德邦，或出自斯里兰格姆
查尔斯·马什捐赠
馆藏编号 1793,0511.1

5 | 11 移动的面具

在喜马拉雅山脉西麓的喜马偕尔邦，神祇的巡游形态经常为金属面具，即"莫赫拉"（mohra），而非立体神像（1）。这种形式也见于加德满都谷地，在当地的鱼王主节（Matsyendranath）期间，置于战车上巡游的乃是陪胪（湿婆的凶猛形态化身）的面具，而不是其更常见的形态。

在喜马偕尔邦西姆拉以北地区，"莫赫拉"每逢节日就被带出寺庙（山区的这些寺庙通常为木构建筑，或者是石木组合建筑），放在木制神轿里，以鲜花祭品装饰，由男性信徒抬着巡游（2）。神像在景观中的移动使所有人都能"面见神颜"，是一种有益和吉祥的体验。同时，这也放松了神祇物质身体的限制，让他或她可以拜访附近村庄的神圣兄弟姐妹，重新建立以往的关系。披挂花环的神轿由众人陪同，其中部分人演奏独特的张嘴喇叭（3、4）或类似于欧洲中世纪的蛇形乐器。制作这类面具的传统至今仍然存在。

1. 莫赫拉，可能属于湿婆
在节日期间的乡村巡游中，"莫赫拉"充当了神性的容器。该面具上的三只眼睛和胸前的蛇表明，它与湿婆有关。

青铜
或为 18 世纪
高 15.7 厘米，宽 10 厘米
喜马偕尔邦库鲁山谷
西蒙·迪格比纪念慈善机构捐赠
馆藏编号 2017,3038.57

2. 经过装饰的神轿照片
神轿运载着神祇的面具，它被花环重重覆盖。木抬杠被用于在巡游中抬起神轿，这样信徒就可以看到神祇的脸。

彩色照片
克里斯蒂娜·诺贝尔拍摄
1970 年代
喜马偕尔邦马纳里
布鲁克·塞维尔永久基金

3. 奈舒克的绘画作品

奈舒克（见第 250 页）生活在喜马偕尔邦，该地区的乐师会吹奏这种独特的张嘴喇叭，按照传统会伴随着"莫赫拉"一起巡游。这幅画曾经属于英国艺术家威妮弗蕾德·尼科尔森（1893 – 1981），她记录下了她的印度经历对自己作品的影响。

纸本不透明水彩画
约 1740 年
纵 16.3 厘米，横 23.7 厘米
喜马偕尔邦贾斯罗塔
布鲁克·塞维尔永久基金和艺术基金
馆藏编号 2019,3004.1

4. 演奏者照片

1970 年代，这些演奏者依然在马纳里地区陪同"莫赫拉"巡游，与上图中 18 世纪奈舒克画作的演奏者属同一类型。

彩色照片
克里斯蒂娜·诺贝尔拍摄
1970 年代
喜马偕尔邦马纳里
布鲁克·塞维尔永久基金

中世纪后半期和现代，斯里兰卡的佛教以小乘教义而非大乘教义为基础，尽管在有关其早期历史的实物记录中存有大乘教义相关的造像，如菩萨（见第 68－69 页）。在泰米尔时期和后来的僧伽罗统治时期，斯里兰卡首都是波隆纳鲁瓦。13 世纪，波隆纳鲁瓦衰落后，权力中心转移到了岛屿的东南部。大规模的雕塑较少见，而木雕、象牙雕和小型青铜雕塑成为常态。象牙制品尤其值得一提；有些 16 世纪的箱子是作为外交礼物送给欧洲的（1）。其他象牙雕刻的实例包括扇柄、家具镶嵌装饰和梳子。金属雕塑依然存在，但几乎全是或坐或站的佛像。所有这些都是斯里兰卡最后一个独立首都康提的典型产品。

宗教融合的迹象很明显，大乘佛教的神祇观世音演变成了当地的神祇世自在主（Lokeshvara Natha），而对印度教神祇室建陀（迦绨吉夜）的崇拜则在卡特勒格默这样的圣地站稳了脚跟。不论其宗教或经济背景，斯里兰卡社会的所有成员都被吸引至此，这成为这座寺庙的一大特点。在其他寺庙，驱魔仪式还涉及专门生产的纺织品（2）和面具（3）。

1. 饰有象牙饰板的箱子
这样的箱子和完全由象牙制成的较小的匣子，是最早出现在欧洲的斯里兰卡物品之一，在 16 世纪斯里兰卡统治者和葡萄牙人之间的第一次交流之后，这些箱子被送往欧洲作为外交礼物。虽然如今其装饰有部分缺失，但舞蹈人物和神话中的吉祥动物的整体绚丽设计依然清晰可辨。

木，嵌象牙饰板
约 1600 年
高 32.4 厘米，宽 51.9 厘米
奥古斯都·沃拉斯顿·弗兰克斯
爵士捐赠
馆藏编号 1892,0216.25

2. 披肩
这块布可能曾用于驱魔仪式，其正中有一位女性，应是位女神，似乎刚刚吃掉了握在她右手中的一个人的脑袋。她的左手拿着一把三叉戟，也许这暗示着与湿婆的联系，因为三叉戟是湿婆的武器。

棉布，经防染工艺染色
或为 19 世纪
长 204 厘米，宽 108 厘米（整个披肩）
斯里兰卡
馆藏编号 As1910,-.486

3. 驱魔面具
通过面具舞进行的驱魔仪式在斯里兰卡非常盛行。这种仪式被认为特别适合用于处理精神障碍，其中可能包括暴力片段，用以终结病人的恶魔附身。

彩绘木器
或为 19 世纪
高约 30 厘米
斯里兰卡
馆藏编号 As1972,Q.1188

5 | 13 公司画

"公司画"其实是一个包罗万象的术语，泛指 18 世纪末 19 世纪初欧洲人委托印度艺术家制作的作品（"公司"一词指东印度公司）。这些画作的名称有许多是用英语或其他欧洲语言书写的。它们在整个次大陆都有绘制，重要中心包括加尔各答（1）、德里（2）、巴特那（3）和坦贾武尔；除都运用了部分欧洲技法并更着重记录外，它们在风格上并无总体相似性。在许多方面，它们的作用就像后来的照片一样；它们既可以有审美功能，也可以有记录功能，特别是记录在欧洲人看来是新奇的、非同寻常的印度生活元素。

因此，艺术家们经常被要求描绘日常生活的多样性，而不是宫廷生活的精致性，这种精致在次大陆早期的绘画传统中更为常见。公司画也显示了印度画家的非凡功力，无论被要求使用何种风格进行绘画，他们都能完成。许多人接受过莫卧儿王朝后期的训练，也许他们的艺术生涯早期就隶属于某个王室宫廷，但后来也能轻而易举地为他们的新主顾创作作品，这些作品需要运用欧洲透视法的知识，通过使用阴影来展现立体感以及运用不同的表达媒介（水彩而非水粉）。公司画的质量参差不齐，但其中有些作品成为最好的印度画之一，也是非常敏锐的记录作品。

本页
1. 伊姆贝画册中的望江南
这幅植物画是由谢赫·扎因·乌丁创作的。1777－1783 年，伊莱贾爵士和伊姆贝夫人在加尔各答逗留期间，有三位艺术家为他们工作，乌丁是其中之一。伊姆贝夫妇委托艺术家绘制鸟类、动物以及植物的画作。有记录的画作有 300 多幅。

欧洲纸本不透明水彩画
约 1780 年
纵 63.6 厘米，横 93.7 厘米
西孟加拉邦加尔各答
布鲁克·塞维尔永久基金
馆藏编号 1992,0130,0.1

对页上
2. 锡克教徒集会
这幅画的名称写在一份随附的文件上。此处描绘的锡克教徒与弗雷泽画册中的十分相似。威廉·弗雷泽是东印度公司的一名高级职员，他负责记录土地所有权以准确征税，但他也深深地融入了印度北部的文化。19 世纪初，他在德里和周边地区委托绘制了弗雷泽画册。如图所示，招募士兵和记录新领土是这种艺术投资的两大主要动力。

纸本水彩画
约 1820 年
纵 24.4 厘米，横 38 厘米
德里或周边地区
馆藏编号 1966,1010,0.9

下

3. 卖泥像的人，或为湿婆·达亚尔·拉尔绘

画家湿婆·达亚尔·拉尔和他的堂兄湿婆·拉尔在巴特那绘制了一系列描绘日常生活的作品，以满足欧洲人对此类描述性画作的需求。这幅作品描绘的是一个卖祭拜用神像的人和生产这些神像的陶工。至少还有两幅由同一艺术家创作的类似日常题材的画作 —— 卖牛奶的人和卖水果的人。

纸本不透明水彩画
约 1850 年
纵 26.5 厘米，横 39.8 厘米
比哈尔邦巴特那
P. 马努克和 G. M. 科尔斯通过艺术基金（时为 NACF）捐赠
馆藏编号 1948,1009,0.156

5 | 14 植物、动物与神祇

印度的动植物对欧洲人来说很有吸引力，因此印度艺术家为他们的英国客户绘制它们。18 世纪末，新的赞助人将印度北部艺术家吸引到加尔各答定居，这些客户包括伊姆贝家族和韦尔斯利勋爵（1798 - 1805 年任印度总督），艺术家为他们制作了观察细致入微的博物画（2）。这些画家还为东印度公司工作，特别是为其军医出身的植物学家工作，他们出于科学和经济原因记录印度的博物志。

东印度公司在加尔各答的西布普尔植物园是一个植物绘画中心，它与威廉·罗克斯堡、弗朗西斯·布坎南和纳萨尼尔·瓦利奇等人有关联，他们都曾四处漫游并委托艺术家记录植物。皮尔逊画册中的许多画作（见第 213、229 页）都是在西布普尔创作的。

印度南部画家大多是匿名的，比较罕见的例外是兰吉亚、描绘植物的哥文陀和描绘各类种姓的耶拉帕。在一本流传下来的描绘兰花的画册中，南方画派使用云母作为绘画底材，并运用了鲜艳的配色（3）。

许多风景、建筑和人物等公司画作品（见第 258 - 259 页）都被装订成册，寄往英国。在印度北部，阿格拉的莫卧儿古迹特别是泰姬陵（见第 204 - 205 页）和各种人物都被绘制成图画。宗教也是一个素材丰富的种类，来自巴特那（1）和泰米尔纳德邦（4）的系列尤其值得关注。

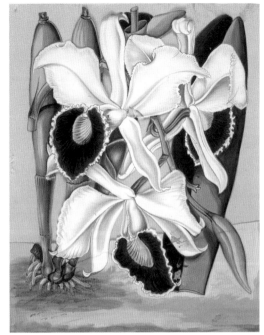

3. 兰花
这幅蕾丽兰属兰花画作出自一位匿名艺术家的画册。这本画册之所以不寻常，有三个原因：画册中的所有作品都以兰花为主题；画作画在大片云母之上，而云母作为涂抹颜料的底材是出了名的差；这些画作抄自 1875 年在伦敦出版的一本关于兰花种植的书。

云母施不透明水彩画
1875 年之后
纵 28.5 厘米，横 21.5 厘米
泰米尔纳德邦蒂鲁吉拉帕利
布鲁克·塞维尔永久基金
馆藏编号 2003,0222,0.10

4. 湿婆和帕尔瓦蒂
画面中，神祇安坐于他们在喜马拉雅山脉的天界居所吉罗娑山上。他们穿着华美的纺物，佩戴着使用了许多昂贵的金粉的珠宝。这是 63 幅画之一，它们被出售给英国军人或商人，作为这些人在印度南部生涯的纪念品而绘制。

欧洲纸，施不透明水彩和金粉
（其中一幅有 1816 年的水印）
约 1820 年
纵 18.3 厘米，横 19 厘米（画）
安得拉邦南部或泰米尔纳德邦北部
布鲁克·塞维尔永久基金
馆藏编号 2007,3005.17

5 | 15 民俗青铜像

"民俗青铜像"（folk bronze）作为总括性的术语，用来描述整个次大陆上发现的种类繁多的大部分小型雕塑。作为一个总体，这些物品的共同特点仅仅只是其非城市的、通常粗犷有力的制作风格：其宗教信仰、尺寸大小、技术和生产标准都有很大差异。这种非精英的传统也是后来更为精致的雕塑风格发展的源泉。

马哈拉施特拉邦内陆的一大批雕塑描绘了牧民之神坎多巴，以及陪伴其身旁的配偶（1）。他与湿婆有许多共同的形象特征，而他身边的配偶也被认为是帕尔瓦蒂。然而，他们的故事仍然是地方性的（2）。其他民俗青铜像与萨特普拉山脉（3）、奥里萨邦西部等印度中部地区的部落群体有关，那里的金属神像被供奉于露天神龛中。

然而，更多的青铜像用于家庭神龛（4），而个别教派的口传传统则产生了特定的青铜神像，例如雄贤及其盾牌（5）。在寺庙之外和乡村神龛中祭拜的女性神祇经常与大地、生育和财富有关，并可能以动物为祭品。

本页
1. 坎多巴的轿子
在卡纳塔克邦中部梅拉拉的玛拉那（Mallanna）年度节庆上，坎多巴像被抬上轿子，由虔诚的信徒抬着穿过街道。图中神祇和其配偶的神像戴着花环，为巡游做好了准备，神像上还洒上了吉祥的姜黄粉。

对页左上
2. 坎多巴及其配偶像
这尊牧群保护者坎多巴的雕像十分典型、极具活力。神祇的右侧是他的狗，面对着一尊小型林伽。坎多巴持三叉戟，暗示了他与湿婆的关系。

青铜
或为 18 世纪（1853 年已经在英国）
高 11.5 厘米，宽 5.6 厘米
或出自马哈拉施特拉邦
蒙诺里斯伯爵捐赠
馆藏编号 1853,0108.4

对页右上
3. 湿婆像
这尊雕像那粗枝大叶但令人印象深刻的造型具有民俗青铜像的典型特征。真实描写被缩减，只强调几项重要元素，如眼睛、耳朵和神像所持的三叉戟，这是典型的部落美学。

青铜
19 世纪或更早
高 6.2 厘米
中央邦萨特普拉
辛西娅·哈森·波尔斯基夫人捐赠
馆藏编号 1998,0616.4

对页左下
4. 湿婆林伽
这尊林伽或出自家庭神龛，带有一条保护性的五头蛇以及作为供品排水口的约尼。湿婆的公牛坐骑南迪在一旁满怀爱戴之情注视着林伽；其右侧是一堆供品。

青铜
爱德华·摩尔少校收集或委托制作
约 1790 年
高 5.3 厘米，宽 5 厘米
或出自马哈拉施特拉邦浦那
A. G. 摩尔夫人捐赠
馆藏编号 1940,0716.96

对页右下
5. 雄贤像
这尊雕像（和图 4 中的林伽像）属于爱德华·摩尔少校。他于 1790 年代驻扎在浦那；1810 年，他出版了一部早期印度宗教研究著作《印度教万神殿》。他收藏的大量青铜器和绘画作品现存于大英博物馆，为这项研究提供了资料。

青铜
爱德华·摩尔少校收集或委托制作
约 1790 年
高 34.5 厘米，宽 27 厘米
马哈拉施特拉邦
A. G. 摩尔夫人捐赠
馆藏编号 1940,0716.29

5 | 16 班贾拉纺织品

班贾拉有时也被称作隆巴尼（Lombarni），指的是一群可能源自印度西部的流动工人，如今他们在印度许多其他地区也有分布，特别是在卡纳塔克邦和安得拉邦。他们的起源并不确定，但可能在 17 世纪作为商人跟随莫卧儿军队离开印度西部南下德干地区，为其提供盐和谷物。从那时起，他们就留在了这里，如今常以临时工的身份谋生。他们相对简陋的生活方式掩盖了其充满活力的审美意识，这种审美意识主要是通过妇女服饰来表达的。

刺绣（1）和贴花是主要工艺，有时用在已经用扎染或雕版印花装饰的布料上。妇女们秉承其拉贾斯坦邦和古吉拉特邦祖先的传统，身着飘逸长裙而非纱丽，同时穿着露背上衣，两侧用绳子固定。这一组合最后还要加上一块棉布头巾，通常也用贴花和刺绣（有时还加上硬币）来装饰（3）。

工作时，妇女也经常在头上戴一块布以方便搬运罐子。如果她们在建筑工地工作，罐子里要么是水要么是土。这块布由三部分组成：头顶的一块平布；上面缝着一个厚厚的山羊毛圈，为罐子提供支撑；还有一块垂在脖子上的平布。这三部分通常集中了大量精致刺绣，并使用货贝来装饰（2）。在刺绣中还嵌入了镜子元素，于是产生一种五颜六色的、令人目眩的设计（3），这让人想到他们的印度西部背景。

1. 绣花钱包
这个小包或钱包上带有鲜艳的刺绣，其上还附有货贝，体现了典型的班贾拉美学。

棉布，货贝
20 世纪初
长 30 厘米，宽 26 厘米（含流苏）
德干北部
拉伊·巴哈杜尔·希拉·拉尔收集，约 1914 年；海德·克拉伦登·高文爵士捐赠
馆藏编号 1933,0715.319

2. 带装饰的罐子头巾
这块罐子头巾虽是日常用品，但在特殊场合会成为人们关注的焦点，它包括了各种针法的刺绣，并饰以货贝和贴花。这块头巾属于某件新娘服装的一部分。

棉布，货贝，羊毛，金属
19 世纪末（捐赠者约 1900 年左右获得）
长 49 厘米，宽 25 厘米
卡纳塔克邦希莫加地区
E. M. 斯拉特捐赠
馆藏编号 As1953,02.6

3. 班贾拉妇女的服装
这套服装由裙子、上衣和头巾组成，所有部分都有彩色刺绣和镜面装饰。上衣敞露后背，仅用系带固定。裙子也有类似的装饰，包括贴花工艺、铜扣和流苏。

棉布、镜面、金属流苏
19 世纪末（1895—1910 年获取）
上衣：长 56 厘米，宽 75 厘米；
裙子：长 102 厘米，宽 48 厘米（腰部）；
头巾：长 197 厘米，宽 129 厘米（含额头部分）
或出自卡纳塔克邦
R. 胡德森小姐捐赠（其父母收集）
馆藏编号 As1974,23.29–31

大事年表

1877 年	维多利亚女王宣布成为印度女皇
1878 年	拉贾·拉拉·迪恩·达亚尔开始了他的摄影生涯，记录桑奇古迹
1885 年	印度国大党成立
1906 年	全印穆斯林联盟成立
1911 年	德里杜巴举行；首都从加尔各答迁至新德里
1913 年	罗宾德拉纳特·泰戈尔获得诺贝尔文学奖
1930 年	圣雄甘地组织食盐进军
约 1940 年	中国西藏朝圣者更敦群培访问阿默拉沃蒂并记录了当地的雕塑
1940 年代初	贾米尼·罗伊受到中产阶级孟加拉人和盟军军人的赞助
1943 年	43 集团在斯里兰卡成立；其创始人之一先锋摄影师莱昂内尔·温特于次年逝世
1943 年	孟加拉大饥荒；扎因努尔·阿贝丁等艺术家做出了回应
1947 年	印度和巴基斯坦（东部和西部）脱离英国独立
1947 年	进步艺术家团体在孟买成立
1948 年	锡兰（后来的斯里兰卡）独立
1948 年	圣雄甘地被暗杀
1948 年	政治领袖穆罕默德·阿里·真纳逝世
1949 年	F. N. 索萨离开印度前往伦敦；S. H. 拉扎于次年前往巴黎
1950 年起	电影制作人萨蒂亚吉特·雷伊制作了一系列国际知名的电影
1950 – 1976 年	版画家克里希纳·雷迪在巴黎 17 工作室工作；后来搬到了纽约
1956 年	印度宪法的制定者 B. R. 安贝德卡，与许多追随者一同皈依了佛教；同年晚些时候，安贝德卡逝世
1956 年	《邦重组法》开始了按语言划分印度各邦的进程
1957 年	《印度母亲》获得奥斯卡奖提名
1964 年	印度独立后第一任总理尼赫鲁逝世
1965 年	印度和巴基斯坦之间因克什米尔问题发生战争
1965 年起	拉维·香卡使印度古典音乐闻名于世
1971 年	孟加拉国脱离巴基斯坦独立建国
1980 年代初	詹格尔·辛格·希亚姆搬到博帕尔，在婆罗多宫作画
1984 年	英迪拉·甘地被暗杀
1989 年	德里克新闻社在孟加拉国达卡成立
1991 年	萨蒂亚吉特·雷伊在去世前获得奥斯卡奖
1992 年	阿约提亚的巴布里清真寺被摧毁
1995 年	布彭·卡哈尔为萨尔曼·拉什迪绘制画像，画像现存于伦敦国家肖像画廊
2008 年	尼泊尔不再实行君主制，改为共和制

6

殖民地、独立
与现代时期的印度

19 世纪晚期至今

1. 乔纳森·邓肯（1756－1811），
孟买总督
这幅作品是东印度公司一位高级
职员的非正式画像。他桌上摆着
一张简略地图，也许是印度地
图。用当地硬木制成的家具是本
地工匠的典型作品，在与欧洲人
接触的早期，工匠们模仿欧洲风
格，为那些像乔纳森·邓肯一样
生活在印度的欧洲人设计和生产
桌子、床、椅子和其他物品。这
幅画曾属于爱德华·摩尔（见第
262页）。

纸本水粉画，作者是一位不知名
的印度艺术家
约1800年
纵17厘米，横21厘米
孟买
布鲁克·塞维尔永久基金
馆藏编号 2019,3010.1

在印度北部，英国从加尔各答（1690 年，东印度公司在此建立商业站，从此建城）开始扩张，最初沿着恒河到达巴特那、阿拉哈巴德，最终来到德里。随后，英国继续向北穿过旁遮普（1843 年臣属英国）和信德，到达阿富汗（1858 年被征服）边境。在印度中部，马拉塔王国的创建者希瓦吉（1627－1680）削弱了后期的莫卧儿王朝，他的继任者因此得以自他们的家乡向外扩张。后来，英国向马拉塔的中心波那（今浦那）推进，马拉塔开始与英国对抗。英国削弱了马拉塔的力量，波那以西的孟买（1）腹地落到了英国人手中。英国人还掌握了后来连成一片构成孟买城的各座岛屿，因为这些岛屿是查理二世的葡萄牙新娘 —— 布拉干萨的凯瑟琳的嫁妆的一部分。从 18 世纪末到整个 19 世纪，加尔各答都是英属印度的首都，也是总督和后来的英国副王的驻扎地（2）。早期的总督是沃伦·黑斯廷斯（1774－1785 年在任），他是一位有争议但颇有成就的管理者，也是印度文化的狂热爱好者。

英国在南亚的扩张主要依靠贸易，特别是在东印度公司的伦敦股东具有最高权威的早期。公司的转折点是 1857 年印度民族大

2. 加尔各答的圣约翰教堂

托马斯·丹尼尔和威廉·丹尼尔是一对叔侄艺术家，18世纪末，他们在印度各地云游。在这幅圣约翰教堂的绘画作品中，他们展现出了扩建中的加尔各答的建筑理念。画中显示的是1787年该教堂建成时的祝圣仪式，这座教堂保存至今，只有些许改动，教堂中还有一幅德国艺术家约翰·佐法尼创作的《最后的晚餐》祭坛画。在画中右侧远处的是约伯·查诺克的八角形陵墓，他是加尔各答英国人定居点的奠基人。

以凹版腐蚀制版法制作的手绘版画系列画作中的第12幅
1788年
纵40.2厘米，横52.5厘米
加尔各答
馆藏编号 1870,0514.1486

起义，这场起义始于密鲁特兵变，其名义上的首领是莫卧儿王朝最后一位皇帝的后裔巴哈杜尔·沙阿（1775－1862）。起义导致英国军人和平民死亡，并蔓延到了印度北部和中部。起义最终被镇压，但英国人的回应是残酷的、过火的。英国政府被1857年事件深深震惊，从此时开始，政府权威取代了公司的商业利益，而这也意味着莫卧儿王朝的复国希望彻底破灭。1877年，维多利亚女王正式加冕为印度女皇时，这种新认识最终得以确立。从此时直到1947年，印度被视作英国的一个组成部分来统治，并由英国副王负责管理。20世纪初的几十年里，次大陆从南端的甘尼亚古马里到北方的吉尔吉特都是英国的殖民地，要么由英国人直接统治，要么通过条约向土邦主的宫廷派驻代表间接统治（斯里兰卡则由殖民地部单独统治）。加尔各答一直是最重要的城市，直至1911年德里杜巴上英王和印皇乔治五世宣布首都将迁往德里，并在其旧城外围建立一座新的城市。这项工程的建筑师是埃德温·鲁琴斯和赫伯特·贝克。

要求政治自由日益成为20世纪的主导潮流。这些要求最初是温和的，但影响变得日益深远。后来，国大党和全印穆斯林联盟成为参与运动的主要团体，其主要人物包括被称为圣雄、主张非暴力抵抗的 M. K. 甘地（1869－1948）、印度独立后的第一任总理贾瓦哈拉尔·尼赫鲁（1889－1964）和巴基斯坦国父穆罕默德·阿里·真纳（1875－1948）——三人都是受过英国教育的律师。德隆望重的 B. R. 安贝德卡（1891－1956）也是一名律师，他制定了刚刚独立的印度的宪法。与此同时，他还是不可接触者（那些被排斥出种姓系统的人）的精神领袖（3）。这些人物，以及其他许多参与独立斗争的人物，都在大众文化中形成了固有形象，每个人都有可识别的标志；甘地广为人知的事迹就是放弃西方服饰，回归手纺手织的卡迪（khadi，本土棉布）。而安贝德卡并不认同甘地对印度乡村生活的浪漫看法，他总是穿着西服，打着领带，象征着他想摆脱被种姓所束缚的传统印度。

3. B. R. 安贝德卡博士
安贝德卡是印度独立运动的杰出人物之一，他来自马哈拉施特拉邦一个不可接触者的家庭。通过坚忍的努力，他在印度和国外接受了律师培训，并在独立后的印度宪法起草过程中发挥了重要作用。1956 年，他和他的追随者皈依了佛教，放弃了有种姓的印度教。今天有些人认为他是菩萨，尽管他的主要信念始终是"教育和组织"。

纸质印刷品
20 世纪末
纵 42.5 厘米，横 29.8 厘米
印度北部
大英博物馆之友（汤利集团）
馆藏编号 2003,0714,0.14

可悲的是，在让人精疲力竭的第二次世界大战结束后，英国人过于匆忙地离开了印度，而印度教和伊斯兰教的矛盾又难以调和，这意味着以宗教信仰为由对南亚地区进行分治不可避免。1947 年 8 月，分治导致了巨大的人口流动：印度教徒从新成立的巴基斯坦迁入印度，穆斯林从印度迁入巴基斯坦。这一过程导致许多人死亡，其总数超过 100 万，但由于精确的数字永远无法被确认，真实的数字可能远超于此。由此，西巴基斯坦和东巴基斯坦（后者于 1971 年成立孟加拉国＊）以及印度应运而生。1948 年，斯里兰卡独立。尼泊尔和不丹保持了其独立国家的地位；锡金最初为独立国家，后来于 1975 年成为印度联邦的一个邦。

自独立以来，南亚的政治叙事多种多样，但都会包括印度和巴基斯坦之间因克什米尔发生的一系列战争、1971 年孟加拉国的独立战争，以及后来斯里兰卡泰米尔少数民族和僧伽罗人之间的内战。各国经济和社会进步程度参差不一，印度、孟加拉国和斯

＊ 1971 年东巴基斯坦宣布独立；1972 年 1 月，孟加拉人民共和国正式成立。

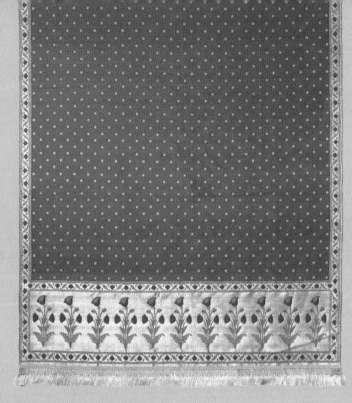

4. 披肩

这条引人瞩目的披肩是 1996 年德里的阿莎工作室制作的，该工作室由纺织历史学家拉胡尔·詹恩创建。拉胡尔·詹恩研究了莫卧儿时期的织造技术和沙贾汗时期的花卉纹样，其工作室后来生产的产品也因此具有了繁复的纺织工艺和令人印象深刻的美感。

手织丝绸和鎏金银线
1996 年
长 242 厘米，宽 90 厘米
德里（借鉴瓦拉纳西的纺织传统）
新德里纺织艺术协会捐赠
馆藏编号 2001,0602,0.1

里兰卡尤其明显。在文化领域，电影、大众版画和文学都得到了蓬勃发展，大部分不受审查制度限制，但并非总是如此。在南亚的许多地方，艺术家们通过与国际接触获得技法和理念，并将自己的构想与之结合起来，为他们的作品在国内和国外找到了出路（海外移民和日益便利的通信促进了这一点）。印度次大陆最古老的文化传统之一——手工纺织品的制造——已经被其支持者从消失的边缘拉了回来，无论是在"卡迪"领域还是在高级时装领域，印度的手工艺品在国际上都很受欢迎（4）。值得铭记的是，丝织品和棉织品在公元前 3000 年的印度河文明时期就得以使用，历史的车轮已经轮转了一圈。

6 | 1 迦梨戈特绘画

至少从 19 世纪初开始，加尔各答的迦梨神庙就声名赫奕。它位于"戈特"（ghat）即通往河边的台阶上方，信徒们在台阶上沐浴。过去，当地和来访的朝圣者希望从神庙带走一些神圣纪念品，就会出钱委托聚集在那里的画师替其作画。这些迅速绘就但引人入胜、色彩丰富的作品，因为神庙所处的位置而被称为迦梨戈特绘画。

这些纪念品的画师可能与孟加拉乡村的流动画师和说书人来自同一群体（见第 236–237 页）。事实上，有些道德故事同时出现在卷轴画和迦梨戈特绘画中。艺术家们充分利用他们的新城市环境，并使用薄水彩和机器制造的纸张。迦梨戈特绘画大多为宗教题材，迦梨、杜尔迦（1）和湿婆（2）是常见主题。同样受欢迎的还有黑天及其配偶罗陀的画作，这些人物与孟加拉神秘主义者柴坦尼亚（3）紧密相关。当时的一些世俗题材——著名的法庭案件、孟加拉谚语或时髦的花花公子和他们情妇的滑稽行为，也被画进画中。

迦梨戈特画家的活跃期很短，可能只有四五十年。由于手绘石版画和随后 19 世纪末的彩色石印术（见第 284–285 页）的出现，这些手工制作的绘画被廉价的大规模生产的作品所取代。具有讽刺意味的是，英国传教士购买了很多迦梨戈特绘画，用以证明印度教信徒显而易见的堕落。其中一些之所以能被保存下来（4），正是因为它们曾被用于为传教士筹款的展览。

1. 杜尔迦像

这位美丽的、珠光宝气的女神，头发散开，站在她的狮子坐骑之上。这幅作品描绘的是她与水牛妖摩西娑修罗的决战时刻。

机制纸水彩画
约 1860 年
纵 46 厘米，横 27.5 厘米
加尔各答迦梨神庙
馆藏编号 1949,0409,0.76

2. 五首湿婆像

湿婆是杜尔迦的配偶，因此经常出现在迦梨戈特绘画之中。他右手拿着维纳琴（下方）和他独特的达玛鲁鼓（上方），其声音在宇宙中造就了生命。他是最伟大的苦行者，而苦行者经常与虎皮一起出现：要么坐在虎皮上，要么如画中这样将虎皮裹在腰间。兽主是湿婆的许多名字之一，意即动物的主宰。湿婆对最凶猛的丛林野兽老虎的压制体现出了这个名称的意蕴。

机制纸水彩画
约 1860 年
纵 46.2 厘米，横 27.5 厘米
加尔各答迦梨神庙
馆藏编号 1949,0409,0.84

3. 罗摩、黑天与柴坦尼亚的复合形态

这种孟加拉式的神圣形态将三位被认为是毗湿奴化身的人物结合在了一起：高举着弓的绿臂罗摩；吹着笛子的蓝臂黑天（这两位列在化身的标准名单之中）；还有孟加拉圣徒柴坦尼亚，他拿着苦行者的包袱和手杖。他的绰号是"高兰加"（Gauranga），字面意思是"金色的肢体"，他不像黑天那样皮肤黝黑，因此和黑天是互补的，就如画中所示一样。

机制纸水彩画
约 1890 年
纵 46 厘米，横 28 厘米
加尔各答迦梨神庙
弗朗西斯卡·弗里曼特尔捐赠
馆藏编号 1993,0810,0.4

4. 犍尼萨和他的老鼠坐骑

这幅迦梨戈特绘画的尺寸异常巨大（是大多数画作的 4 倍）。对这个大小有一个可能的解释：在画背面有一个标签，表明其曾被用于一位传教士的展览。传教士文献中有对这种展览的记录，展品被用来阐明印度宗教的鄙俗性质。

纸本水彩画
约 1870 年
纵 129 厘米，横 100 厘米
加尔各答
布鲁克·塞维尔永久基金
馆藏编号 1995,0404,0.1

6 | 2 印度摄影

摄影技术早在 1850 年代初就已经在印度出现。最初，它是英国人热烈追捧的一种爱好，很快印度人也开始效仿；后来摄影成为政府记录的工具。最早的英国摄影师之一是林奈·特里普（1822－1902），他对印度南部的寺庙建筑（1）、阿默拉沃蒂的发掘以及缅甸的建筑（他是 1855 年驻缅甸宫廷使团的一员）的记录至今仍闻名于世。他和同时期其他摄影师（如比格斯和皮古）的摄影作品，为我们留下了具有巨大文献价值的视觉资料。19 世纪末，业余爱好者以及印度考古调查局等官方机构都为印度的历史留下了丰富的记录。

19 世纪后期，最出色的印度摄影师是拉贾·拉拉·迪恩·达亚尔（1844－1905），他的公司经营着许多成功的工作室。摄影被政府机构用来记录民族志（2），也有印度统治者和各种宏大场景等主题，包括 1911 年印皇乔治五世的杜巴仪式。20 世纪，摄影变得普遍，纪实作品在整个次大陆广为流行；此后，摄影成为戴亚妮塔·辛格（1961－　　，印度）和巴尼·阿比迪（1971－　　，巴基斯坦）等艺术家普遍认可的艺术表现形式（3）。

1.《佛塔的珠宝》，来自政府摄影师林奈·特里普上尉的《塞林厄姆影集》
1858 年 1 月，林奈·特里普造访蒂鲁吉拉帕利地区。他记录了位于斯里兰格姆岛上的"会堂之主神庙"，其包括照片中引人瞩目的珠宝、器皿和其他寺庙器具。后者包括哈努曼（左）和迦楼罗形态的坐骑，它们在节日时用来运送罗摩和毗湿奴的巡游神像穿过街道。

照片
1858 年
高 25 厘米，宽 35.5 厘米
泰米尔纳德邦斯里兰格姆
馆藏编号 1862,0308,0.232

右

2. 安达曼群岛的无名岛民，莫里斯·波特曼摄

这张照片来自莫里斯·波特曼收集的档案，他在 1879－1900 年任安达曼群岛的"负责官员"。照片中的岛民据说会在胸前戴人骨和药叶来对抗呼吸道疾病。波特曼还用摄影来观察岛民身体部位的异同。今天看来，这种方式不自觉地强调了统治者和被统治者之间的差异。

照片
1890 年代
高 20.1 厘米，宽 15.1 厘米
安达曼群岛
莫里斯·维达尔·波特曼捐赠
馆藏编号 As,Portman,B27.69

下

3.《钱德拉·阿查雅，2008 年 8 月 30 日晚上 7:50，拉曼丹，卡拉奇》，来自巴尼·阿比迪的"卡拉奇系列"（一）

巴尼·阿比迪在这个系列的六张照片中都展示了日常活动中的场景。在这张照片中，一位穿着纱丽的女性坐在她的梳妆台前。她的服饰和她的名字一样，立刻就能显示出她的印度教徒身份。这一系列的六张照片都有时间和日期，表明当时正是斋月，卡拉奇的大多数居民在室内举行开斋活动。只有少数民族 —— 基督徒、印度教徒和帕西人会在街上举行开斋活动。

照片
2008 年
高 50.8 厘米，宽 80 厘米
巴基斯坦卡拉奇
布鲁克·塞维尔永久基金
馆藏编号 2011,3001,1.3

1. 颈部装饰品

这件野猪獠牙制成的颈部装饰品具有典型那迦物质文化特色，以那加人居住的偏远山区的动植物王国作为依托。编织藤条（通常是有颜色的）是此类饰品的常见特征。

野猪獠牙、象牙、红玉髓及彩色藤条
19世纪或更早（1874年获得）
直径13厘米，厚2厘米
印度东北部那加丘陵
馆藏编号 As1972,Q.2079

2. 帽子或头盔

在19世纪末基督教传教士到来之前，用马鬃和彩色编织工艺制作的头罩在高度军事化的那加人中十分常见。长矛等武器也经常用编织染色的马鬃来装饰。

编织、上色的藤条，马鬃
19世纪或更早（1871年获得）
高20厘米，宽24厘米
印度东北部那加丘陵
奥古斯都·沃拉斯顿·弗兰克斯爵士捐赠
馆藏编号 As.7343

那加兰邦

印度东北部山区的那加兰邦代表了与南亚其他大部分地区不同的文化故事。尽管今天它越来越印度化，但在语言、民族和文化上仍别具特色。从历史上看，该邦有超越如今国际边界的文化接触，以口头文学而非书面文学作为特征。近代以来，它也一直是基督教传教活动的重点地区。尽管其传统信仰为万物有灵论，包括动物祭祀，但在东北部地区盛行藏传佛教，在与缅甸接壤地区流行上座部佛教信仰。

那加兰邦有许多不同的部落群体，其中包括安加米族和科尼亚克那加族。东北部的许多不同群体讲藏缅语族语言，有着同一个古老的传承者，尽管此地有新石器时代石器的发现记录，那段古代历史依然鲜为人知。

在那加兰邦，用腰机织出的棉布在美学上占据重要地位，也是一种地位的象征。用劈开的竹子编织而成的装饰品闻名遐迩，许多部落群体中的珠子既神秘又有价值；贝壳经常来自远方，也很珍贵。那加人的珠宝很有特色，使用珊瑚、象牙和野猪獠牙制成（1），当地的尚武传统导致了藤编盔甲的制作（2）。实用而美丽的编织工艺也是这些社会的特点，由于该地区降雨量大，还用藤条和棕榈纤维制作巧夺天工的防雨罩（3）。

3. 防雨罩（内部）
喜马拉雅山脉的东部山麓非常潮湿。在该高降雨量地区，许多部族将棕榈纤维附着于竹架上来制作防雨罩。此处即是其中一件精致作品，穿戴者背部与竹架之间为藤条编织的背包。

藤条、棕榈纤维
20 世纪早期
高 76 厘米，宽 54 厘米
印度东北部
馆藏编号 As1957,11.9

6 | 3 康塔

缝制康塔（刺绣床罩）是遍及孟加拉地区乡村社会的一个显著特色（1–3）。除作为床单或床罩使用外，它们还为女性提供了一条实现家庭创意的途径。它们经常有丰富的、引人入胜的设计，灵感来自当地的宗教和社会主题。最古老的实例是用旧衣物——特别是纱丽——制成的，这些旧衣物上的线可以重新用于背景的纫缝和图案的刺绣。这种背景纫缝不仅产生了赏心悦目的图案，也为刺绣提供了底面。

女性刺绣师所采用的图案题材广泛，但也很具体，取决于地点、当地景观以及她们的宗教甚至教派信仰。有些设计应是从城市（特别是加尔各答）带回的大众版画或迦梨戈特绘画中复制而来的。动物是一个经常出现的主题，特别是孟加拉人的主要食物——鱼类。其他动物还包括孔雀——既具有吸引力又与黑天有关（他的头巾上插着孔雀的羽毛），大象——它也有与皇室有关的象征意义（3）。有些康塔更大胆，题材包括蒸汽火车、士兵、巡游的寺庙战车（1）和广为人知的俗语。有时会出现题字，表明绣者拥有简单的识字能力，同时也为我们提供了绣者的名字和绣制地点等信息。

这些妙手偶得的"布画"让人们了解到19–20世纪孟加拉地区乡村迅速变化的社会全景，是绝无仅有的资料。

本页
1. 康塔
这件密集刺绣的康塔的细节，显示了寺庙战车在节日时穿过街道的场景。

棉布
约1870年
长177厘米、宽121厘米（整件纺织品）
孟加拉地区
布鲁克·塞维尔永久基金
馆藏编号 2003,1025,0.1

对页上
2. 康塔
中央的莲花图案在康塔中很常见。比较不寻常的是其四边的四个生动场景，从底部开始，顺时针依次为：提毗女神骑在她的狮子坐骑上；罗摩和葡匐在地的哈努曼；般度五兄弟；未知场景。

棉布
斯里玛提·孙陀丽·达斯亚绣制
19世纪末20世纪初
高86厘米、宽85厘米
孟加拉国，或出自法里德普尔
波尔斯基印度民间艺术基金
馆藏编号 2002,0520,0.6

对页下
3. 康塔
康塔的图案中不仅有人类的生活，而且也有森林中的动物、河流中的鱼与天空中的昆虫和鸟。这个细节描绘了大象和孔雀。

棉布
19世纪末20世纪初
高86.5厘米、宽83厘米（此处展示的细节宽约54厘米）
孟加拉国，或出自法里德普尔
波尔斯基印度民间艺术基金
馆藏编号 2002,0520,0.1

6 | 4 19世纪的项圈

在本节，我们将对比英治时期两件截然不同的项圈。一件是印度之星勋章项圈，另一件也是项圈，却是被英国当局关押在安达曼群岛上的囚犯（其中大多数是政治犯）所佩戴的。

维多利亚女王于1861年设立的骑士勋章的正式名称为印度之星最高荣誉骑士团勋章（Most Exalted Order of the Star of India）（2），其项圈和星徽授予印度和英国的授勋者——前者大多是印度王室成员，后者则多为英国政府的高级官员。该骑士团被认为比英属印度的另一个骑士团——印度帝国骑士团——更排外，而且成员更少，君主是该骑士团的首领。1948年，印度独立后，骑士团停止接纳新成员，最后一位幸存的骑士团成员也已去世。

附有木牌的项圈是安达曼群岛布莱尔港的蜂巢监狱使用的（1）。每个囚犯都被迫在脖子上戴一个木牌上印有识别号码的铁环。这座监狱建于1890年代，因英国政府在此关押政治犯而臭名昭著；它位于孟加拉湾中部的一座岛屿上，其位置使得它成为理想的监狱地点。由于监狱与如今那些业已闻名遐迩的领袖之间的关联，该建筑今天已经成为一座民族抗争主题的博物馆。

这两个物件都可以被解读为控制与帝国宏伟计划有关之人的手段，尽管其作用方式有天壤之别。

本页
1. 囚犯佩戴的项圈
囚犯被胁迫佩戴这样的身份牌，其中许多人因为政治活动而被关押在安达曼群岛。其中包括革命家和后来的精神领袖室利·奥罗宾多的弟弟。

铁、木
19世纪末20世纪初
高27.1厘米，宽15.5厘米
孟加拉湾安达曼群岛
W. H. 伯特夫人捐赠
馆藏编号 As1933,0603.3

对页
2. 印度之星一等爵级大司令勋章的项圈和星徽
君主是印度之星骑士团的首领。该骑士团的座右铭是"天堂之光是我们的向导"，它有自己的仪式和阶序，保持着排外的氛围。副王是其大团长。

黄铜，珐琅，钻石（仅星徽）
19世纪末20世纪初
直径9厘米
英国伦敦
女王伊丽莎白二世捐赠
馆藏编号 1958,0901.2

6 | 5 为英国客户制作的印度银器

南亚与欧洲不同，传统上并不使用银来制作器皿，青铜更为常见。然而，到了 19 世纪，银的使用无疑在英国人的影响下变得更加广泛。18 世纪，一些英国银匠开始在大城市里开设商铺制作餐具，其中部分是克制的新古典主义风格。后来，当地银匠也开始参与进来，并制作出漂亮的纪念品；幸运的是，其中许多都有铭文和日期（2）。

到 19 世纪末，为驻扎在印度的英国人和亲英印度人提供家庭用品的市场非常繁荣。来自勒克瑙、加尔各答、浦那和卡拉奇的印度银匠作品开始流行，他们的作品至今仍十分受欢迎。这些印度银匠最重要的基地是卡奇的普杰。欧墨西·茂吉就来自此地，现因其作品上的识别印章"OM"而闻名。他的工作坊生产餐具、匣子、托盘、办公家具、调味瓶、卡片盒以及其他很多东西（1、3）。普杰工作坊的工匠们和欧墨西·茂吉的儿子后来在 1920 年代搬到巴罗达，他们为客户准备了精美的图纸，提供不同的设计、尺寸、金属、重量——因此也有不同造价的选择（4）。

这种工作坊的灵感来自第一次世界大战之前在英国仍然很流行的 19 世纪末美学。实际上，伦敦利伯提百货也曾直接向 OM 下订单，在他们的摄政街商场里销售其产品。然而，到了 1920 年代，随着现代主义理念成为潮流，这种风格不再流行。

本页

1. 带大象壶嘴的茶壶
19 世纪，饮茶在英国人和印度人中间都蔚成风气。这件茶壶的壶柄上套有两个象牙圆盘，起到了隔热的作用，确保壶柄可以被安全地握住。密集的动物和植物图案的混搭是"OM"风格的一个标志。

银，象牙
约 1900 年
高 15 厘米，直径 7.5 厘米（底）
卡奇普杰的欧墨西·茂吉工作坊，并有其印章
奥普皮·安特拉希特遗赠
馆藏编号 2011,3014.58

对页左上
2. 纪念奖杯
铭文中给出了得到这件精美器物之人的名字——托马斯·鲁迪曼·斯图亚特中校，"上信德省省长和行政长官"，还有颁发的日期：1861 年 1 月 1 日。奖杯上还刻有斯图亚特家族的纹章——盾牌上的独角兽头，此外则是以狩猎和植物图案为特色的大量凸纹装饰。

银
1860 年
高43.7厘米，直径20.5厘米（口）
马哈拉施特拉邦浦那
布鲁克·塞维尔永久基金
馆藏编号 2006,0404.1

右上

3. 调味瓶套装

这套置于原装外盒中的调味瓶并
不是当地类型的容器，由四个盐
瓶（后侧的圆形容器）、四个胡
椒粉瓶和两个餐巾环构成。所有
物品都标明来自欧墨西·茂吉工
作坊。

银，天鹅绒和绸缎展示盒
约 1900 年
餐巾环：高 3 厘米，直径 5 厘米
卡奇普杰的欧墨西·茂吉工作坊，
并有其印章
奥普皮·安特拉希特遗赠
馆藏编号 2011,3014.7

右

4. 设计图纸

OM 工作坊带注释的图纸提供了
各种信息，正如本图所示，其中
包括了特定设计要使用的金属量
（100 托拉银）。此外还提供了
可选择的额外服务的费用，如要
为此瓮制作一个乌木底座，价格
为 6 卢比。

纸本铅笔画
19 世纪末 20 世纪初
纵 38 厘米，横 27.3 厘米
卡奇普杰的欧墨西·茂吉工作坊，
并有其印章
奥普皮·安特拉希特遗赠
馆藏编号 2011,3014.138

6 | 6 流行图像

从 18 世纪末开始，南亚经历了流行视觉图像的爆炸性增长，一开始是反面玻璃画，通常被用来描绘神祇和统治者（2）。

后来，在孟加拉地区，加尔各答艺术工作室和稍后的乔尔巴甘艺术工作室率先开始制作彩色印刷的流行图像（3）。这些工作室的创始人曾在加尔各答艺术学校学习过平版印刷。另一个印刷品生产中心是浦那，那里的奇特拉沙拉蒸汽印刷社印刷了大量当地英雄和神祇的图像（见第 238 页）。与画家拉贾·拉维·瓦尔马（1848－1906）有关的版画最具影响力，在其职业生涯晚期，他在孟买城外成立了一家印刷厂，用来根据他的绘画作品制作大众版画。

20 世纪，人们为包括政治、电影、教育和宗教在内的各种公共活动都制作了相关版画。政治印刷品尤其受到重视，书法、象征和人像形式都有采用（1）。在整个南亚地区，学校使用印刷图表来传播公共卫生和教育信息。然而，产出最多的还是宗教图像，有些印刷品广为人知，还有些则是地方性的，与伊斯兰圣徒的多尔加（墓祠）或与印度教神祇的神庙有关（4）。讲述朝圣的版画经常会被带回家，放在家庭神龛上。印度教图腾的多样性让这些版画风靡一时，但伊斯兰教、耆那教和基督教的圣地同样也是这类版画的题材来源。

1. 政治海报

农民挣脱锁链，挥舞着武器，而世界领导人却在逃跑。从左到右分别是拿着枪的阿列克谢·柯西金，拿着美元钞票的布托，一位不知名人物 —— 也许是个地主 —— 和理查德·尼克松。

印刷版画
1974 年
纵 47 厘米，横 76 厘米
巴基斯坦
朱迪·格林威捐赠
馆藏编号 2018,3023.2

左上

2. 纳纳·法德纳维斯的反面玻璃画

纳纳·法德纳维斯（1742 – 1800），佩什瓦的首席大臣，是18世纪浦那事实上的统治者。

玻璃油漆画
19世纪初
纵57.5厘米，横42.4厘米
马哈拉施特拉邦
馆藏编号 1989,0412,0.1

右上

3. 普拉莫达·孙陀丽——"热情的美人"

普拉莫达·孙陀丽（Pramoda Sundari），意思是"热情的美人"。画中的形象纱丽曲线毕露，头发披散，针对的是感官刺激印刷品市场。

纸本油墨印刷品
1880年代
纵40.5厘米，横30.5厘米
加尔各答乔尔巴甘艺术工作室
馆藏编号 1989,0204,0.59

4. 七山女神

七山女神（Saptashrungi）是杜尔迦的一种本土形态，她在马哈拉施特拉邦纳西克附近山区的一座著名寺庙里受到人们的敬仰。

彩色石版画
1980年代初
纵49.5厘米，横34.3厘米
苏拉特
馆藏编号 1988,0209,0.45.35

1.《如来佛与爱马告别》，阿巴
宁德拉纳特·泰戈尔绘
画家从印度古老的佛教历史中抽
取了一个情节，也就是悉达多王
子的最终弃绝。画家赋予了它一
种直观性以及与欧洲的学术派风
格截然不同的情感表现，以此来
对抗这种风格。

纸本水彩画
20 世纪初
纵 17.5 厘米，横 12.8 厘米
或绘于加尔各答
路易斯·克拉克捐赠
馆藏编号 1925,0304,0.1

孟加拉画派

对于 20 世纪南亚的艺术家来说，一个反复出现的问题是，如何成为一名现代国际艺术家，同时又能担当南亚社会的忠实代表？是在传统的印度来源中寻找灵感，还是从西方寻找灵感，或者两者皆非？对于 19 世纪最后几年在英属印度政府的艺术学校里成长起来的许多人来说，这个问题的答案是创作符合西方审美意识的绘画和雕塑作品，但这些意识是建立在对古迹的研究和对自然主义的追求之上的。贾明尼·普拉卡什·甘古利（1876－1953）就是这样一位画家，他因其精美的风景画而被人铭记。他是泰戈尔家族的亲戚（关于罗宾德拉纳特·泰戈尔，见第 290－291 页），与阿巴宁德拉纳特·泰戈尔（1871－1951）一起长大。

与甘古利不同，阿巴宁德拉纳特·泰戈尔（1）不准备接受旧艺术学派的陈规，他受到加尔各答政府艺术学院院长 E. B. 哈维尔（1896－1906）的鼓励，去寻找新的表达方式。哈维尔热衷于让印度艺术家摆脱纯粹的学术模仿，去寻找专门属于印度的灵感。阿巴宁德拉纳特欣赏莫卧儿王朝的古迹和绘画，这极大地帮助了他确立其新风格。他的风格在很大程度上基于水彩画和薄涂法的运用，并描写具体的印度主题。这些源于印度文化历史的作品往往充满了怀旧情感（1）。

后来，日本理论家冈仓天心（1863－1913）的泛亚主义思想也对推广阿巴宁德拉纳特的风格起了很重要的作用。冈仓将所有亚洲艺术关联在一起，认为印度文化，尤其是佛教文化，与中国和日本文化有着根本性的联系，这使得许多追随阿巴宁德拉纳特的艺术家采用了一种准东方的绘画风格，这种风格色彩柔和，使用水彩薄涂法，并专注本土题材（2－4）。

与西方古典主义的决裂以及对亚洲技法和印度题材的全新兴趣所造成的影响，正好与加尔各答民族主义的发端相契合，阿巴宁德拉纳特的风格因而得以长久延续，后来被称为孟加拉画派。他最重要的学生可能是难陀婆薮（1882－1966）。1924 年，难陀婆薮与泰戈尔一起在远东进行访问时接触到了日本艺术，这以及后来他对阿旃陀壁画的造访对他的早期艺术生涯产生了重要影响（在其艺术生涯晚期，他也是一位地位显赫的壁画家）。婆薮最伟大的学生之一是贝诺德·贝哈里·穆克吉（1904－1980），他既是画家（4）又是壁画家，还在圣蒂尼克坦担任教师。

阿巴宁德拉纳特·泰戈尔的大部分学生都是孟加拉人。一个例外是画家阿布杜尔·拉赫曼·丘格塔伊（1897－1975），他在拉合尔的梅奥艺术学校受教于萨马里因德拉纳特·古普塔（1887－1964），后者是阿巴宁德拉纳特·泰戈尔的学生之一。丘格塔伊的画（3）仍然使用阿巴宁德拉纳特的薄涂法，但又在其中凸显了其老师温和的昔日观念中那种固有的情欲色彩。

孟加拉画派艺术家的重要性在于反抗西方古典主义，他们还证明了印度题材和"东方"技法同样可以产生高质量的作品，这类作品在国际上受到推崇，而且无疑是属于印度的。这些理念在阿巴宁德拉纳特的另一位学生贾米尼·罗伊（1887－1972）的作品中体现得也非常明显。他的独特视角受到孟加拉民间艺术的启发，他对色彩的理解是彻头彻尾印度式的，并意识到设计和直观性与现实主义同等重要（5）。

左上
2.《花与少女》，穆库·坎德
拉·戴伊绘
戴伊是一位熟练使用多种不同介
质尤其是针刻版画的艺术家。不
过，这幅画显露了他在 1916 年
与泰戈尔一起访问日本时所受到
的影响；这幅画使用丝绸进行装
裱，进一步体现了日本风格。

纸画，丝绸装裱
20 世纪初（1920 年前）
纵 20.7 厘米，横 13.5 厘米
或绘于加尔各答
馆藏编号 1920,1216,0.3

对页右上
3. 阿布杜尔·拉赫曼·丘格塔伊的绘画作品

这幅画使用了水彩薄涂法，以怀旧为主题，是典型的丘格塔伊风格。画中一位年轻女子在夜晚借着灯火，探访一座刻有大量铭文的陵墓。丘格塔伊在创作这幅画的两年前曾访问加尔各答，见到了阿巴宁德拉纳特·泰戈尔，后者对他的影响在这幅画中显而易见。

纸本水彩画，有签名和日期
1918 年
纵 52.7 厘米，横 35.6 厘米
拉合尔
或为作者的兄弟阿布杜拉·丘格塔伊捐赠
馆藏编号 1998,0722,0.1

对页下
4.《茉莉花树》，贝诺德·贝哈里·穆克吉绘

穆克吉受到印度本土以及远东绘画传统的影响，逐渐形成了独特的个人风格。就如这幅画作所示，他最喜欢的主题之一是花卉。他一生中的大部分时间都在圣蒂尼克坦教书，他的学生包括雕塑家索玛纳特·霍尔（见第308 页）和电影制片人萨蒂亚吉特·雷伊（见第 304 页）。

纸画，厚涂法
约 1940 年
纵 52.5 厘米，横 27 厘米
或绘于圣蒂尼克坦
布鲁克·塞维尔永久基金
馆藏编号 2015,3040.1

5.《三个女人》，贾米尼·罗伊绘
罗伊在这幅代表他成熟风格的画作中采用了被精简到本质的形体，背景极简，近乎无。这意味着绘画的效果完全取决于其设计和鲜艳的色彩。

布本水粉画
1950 年代
纵 77.1 厘米，横 40 厘米
加尔各答
布鲁克·塞维尔永久基金
馆藏编号 2012,3026.1

6 | 7 罗宾德拉纳特·泰戈尔

罗宾德拉纳特·泰戈尔（1861－1941）是 19 世纪末 20 世纪初被称为"孟加拉文艺复兴"的文化复兴思想运动中最敏感、最杰出的思想家。他出生于富贵荣华之家，并成为一名世界闻名的诗人——1913 年，他成为第一位获得诺贝尔文学奖的亚洲人。他不仅是一位诗人，还是教育家、小说家、戏剧家、专栏作家和画家。

《吉檀迦利》等诗集的成功，使他赢得了 20 世纪初欧洲社会的青睐（一个著名逸闻是威尔弗雷德·欧文被杀时，钱包里装着《吉檀迦利》中的一首诗）。泰戈尔的晚年生活同样值得称道：他是圣蒂尼克坦国际大学和圣蒂尼克坦农村研究所的创始人，这两个机构都位于加尔各答北部农村。尤为特别的是，在一个日益两极化的世界里，他却把自己的生活看作国际主义和多样性的证明。泰戈尔在国内外的声望为他的世界主义提供了空间，在这方面，他与甘地截然不同。他的诗歌不仅是印度的国歌，还是孟加拉国的国歌，而且世界各地的许多作曲家为他的诗谱了曲。

在其生命的最后十年，泰戈尔越来越多地用绘画来表达自己，他的创作风格源自其自己的内心世界（2）。泰戈尔是一位别具一格、出人意料的天才，他从不解释自己的任何作品；他没有前辈，也没有可比较的后来者（3、4）。随着岁月流逝，他的绘画作品的地位日益提升，正如他今日被大量重新翻译的诗歌一样，他的绘画作品也正在被重新评估。

1. 罗宾德拉纳特·泰戈尔画像，
威廉·罗滕斯坦爵士绘
1911 年，罗滕斯坦在加尔各答见到了泰戈尔，可能就是在当时为他绘制了这幅画，这是三联画中的其中一幅。次年，泰戈尔在伦敦时，《吉檀迦利》的英译本出版。这使他在 1913 年获得了诺贝尔文学奖。

纸本铅笔画
1911 年
纵 19.1 厘米，横 9.2 厘米
加尔各答，或出自朱罗桑科
查特吉基金会、约翰·莫里什和
阿钦托·森－古普塔博士
馆藏编号 1999,0329,0.8

2. 幻想动物
这幅画既没有说明灵感来源，也没有标题。画面的非具象性通过线条的力量和色彩的组合体现出来，这是泰戈尔的典型风格。他视觉语言的起源无疑是手抄本上的涂鸦。

纸本彩色墨水画，有签名
1930 年代
纵 26.5 厘米，横 38.5 厘米
或绘于圣蒂尼克坦
布鲁克·塞维尔永久基金
馆藏编号 2005,0107,0.1

3. 鸟

这幅如同小小珠宝的作品是一组
动物题材绘画中的一幅，这组作
品有着可怕的，甚至是恶魔般的
共同特质。这突出了泰戈尔许多
画作中噩梦般的性质。尽管泰戈
尔受到民族主义者的仰慕，但
他的自我表达中无疑多有悒郁
苦闷。

纸画
1930 年代
纵 16.6 厘米，横 13.4 厘米
或绘于圣蒂尼克坦
布鲁克·塞维尔永久基金
馆藏编号 2004,0422,0.8

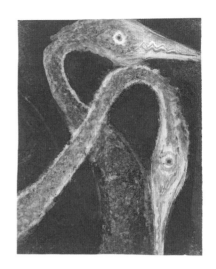

4. 女性头像

泰戈尔的画作中经常可以看到一
个凝望着的女性面孔，这引发了
对她身份的讨论。一种可能的解
释是，这位女性是卡丹巴里，泰
戈尔哥哥乔蒂林德拉纳特的妻
子。众所周知，罗宾德拉纳特与
卡丹巴里关系非常亲密。我们还
知道，在罗宾德拉纳特结婚的 4
个月后，她自杀了。许多年后，
泰戈尔突然开始画画，似乎让这
段痛苦的往事再次浮出了水面。

纸本，施彩色墨水和颜料
1928 – 1930 年
纵 29 厘米，横 20 厘米
或绘于圣蒂尼克坦
布鲁克·塞维尔永久基金
馆藏编号 1999,0329,0.2

6 | 8 孟加拉地区和孟加拉国

孟加拉地区在 18 世纪和 19 世纪曾是英属印度的中心，然而在 20 世纪遭受了一系列危机：1905－1911 年的暂时分裂；1911 年印度帝国的首都从加尔各答迁往新德里；然后在 1947 年独立时再次分为印度联邦内的西孟加拉邦和独立国家巴基斯坦的一部分——东巴基斯坦。1971 年，在经过一场残酷的战争后，东巴基斯坦宣布独立，后正式成立了孟加拉国，即"讲孟加拉语的国家"。

1943 年，另一场危机席卷孟加拉——一场毁灭性的饥荒。由于日本人入侵缅甸，使得通常来自缅甸的粮食供应被切断。随之而来的是囤积和通货膨胀，大量印度难民从缅甸涌入，运输中断，管理无能以及疾病泛滥。另外，印度其他地方用于饥荒救济的粮食被英属印度当局转用于军事用途，又进一步加剧了危机。尽管至今还不能确定具体数字，但据估计，在孟加拉有 200－300 万人死于饥饿和疾病，特别是农村穷人。毫不奇怪，反映这场灾难的艺术作品在今天仍能引起共鸣。奇塔普罗萨德（1915－1978）和扎因努尔·阿贝丁（1914－1976）等艺术家以强烈的个人风格描绘了饥荒的可怕景象（2）。

孟加拉国的最终建立带来了一定程度的稳定。艺术家作为社会、经济和政治正义的评论者，其作用仍很重要。摄影一直是其中重要的组成部分，沙希杜尔·阿拉姆（1955－ ）建立的德里克新闻社在此方面一直敢为人先（3）。纳伊姆·莫海门（1969－ ）则利用电影、文化史和摄影来评论社会状况和民族主义的复杂性——以及荒谬性（1）。

本页
1.《无人之地的卡齐》，纳伊姆·莫海门作品
该装置艺术除了一堆堆的邮票之外，还包括印刷的图像。它反思了孟加拉诗人卡齐·纳兹鲁·伊斯拉姆（1899－1976）被三个不同的国家争抢所有权的方式，以及占有性的民族主义的愚蠢。印度（他出生的国家）、巴基斯坦（一开始也是孟加拉人的国家，尽管纳兹鲁仍在印度）以及孟加拉国（在生命的最后阶段，他迁往该国，该国宣称纳兹鲁是其民族诗人）都为其发行纪念邮票来称誉他。讽刺的是，纳兹鲁经常书写不同宗教团体的兄弟情谊，并反对分治。

邮票
2008 年
长 4.5 厘米，宽 3.8 厘米（孟加拉国邮票）
美国纽约
布鲁克·塞维尔永久基金
馆藏编号 2012,3050.1.1

对页上
2. 扎因努尔·阿贝丁作品
阿贝丁的饥荒受害者画作以其鲜明的现实主义风格而闻名。这可能是一幅早期草图，是埃拉·森的《黑暗的日子》一书的封面画，此书于 1944 年在加尔各答出版。这本短篇小说集毫不留情地记录了饥荒的恐怖景象。独立后，阿贝丁搬到了东巴基斯坦，后来成为独立后的孟加拉国最重要的艺术家之一。

纸本墨水画
1943 年
纵 45 厘米，横 29 厘米
孟加拉地区
馆藏编号 2012,3027.1

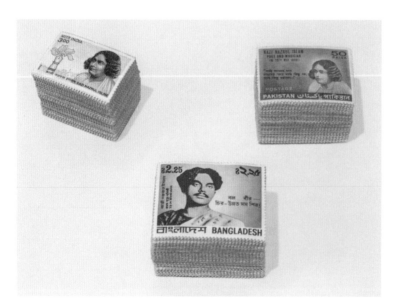

下

3. 沙希杜尔·阿拉姆摄影作品

这张由德里克新闻社创始人拍摄的令人回味无穷的照片是在一个情感激荡的时刻拍摄下来的。阿拉姆是国际知名的摄影师和人权活动家，当时他刚出狱，在开车回达卡的路上，他看到黄麻田里的一个女人，她所穿的红色纱丽衬着绿色的庄稼，鲜艳夺目。这让他想起了孟加拉国国旗上的颜色 —— 红色和绿色，以及他的国家中英雄般的移民劳工和农民所扮演的角色。

照片

2018 年 11 月

达卡德里克新闻社

6 | 9 现代世界中的印度音乐

20 世纪印度文化的一个显著特点是它的国际化程度，这部分是由于南亚人民散居在世界各地，但更要归功于一群热忱艺术家的才能。这在舞蹈和音乐领域尤其显著，音乐领域中潘迪特·拉维·香卡（1920－2012）尤为赫赫有名。

拉维·香卡虽然来自孟加拉家庭，但出生在贝拿勒斯（今瓦拉纳西）。少年时的他就加入了他的哥哥舞蹈家乌代·香卡的团队，在欧洲演出。然而，1930 年代末，他回到印度后，便从舞蹈转向音乐，在一位大师的指导下进行了深入的学习。

后来，他在印度多地演出，其演奏一直很受欢迎；他还为电影伴奏——萨蒂亚吉特·雷伊的《阿普三部曲》（见第 304－305 页）的配乐就是由香卡演奏的。1950 年代中期，他开始在欧洲和美国演出，到六七十年代，他在世界范围内的声誉越来越高，不仅是因为他自己演奏的印度音乐，还因为他有能力与来自其他传统的音乐家合作，著名的事例包括他与耶胡迪·梅纽因（1）以及披头士乐队的乔治·哈里森的合作。这种实验能力的基础在于他牢牢扎根于自己的传统，对自己演奏的乐器有着充分的掌握（2）。

他（与其他印度音乐家一起）通过音乐会、作品和许多唱片，向国际观众展示了印度音乐的财富，这是他留下的遗产。这些遗产也体现在其学生身上，包括他的女儿阿努什卡·香卡，她继续在印度音乐领域耕耘（3）。

1. 耶胡迪·梅纽因和潘迪特·拉维·香卡

这两位伟大的艺术家都是自己演奏的乐器领域的大师，这张照片于 1966 年在艾比路的录音室里拍摄时，他们在国际上已声名显赫，他们正在这里录制专辑《西方与东方相遇》。这张专辑也许是来自截然不同传统的音乐家之间的合作中最著名的作品，也为其他全球融合型音乐指明了方向。

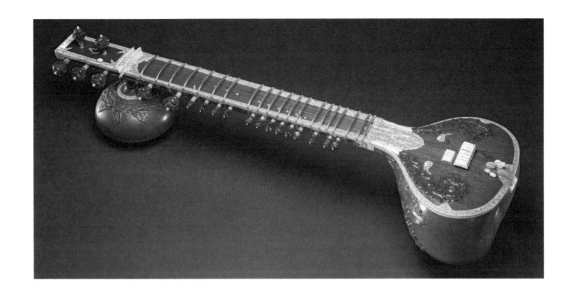

2. 潘迪特·拉维·香卡的西塔琴
这把西塔琴是加尔各答的乐器制
造商诺度·穆利克为潘迪特·拉
维·香卡制作的四把西塔琴之
一。穆利克经常和香卡一起旅
行，为其保养乐器，也演奏坦布
拉琴——印度音乐合奏中的弹拨
乐器——为其伴奏。

柚木，葫芦（两个共鸣器），以
及镶嵌并雕刻的骨头
1961 年
长126 厘米，宽36 厘米（最大）
加尔各答
苏坎亚·香卡、阿努什卡·香卡
和拉维·香卡基金会捐赠
馆藏编号 2017,3039.1

3. 阿努什卡·香卡演奏西塔琴
拉维·香卡的女儿如今也是一位
著名的西塔琴演奏家。照片中她
正在大英博物馆演奏她父亲的西
塔琴（2），它即将成为博物馆
的一件藏品。这雄辩地说明了印
度音乐的国际品质。

1. 来自马哈拉施特拉邦的沃尔利
绘画作品
沃尔利绘画的典型特征是以森林
环境为背景，其中动物而非人类
占主导地位。图中的故事元素包
括画面中间偏左的一座森林神庙
和巨大多样的丛林之中的矮小人
类，这些构成了耐人寻味的图像。

粪便再生纸绘画
1980 年代
纵 58 厘米，横 90.5 厘米
马哈拉施特拉邦塔那腹地
馆藏编号 1988,0209,0.2

2. 詹格尔·辛格·希亚姆的印刷品
虽然人类出现在了这座森林的图
景之中（底部中央），但在贡德
人的世界观中占主导地位的是各
种动物的生活。这里肯定有一些
故事色彩，其中有螃蟹、眼镜
蛇、老虎和成群的蜜蜂，还有其
他许多东西，但具体为何目前依
然不为人知。

纸本，凹版印刷
1980 年代
纵 69 厘米，横 39.5 厘米
或出自博帕尔
馆藏编号 1988,0209,0.9

乡村文化

许多个世纪以来，在音乐、宗教、绘画和雕塑等许多文化生活领域，来自比今天范围更为广阔的乡村和森林的潮流显然在持续地为城市文化注入活力。虽然现在南亚的面貌日新月异，但其人口仍主要居住在乡村。过去，情况更是如此，乡村文化就像一座水库，为城市精英提供新的动力和灵感。

现代，这种现象最引人瞩目的发生方式就是城市艺术家和文化推动者对乡村和部落的非具象性艺术的发掘。这在 20 世纪中期尤其明显，当时印度艺术家仍在接受训练，以便向欧洲艺术及其对现实主义的依赖看齐。正当欧洲的艺术家们开始理解抽象、图案绘作和设计的力量和美感时，印度的艺术家们在他们的家门口发现了它的存在。结果，部落和乡村艺术家的作品受到了更多的欣赏。许多非城市艺术家对绘画传统进行了改写，这些传统原本根植于乡村环境中空间绘画的保护性力量。因此，过去的乡村社群如索拉（Saora，奥里萨邦）和沃尔利（Warli，马哈拉施特拉邦）（1）用来保护家庭

空间的叙事和设计方式被转移到了纸上。在这其中，比哈尔邦北部的米提拉 [Mithila，或称马杜巴尼（Madhubani）] 艺术家的作品也许是最令人印象深刻的，它们也从偏远乡村和村庄生活转移到了国际艺术画廊之中。英国行政官员和后来的艺术史学家 W. G. 阿契尔（1907 – 1979）在 1930 年代为这批艺术家提供了最早的支持。甘加·德维（1928 – 1991）是后来最有名的马杜巴尼艺术家，她为华盛顿特区设计的形象具有惊人的原创性。来自同一背景的其他艺术家还包括在 1970 年代活跃的拉克什米·德维（3）。

詹格尔·辛格·希亚姆（1962 – 2001）是另一位借鉴类似传统并同样具有令人印象深刻的独创性的艺术家。他是来自马哈拉施特拉邦的贡德人，早期他在婆罗多宫与工作室艺术家斯瓦米纳坦一起创作时就获得了声誉。后来，他开始拓展自己的国际事业，并从他的森林和部落背景中广泛地汲取灵感（2）。此后，其他艺术家也追随他的先锋脚步。

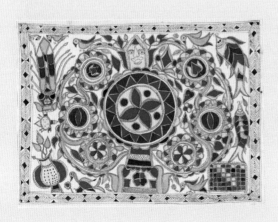

3. 拉克什米·德维的绘画作品
比哈尔邦米提拉地区房屋的编泥墙上一些保护性和支撑性的设计被沿用到婚房之中。虽然没有明显的性特征，但这些图案包含了对生殖器官的描绘，还有暗示孩子特别是儿子会带来幸福的吉祥符号。

手工纸画，施海报颜料和墨水，马杜巴尼风格
1960 年代末
纵 56.2 厘米，横 76 厘米
比哈尔邦米提拉地区
阿钦托·森 - 古普塔博士捐赠
馆藏编号 2000,1012,0.13

现代主义以艺术家群体的形式出现在斯里兰卡，他们聚集在传奇人物莱昂内尔·温特（1900－1944）身边。温特来自一个有荷兰和斯里兰卡血统的富裕家庭［这种家庭被称为伯格（burgher）家庭］，在伦敦学习音乐和法律，后来回到斯里兰卡，并拍摄了一系列令人难忘的岛国照片。虽然他在各艺术领域都很有天赋，但今天人们对其印象最深的就是这些照片，其中包括风景、年轻人的怀旧肖像（2）以及后来的超现实主义类型的实验性照片。遗憾的是，他在43集团成立仅一年后就去世了，所以该团体早期就失去了其最辉煌的明星之一。但画家伊万·佩里斯和哈里·皮里斯继续维系着该团体。

画家乔治·克莱森、贾斯汀·达拉尼亚加拉和乔治·凯特等艺术家是团体的最初成员。艺术家凯特（1901－1993）同样来自一个伯格家庭，他主要创作油画和素描，作品具有鲜明的个人风格，但也参考了西方风格。斯里兰卡的佛教经文对他的作品也有影响，此处的画作（1）就非常典型地从《大史》的故事中汲取了灵感。凯特在伦敦举办了展览，他在当代艺术学院的访客登记簿上留下的记录铭记了这一事件，如今该登记簿存放在大英博物馆。

英国教育部官员查尔斯·弗里格罗夫·温泽（1886－1940）是另一位在早期发挥了重要作用的人物；他也是一位受斯里兰卡文化历史启发的出色绘图师（3）。

1.《尸利僧伽菩提献出他的头颅》，乔治·凯特绘
就像凯特的大部分作品一样，这幅画的主题来自他对斯里兰卡传统素材的了解。这幅作品描绘了《大史》中的一个场景，在这个故事中，一位隐士（虽然他曾经是国王）因为没有其他东西可以作为馈赠，便把自己的头送了出去；这是慈悲的最高典范，是最重要的佛教美德。

纸本石墨画，有签名和日期
1953 年
纵 50 厘米，横 52.5 厘米
斯里兰卡科伦坡
罗伯特·诺克斯捐赠
馆藏编号 1994,0704,0.1

2. 无名男孩，莱昂内尔·温特摄

温特的一些照片在他生前就以书的形式出版过，但最近几年才发现真正的冲洗片（他所有的底片显然都被销毁了）。他对摄影技术方面的兴趣使他成为 20 世纪南亚最具创新性的艺术家之一。

照片
或摄于 1930 年代末
高 25.6 厘米，宽 20 厘米
斯里兰卡科伦坡
杰夫·索雷夫资助，以纪念理查德·布勒顿
馆藏编号 2003,0811,0.1

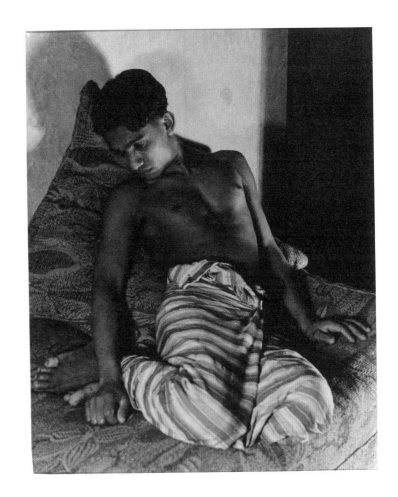

3.《锡兰的锡吉里耶岩》，查尔斯·弗里格罗夫·温泽绘

事实证明，温泽是 43 集团发展的重要催化剂，他在 1928 年建立了锡兰艺术俱乐部。在这幅画中，温泽描绘了壁画中携带鲜花供品的女性形象，这些壁画留存在攀登锡吉里耶岩顶过程中所能见到的岩壁上。这座位于斯里兰卡中部的著名岩顶堡垒在公元 1 千纪中期是一个重要的王室中心，广阔的水景花园围绕在其岩石底部。

石版画，有签名和日期；编号为 5/15
1920 – 1930 年
纵 28 厘米，横 37.5 厘米
斯里兰卡
艺术家本人捐赠
馆藏编号 1932,0706.5

6 | 11 进步艺术家团体

　　进步艺术家团体是一群热衷于摆脱对现有模式文化的依赖，尤其是摆脱殖民地时期艺术学校窒息式影响的印度艺术家。1947 年，他们在孟买走到一起，渴望参与国际艺术活动。在该团体中，赛义德·海德尔·拉扎（1922 − 2016）和弗朗西斯·牛顿·索萨（1924 − 2002）的大部分职业生涯都是在印度以外的地方（分别是巴黎和英国或美国）度过的，而 M. F. 侯赛因（1915 − 2011）在印度的大部分时间里都受到了极大的尊敬，但在他生命的最后几年，却因右翼政治而被迫流亡。该团体的其他成员还包括 K. H. 阿拉，以及后来的 V. 格顿德和泰布·梅塔。

　　他们急于证明自己不受印度传统的束缚，接受现代主义思想，如立体主义和抽象主义。然而，有些人最终发现印度美学的诱惑太难抵挡。拉扎在这方面尤为突出，他在油画布和丙烯画布上创作，这两种材料都不是印度的传统材料，却又受到印度教神圣的几何和空间概念的启发（1）。索萨的画作经常涉及暴力和露骨的性爱图像。他最好的作品除这些主题外还有源自他天主教信仰的其他主题，显示了创造力、性和宗教之间的紧张关系（2）。侯赛因进入绘画领域的路径截然不同，他最初以画广告牌为生，后来才成为一名专业画家。他的马、印度史诗中的场景（3）和特蕾莎修女形象的相关绘画作品尤其令人印象深刻。

　　如同此类艺术家团体本身一样，这些艺术家最终形成了自己不同的语言。然而，他们的共同点是一种坚定的决心，那就是"不仅"要成为印度的，还要成为国际的、全域性的世界反响的一部分。在这一点上，他们获得了成功。

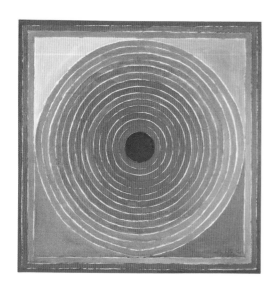

1.《深红与黑》，萨义德·海德尔·拉扎绘

拉扎在其晚期作品中专注于宾杜的概念，即力量的中心。在这幅画中，宾杜被设置在太阳色彩和能量构成的圆环中。拉扎虽然出生于穆斯林家庭，但他时常从印度教哲学中获取灵感，他成年后大部分时间待在巴黎，但对印度的访问令他与灵感来源的联系得以常新。

布本丙烯画
2012 年
纵 100 厘米，横 100 厘米
德里
艺术家本人和格罗夫纳·瓦德赫拉伦敦画廊捐赠
馆藏编号 2012,3052.1

2. 无题画，弗朗西斯·牛顿·索萨绘

这幅画也许是在描绘一位教会长老，画家的果阿背景可能为其提供了灵感。这幅作品是在伦敦所作的，就在索萨从印度出发抵此的第二年。这幅画是他的典型风格，具有强烈的、风格化的图像，突出的脸部特征、厚重的厚涂画法和放在画面中的鲜明签名。

木板油画
1950 年
纵 76.3 厘米，横 60.7 厘米
布鲁克·塞维尔永久基金
馆藏编号 1993,1015,0.1

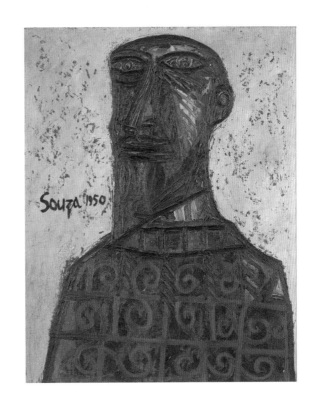

3.《哈努曼》系列版画，M. F. 侯赛因绘

侯赛因曾印制了一组著名的系列版画，详细讲述了《罗摩衍那》中猴子将军哈努曼轰轰烈烈的大冒险。这幅画，他巧妙地使用了摔跤手的大锤（哈努曼是摔跤手的守护神）来作为这位猴子英雄的头。这幅画描绘了哈努曼用他的尾巴点燃楞伽城的时刻。

纸本石版画，有签名和日期；编号为 61/350
1982 年
纵 61 厘米，横 45.7 厘米
或于孟买印制
切斯特和戴维达·赫维茨捐赠
馆藏编号 1997,0503,0.30

尽管 19 世纪中期英国版画家如查尔斯·多伊利就开始在印度活动，但相对于更大众的摄影（见第 284–285 页），艺术家版画制作主要集中在 20 世纪。穆库·坎德拉·戴伊（见第 288 页图 2）是早期的印度版画艺术家之一，他在日本和伦敦都接受过训练（关于他在巴格石窟的作品，见第 80 页）。哈伦·达斯（1921–1993）是其下一代，也是孟加拉人，他几乎只创作以版画为媒介的作品，其中包括孟加拉乡村图景（1）以及批评社会风气的版画。

戴伊是泰戈尔的圣蒂尼克坦大学艺术宫的老师。1940 年代，出生在安得拉邦的艺术家克里希纳·雷迪（1925–2018）则是艺术宫的学生，他后来在伦敦学习，然后与英国艺术家斯坦利·海特在巴黎合作。在这里，他学会了凹版印刷技术，并制作了一系列版画，展现了对色彩组合的深刻理解（2）。后来，他在纽约定居。另一位杰出的版画艺术家也来自安得拉邦，他就是拉克什玛·古德（1940–　　），他复兴了多个世纪以来众所周知的情色和森林之间的联系（3）。

其他版画艺术家还包括巴罗达的丽妮·杜马尔、约提·巴特和贾德夫·塔寇、泰米尔纳德邦的苏丹·阿里和帕拉尼阿潘以及德里的坎婵·昌德尔。这些艺术家的版画作品，大英博物馆都有收藏。

1.《去集市》，哈伦·达斯绘
达斯所创作的大部分作品为乡村图景，具有抒情色彩，让人想起他在迪纳杰布尔（现位于孟加拉国）附近的孟加拉乡村长大的儿时经历。他对木版画技法的使用反映了他对日本艺术技法的兴趣，这些技法在 20 世纪中期的孟加拉深受欢迎。

纸本木版画
1960 年代
纵 15 厘米，横 11 厘米
或于加尔各答印制
馆藏编号 1988,0209,0.17

2.《植物》，克里希纳·雷迪绘

雷迪对色彩的理解也许是印度人独有的，他的漫长版画制作生涯至少历经了 50 年，具有非常微妙的特点。他从 1950 年代到 2003 年的多幅作品都被大英博物馆收藏。

凸版印刷
1966 年
纵 44 厘米，横 34.5 厘米
或于巴黎 Atelier 17 印制
布鲁克·塞维尔永久基金
馆藏编号 1997,1209,0.1

3.《尼扎姆普尔 IV》，拉克什玛·古德绘

古德主要从事版画艺术，但他也以其令人惊叹的素描闻名。在这幅以他在印度南部安得拉邦的出生地命名的版画中，他描绘了梦幻般的森林景观中的裸体男女形象。背景中的宫殿塔楼和右侧的树木有生殖器般的外形，增加了画面的情欲色彩。

纸本蚀刻版画
1975 年
纵 40 厘米，横 55 厘米
或于安得拉邦的海德拉巴印制
阿钦托·森－古普塔博士捐赠
馆藏编号 2003,1002,0.14

1.《印度母亲》的奥斯卡金像奖
提名（左）
这部著名电影由梅布·汗执导，
是第一部获得奥斯卡提名的印度
电影（以一票之差错失奖项）。

胶合板施油墨
1957 年
高 34.5 厘米，宽 30 厘米
美国洛杉矶
肖卡特·汗捐赠
馆藏编号 2017,3047.1

印度电影观众奖（右）
该奖项被授予比马尔·罗伊，他
因印地语电影《帕拉赫》获得最
佳导演。

黄铜（曾涂黑漆）；底座四周有
铭文
1960 年
高 40.5 厘米，宽 8 厘米（最宽处）
或出自孟买
比马尔·罗伊家族捐赠
馆藏编号 2017,3051.1

电影和电影产业

在现代南亚的生活中，电影的生产和消费一直非常重要。印度每年制作数百部电影，每年约有20亿人次进入电影院。印地语电影主要产自孟买（因此有了"宝莱坞"这个称号），但其他地区的电影产业也很繁荣，反映了南亚语言的百花齐放。印度电影不仅在印度和整个南亚地区很受欢迎，而且在中东地区、俄罗斯、中亚以及20世纪任何有南亚海外侨民定居的地方都很受欢迎。

达达沙赫布·帕尔凯是印度有史以来第一部电影《诃利什旃陀罗王》（1913）的导演，那是一部无声电影。从这个不起眼的发端，电影产业开始发展壮大，最初为黑白无声电影，从1930年代开始有了声音，然后从1950年代末开始有了第一部彩色电影。随着有声电影的出现，音乐——尤其是歌唱——成为印度大众电影的固有组成部分。明星们几乎一直是最主要的吸引力来源，在印度电影的视觉文化中占有突出地位（尽管自1940年代之后歌曲不再由他们演唱，而是由配音艺术家预先录制）。1950年代，演员兼导演拉兹·卡普尔和女演员纳尔吉丝成为印度电影史上第一代国际知名人物；纳尔吉丝出演的《印度母亲》（1）声名远扬。这对大受欢迎的夫妇在中东、俄罗斯和中国赢得了成千上万的影迷。

就像世界上许多地方的电影文化一样，南亚电影既为广大观众提供了具有重要社会主题的艺术电影，也为他们提供了强调逃避现实、有着浪漫故事情节并插入了歌曲和舞蹈的大众电影。这种划分并非总是泾渭分明：一个明显的例子是《帕拉赫》，它既浪漫又现实，并由著名的拉塔·曼吉茜卡演唱插曲。该片的导演比马尔·罗伊是1960年印度电影观众奖得主（1）。

多年来，电影广告产生了一系列丰富的视觉资料。在数字时代到来之前，宣传资料包括小册子、大广告牌、海报、明信片和传单。几十年来，图像的风格发生了变化，但直白地突出主要演员这一点则一直保持不变。宣传资料中文字的使用和剧本的多样性意味深远：在1940年代的孟买，使用的是英语、印地语、乌尔都语和古吉拉特语的文本；最后两种现在已经很少见到，这也反映了人口的变化。

艺术电影最著名的代表人物是孟加拉电影人和多面手萨蒂亚吉特·雷伊（1921－1992），他的电影如《女神》《孤独的妻子》和《阿普三部曲》为他带来了巨大的国际知名度。他最著名的作品是黑白影片，后来他才开始拍摄彩色影片（2）。雷伊的电影根植于孟加拉文化，却被视为世界电影的经典之作。

对页下
2. 萨蒂亚吉特·雷伊的标题卡
这是萨蒂亚吉特·雷伊为他的电影《干城章嘉峰》（1962）的制作人员名单绘制的12张卡片之一，该片是他的第一部彩色电影。

纸本，施水彩和墨水
约1960年
纵29厘米，横39厘米
或出自加尔各答
桑迪普·雷伊捐赠
馆藏编号 2017,3045.1

20 世纪中期，有一批艺术家崭露头角，他们部分反映了民族主义对基于印度的、非西方思想的美学的需求，他们刻意摒弃西方式的形象，从次大陆的非具象传统中获取灵感；他们被松散地归为"新密宗"，尽管他们都有自己的独特想法，并不是历史意义上的密宗修行者。他们借鉴了央陀罗和其他形式的神圣几何学中的图案，如曼荼罗（关于二者，见第 160－161 页）；这些元素连同精神和身体锻炼、瑜伽以及强大的音节、曼怛罗的发音一起，共同成为密宗的一部分，这对 20 世纪的艺术家来说是一个重要的灵感来源。如 K.C.S. 帕尼克（1911－1977）和迪帕克·班纳吉（1936－　 ）（2）等人，经常将文字运用在有力的组合之中，并运用圆形、方形、三角形等抽象设计，所有这些在密宗的想象中都是意义深远的。毕任·德（1926－2011）等其他人，则依赖于脉动的象征性视觉语言（3）。古拉姆·拉苏尔·桑托什（1929－1997）等人的作品（1）中，性的意象同样借鉴了与密宗有关的理念。

在许多"新密宗"的作品中，蕴含着正负两态的融合、对立面的消解、色彩的力量等理念，以及如同"宾杜"一样，用一个圆点代表整个宇宙的表现方式（4）。这些艺术家的作品往往是强有力的，发人深省的，但与世俗、政治或社会活动没有联系；它们是心灵的图像。

1. 无题画，古拉姆·拉苏尔·桑托什绘
桑托什的画中虽然从来没有现实中的性爱，但其构建出的意象明显借用了密宗的思想，特别是他的故乡克什米尔的那些密宗思想。其中包括这样的观点，即精神洞察力可以通过男性和女性力量的结合 —— 无论是通过冥想还是在现实中 —— 来获得，从而消解对立并根除二元性。

布本丙烯画
1974 年
纵 44 厘米，横 34 厘米
或绘于德里
阿钦托·森－古普塔博士捐赠
馆藏编号 1997,0121,0.4

2.《央陀罗》，迪帕克·班纳吉绘
整个次大陆都熟悉密宗意象，但孟加拉地区对它的兴趣尤为浓厚，班纳吉和德（3）就出生在那里。在这幅作品中，单音节曼怛罗被用在叠加的三角形内部和其周围，并在中央圆圈中体现为强大的曼怛罗"唵"的形式。

凸版印刷品
或创作于 1960 年代
纵 49 厘米，横 29.5 厘米
加尔各答
馆藏编号 2005,0801,0.2

3. 油画，毕任·德绘
毕任·德用密集的、对比强烈的颜色来诱惑观众仔细观察他的作品。他借鉴了印度的密宗概念，但也对美国抽象表现主义艺术家的作品了然于心，因为他于 1960 年代在美国工作。

布本油画，有签名和日期
1974 年
纵 96.8 厘米，横 66 厘米
加尔各答
阿钦托·森－古普塔博士捐赠
馆藏编号 2004,0408,0.2

4.《蓝色》，普拉弗拉·莫汉蒂绘
普拉弗拉·莫汉蒂（1936- ）
的审美视角可以看作他的奥里萨
邦乡村出身和早年生活与他过去
50 年在伦敦的国际生活相结合
的产物。他经常通过回访他的家
乡努尔普尔村来补充灵感源泉，
并经常在自己的作品中提及这种
来源。

纸本水彩画
1989 年
纵 65 厘米，横 50 厘米
伦敦
布鲁克·塞维尔永久基金
馆藏编号 1993,1014,0.1

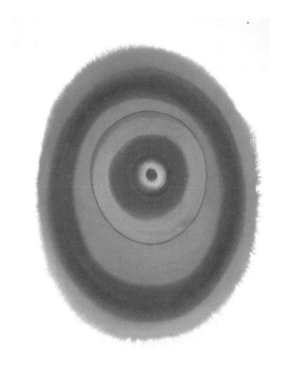

6 | 14 20 世纪的印度雕塑

英治时期建立的艺术学校向学生教授学术性的、欧洲类型的雕塑。一种衍生风格由此得以发展。20 世纪早期，印度花了几十年时间才超越这种原型风格。然而，到了 20 世纪中期，有一批艺术家发展出了一种独特的、具有鲜明印度特色的现代雕塑风格。这些雕塑家中有三位与圣蒂尼克坦大学密切相关，即拉姆金卡尔·拜吉、索玛纳特·霍尔和玛丽娜里尼·穆克吉，穆克吉是三人中最年轻的，并且是一位女性。

拜吉（1906－1980）和霍尔（1921－2006）都热衷于参与政治活动，他们的作品也因其社会性而闻名。拜吉主要用混凝土和石膏进行创作，而且还是一位出色的画家（1）。霍尔以 1943 年孟加拉大饥荒为题材的作品尤其著名（2），这些作品对悲剧的反映十分深切，引人共鸣。穆克吉（1949－2015）与其他二人不同，虽与圣蒂尼克坦有密切联系（她的父亲是艺术家贝诺德·贝哈里·穆克吉，见第 289 页），但她最初在印度西部的巴罗达学习，大部分时间生活在德里，也曾靠英国文化协会的奖学金在英国学习。她选择的雕塑介质也很特别：主要是染色和打结的麻纤维，但也用过青铜，后期还用上了黏土（3）。后期在荷兰访学时，穆克吉利用大型窑炉制作了一组纪念性雕塑，巧妙地重新审视了南亚对人类形象的迷恋，并回归了印度最基本的雕塑介质 —— 黏土。

1. 拉姆金卡尔·拜吉的水彩画草图

拜吉像他的许多同时代孟加拉艺术家一样，在他学习的圣蒂尼克坦附近的乡村中找到了灵感。今天人们对他留下的印象主要来自他的雕塑作品，特别是混凝土雕塑，他的作品兼具流动性和直观性，这些特点在他的绘画草图中也可以看到。

纸本水彩画，有签名
1940 年代
纵 20.2 厘米，横 28.5 厘米
圣蒂尼克坦
布鲁克·塞维尔永久基金
馆藏编号 2010,3002.1

2. 索玛纳特·霍尔的雕塑作品
孟加拉大饥荒发生 40 年后，霍尔仍然被这段经历所困扰。这尊雕塑的手脚都变成了棍子，脸部凹陷、干瘪。霍尔出生在吉大港（位于今孟加拉国），他的一生中经历过政治动荡及其可怕后果。他将泰戈尔的大学、西孟加拉邦圣蒂尼克坦的乡村作为创作基地，记录下了这些。

青铜
1988 年
高 49 厘米，宽 19 厘米
圣蒂尼克坦
布鲁克·塞维尔永久基金
馆藏编号 2013,3008.1

3.《夜间绽放 II》，玛丽娜里尼·穆克吉创作
穆克吉用于雕塑的不同介质与植物和人类的自然形态的互动总是非常突出。这件披着帘幔，或许还蒙着面纱的人物雕塑是一组大型泥塑的一部分，其形态具有高度流动性，这暗示了 —— 尽管并非直指 —— 人生经历。

烧制陶瓷，部分上釉
1999 年或 2000 年
高 110.5 厘米
荷兰赫托根博斯欧洲陶瓷工作中心
布鲁克·塞维尔永久基金和艺术基金（由沃尔夫森基金会捐助）
馆藏编号 2017,3019.1

6 | 15 拉合尔的重塑

拉合尔是巴基斯坦旁遮普省的首府，因为国家艺术学院位于此地而一直保持着主要文化中心的地位。该学院的前身是梅奥艺术学院，鲁德亚德·吉卜林的父亲洛克伍德·吉卜林是第一任校长。

安瓦尔·贾拉勒·谢姆扎（1928－1985）曾在梅奥艺术学院学习，尽管他的后半生是在英国度过的（1）。1980年代，有一位国家艺术学院学生去了伦敦（皇家艺术学院）学习，后又回来教书，他就是库杜斯·米尔扎（1961－ ）（2）。学院鼓励艺术家们研究莫卧儿的细密画传统，许多人将这些知识融入自己的作品之中。这种影响绝不是对早期作品的奴颜婢膝式的复制，而是发现了一条新的和令人兴奋的可能性的途径。这些当代绘画呈现了一些现代性的、有思想的和完全个性化的东西。这些艺术家（主要是画家）生活在一个经历了政治压迫和经济匮乏的社会。然而，当邻国印度的细密画已经沦为没有灵魂的复制品时，他们却为传统重新注入了活力。

很多艺术家为这种新的巴基斯坦图景做出了贡献，包括阿里·卡齐姆（1979－ ）（3）、拉希德·拉纳、伊姆兰·库雷希和瓦西姆·艾哈迈德。还有一位艺术家哈迪姆·阿里（1978－ ），他是流离在外的哈扎拉人。过去，哈扎拉人居住在阿富汗中部，巴米扬谷地就位于此处，那里雄伟的石刻佛像（见第80页）以及它们2001年被毁于塔利班之手的事实为阿里的整个作品系列提供了背景（4）。

1.《城墙》，安瓦尔·贾拉勒·谢姆扎绘
谢姆扎的绘画和版画形成了一种独特的风格，从乌尔都文书法和莫卧儿建筑中汲取的形式被融合进夺目色彩构成的抽象图景之中。
木板水粉画
1961年
纵25厘米，横39厘米
英国斯塔福德
布鲁克·塞维尔永久基金
馆藏编号 2012,3030.1

2.《我村庄的画像XIV》，库杜斯·米尔扎绘
如今，米尔扎作为一位以平面色彩描绘故事性场景的画家而闻名，同时也是一位教育家和纸质媒体的艺术作家。

纸本丙烯画
1992年
纵42厘米，横58.5厘米
伦敦
馆藏编号 1992,1006,0.1

3. 无题自画像，阿里·卡齐姆绘
这幅画尽管是裸体，但完全没有暗示性，这种效果是由人物的孤立性及其姿势造成的，他向前倾斜，不与观众互动。

瓦斯利纸（一种手工制作的有机纸，专用于细密画）水彩画
2012年
纵153.3厘米，横75.3厘米
伦敦
布鲁克·塞维尔永久基金
馆藏编号 2012,3048.1

4.《没有爱、痛苦和慷慨的心，就不是心》，哈迪姆·阿里绘
在这幅画中，巴米扬大佛前有一尊大炮，明显具有宗教意义的文字流淌进一朵莲花和一摊血，让人联想到以宗教名义造成的可怕损失。

瓦斯利纸水彩画
2010年
纵28厘米，横23厘米
阿富汗喀布尔
布鲁克·塞维尔永久基金
馆藏编号 2012,3031.1

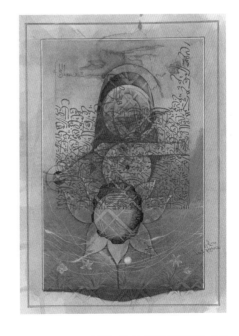

6 | 16 南亚的现代性

当今，人们几乎被南亚爆炸性的艺术活动所淹没。在这片广阔的区域，没有一个角落不在产生鼓舞人心的新作品，而且所有这些作品都以不同的方式反映了快速变化的社会。国际展会促进了艺术的多样性和更多的画廊空间，比如达卡艺术峰会（孟加拉国），以及科伦坡（斯里兰卡）、科钦（印度）和卡拉奇（巴基斯坦）的双年展。随着中产阶层的扩大，艺术的生产者和消费者都在增加。这是一个通晓国际惯例的市场，拍卖行促进了市场的增长，它们不仅将艺术推荐给海外印裔，也举荐给本地收藏家。

电影、摄影和机械复制都是重要元素（1），观念艺术家的理论论证也是如此（2）。如今在国际上，来自整个南亚的艺术家都已享有盛誉，其中一些艺术家更是探讨了很多具有挑战性的主题，如性（3）和女性在家长制社会中的地位等问题。印度巴罗达的艺术家 —— 包括老师和学生 —— 一直处于政治参与的前沿，特别是在 20 世纪末。这在 K. G. 苏布拉马尼扬和古兰穆罕默德·谢克等大师的具有创造性的实验中得到了艺术上的反映。今天，整个南亚的艺术家通过他们的作品来反抗当代社会的消极因素，如种姓制度下的种族歧视、经济劣势和宗教团体边缘化。技术也已经扩展到数字处理和电子艺术作品。在南亚的各个角落，艺术家们仍然处于看待和理解他们所生活的社会的新方式的前沿。

上
1.《梦想与诽谤》，纳里尼·马拉尼的折叠画册
在这本画册中，艺术家纳里尼·马拉尼（1946 - ）使用复印机图像、透明胶片和颜料来讲述她的故事。女性的故事经常出现在马拉尼的作品中，不管涉及暴力还是其他的主题。

纸和纸板，有签名和日期
1991 年
纵 21 厘米，横 30.5 厘米
或绘于孟买
馆藏编号 2003,0723,0.4

左
2.《中间人》，巴蒂·克尔创作
克尔（1969 - ）改写了一组现代的虔诚形象，鼓励观众对次大陆生活中传统所具有的位置进行反思。

黏土，烧制并上釉
2016 年
高 10 - 35 厘米
德里
布鲁克·塞维尔永久基金
馆藏编号 2017,3062.1-10

右

3.《亚穆纳河上》，布彭·卡哈尔绘

布彭·卡哈尔（1934－2003）是一位具有独特直观性的具象画家，也是一位版画家。从1980年代末开始，他勇敢地将自己和他的男性伴侣的形象放进自己的作品之中（如本幅作品），表明了他的性取向。他对印度的艺术和社会影响都十分深远，尤其是在他居住的巴罗达。

纸本版画
1993 年
纵 63 厘米，横 63.5 厘米
或绘于古吉拉特邦巴罗达
馆藏编号 1995,0406,0.3

参考文献

综合

Ahuja, Naman. *The Body in Indian Art and Thought*. Brussels. 2013.

Basham, A. L. *The Wonder that was India. A Survey of the Culture of the Indian Sub-continent before the Coming of the Muslims*. London. 1954.

Blurton, T. Richard. *Hindu Art*. London. 1992

Brockington, J. L. *The Sacred Thread. A Short History of Hinduism*. New Delhi. 1981.

Crill, Rosemary (ed.) *The Fabric of India*. London. 2015.

Dallapiccola, Anna. *Dictionary of Hindu Lore and Legend*. London. 2002.

Dehejia, Vidya. *Indian Art*. London. 1997.

Elliot, Mark. *Another India. Explorations & Expressions of Indigenous South Asia*. Cambridge. 2018.

Guy, John and Deborah Swallow (eds.) *Arts of India: 1550–1900*. London. 1990.

Khilnani, Sunil. *Incarnations. India in 50 Lives*. London. 2016.

Kosambi, D. D. *Myth and Reality*. Bombay. 1962.

Kramrisch, Stella. *The Art of India. Traditions of Indian Sculpture, Painting and Architecture*. London. 1954.

Kramrisch, Stella. *Exploring India's Sacred Art*. Selected Writings edited by Barbara Stoler Miller. Philadelphia. 1983.

Singh, Upinder. *A History of Ancient and Early Medieval India from the Stone Age to the 12th Century*. Noida. 2009.

Zwalf, Wladimir (ed) *Buddhism. Art and Faith*. London. 1982.

引言及1 史前史及早期历史

Ahuja, Naman. *Art and Archaeology of Ancient India. Earliest Times to the Sixth Century*. Oxford. 2018.

Allchin, Bridget and Raymond Allchin. *The Rise of Civilization in India and Pakistan*. Cambridge. 1982.

Allchin, F. R. and K. R. Norman. 'Guide to the Aśokan inscriptions' in *South Asian Studies* 1. 1985.

Chakrabarti, Dilip K. *The Archaeology of Ancient Indian Cities*. Oxford. 1995.

Coningham, Robin and Ruth Young. *The Archaeology of South Asia. From the Indus to Asoka, c. 6500 BCE–200 CE*. New York. 2015.

Cook, Jill and Hazel E. Martingell. *The Carlyle Collection of Stone Age Artefacts from Central India*. British Museum Occasional Paper 95. London. 1994.

Cribb, Joe. 'The Origins of the Indian Coinage Tradition' in *South Asian Studies* 19. 2003.

Durrans, Brian and T. Richard Blurton (eds.). *The Cultural Heritage of the Indian Village*. British Museum Occasional Paper 47. London. 1991.

Finkel, Irving. 'Dice in India and Beyond' in Mackenzie, Colin and Irving Finkel (eds.). *Asian Games: The Art of Contest*. New York. 2004.

Gupta, P. L. and T. R. Hardaker. *Punchmarked Coinage of the Indian Subcontinent: Magadha-Mauryan Series*. Revised edition. Mumbai. 2014.

Kenoyer, Jonathan Mark. *Ancient Cities of the Indus Valley Civilization*. Oxford. 1998.

Parpola, Asko. *Deciphering the Indus Script*. Cambridge. 2009.

Possehl, Gregory L. *The Indus Civilization. A Contemporary Perspective*. Lanham, Maryland. 2002.

Poster, Amy G. *From Indian Earth. 4,000 Years of Terracotta Art*. New York. 1986.

Ratnagar, Shereen. *Other Indians. Essays on Pastoralists and Prehistoric Tribal People*. Gurgaon. 2004.

Shah, Haku. *Votive Terracottas of Gujarat*. New York. 1985.

Sharma, G. R. *The Excavations at Kausambi 1957–59*. Allahabad. 1960.

Thapar, Romila. 'Aśoka: A Retrospective' in Olivelle, Patrick, Janice Leoshko and Himanshu Prabha Ray (eds.). *Reimagining Ashoka. Memory and History*. New Delhi. 2012.

Topsfield, Andrew (ed.). *The Art of Play. Board and Card Games of India*. Mumbai. 2006.

Witzel, M. 'The Languages of Harappa (Early linguistic data and the Indus civilisation)' in Kenoyer, J. (ed.). *Proceedings of the Conference on the Indus Civilisation*. Madison. 1998 [online and forthcoming].

2 早期帝国与宗教传播

Barnes, Ruth. 'Indian Textiles for Island Taste: the Trade to Eastern Indonesia' in Rosemary Crill (ed.). *Textiles from India. The Global Trade*. Calcutta. 2006.

Barnes, Ruth, Steven Cohen and Rosemary Crill. *Trade, Temple and Court: Indian Textiles from the Tapi Collection*. Mumbai. 2002.

Begley et al. *The Ancient Port of Arikamedu. New Excavations and Researches 1989–1992*. Vol. I Pondichéry, 1996; Vol. II Paris, 2004.

Boisselier, Jean. *Ceylon*. Geneva. 1979.

Brockington, J. L. *Righteous Rama: the Evolution of an Epic*. Delhi. 1984.

Dehejia, Vidya. *Devi. The Great Goddess. Female Divinity in South Asian Art*. Washington DC. 1999.

Errington, Elizabeth. *Charles Masson and the Buddhist Sites of Afghanistan: Explorations, Excavations, Collections 1832–1835*. British Museum Research Publication 215. London. 2017.

Errington, Elizabeth and Vesta Curtis. *From Persepolis to the Punjab. Exploring ancient Iran, Afghanistan and Pakistan*. London. 2007.

Gittinger, Mattiebelle. *Master Dyers to the World: technique and trade in early Indian dyed cotton textiles*. Washington DC. 1982.

Goepper, Roger, Christian Luczanits, et al. *Alchi*. New edition, forthcoming.

Hartsuiker, Dolf. *Sadhus. Holy Men of India*. London. 1993.

Jain, Jyotindra (ed.). *Picture Showmen. Insights into the Narrative Tradition in Indian Art*. Mumbai. 1998.

Khan, Nasim. 'Lajjā Gaurī Seals and Related Antiquities from Kashmir Smast, Gandhāra' in *South Asian Studies* 18. 2002.

Knox, Robert. *Amaravati. Buddhist Sculpture from the Great Stupa*. London. 1992.

Kramrisch, Stella. *Manifestations of Shiva*. Philadelphia. 1981.

Lopez, Donald S. Jnr. *Gendun Chopel. Tibet's first modern artist*. New York and Chicago. 2013.

Marshall, John, M. B. Garde, J. P. Vogel, E. B. Havell, J. H. Cousins and L. Binyon. *The Bagh Caves in Gwalior State*. London. 1927.

McGill, Forrest (ed.). *The Rama Epic. Hero, Heroine, Ally, Foe*. San Francisco. 2016.

Monius, Anne E. *Imagining a place for Buddhism. Literary Culture and Religious Community in Tamil-Speaking South India*. Oxford. 2001.

Padma, Sree and A. W. Barber (eds.). *Buddhism in the Krishna Valley of Andhra*. Albany. 2008.

Pal, Pratapaditya et al. *The Peaceful Liberators. Jain Art from India*. London and Los Angeles. 1994.

Pal, Pratapaditya et al. *The Arts of Kashmir*. New York. 2007.

Raghavan, V. (ed.). *The Ramayana Tradition in Asia*. New Delhi. 1981.

Ray, Himanshu. *The Winds of Change. Buddhism and the Maritime Links of South Asia*. Oxford. 1994.

Salomon, Richard. *Ancient Buddhist Scrolls from Gandhara*. London. 1999.

Schopen, Gregory. *Bones, Stones and Buddhist Monks. Collected Papers on the Archaeology, Epigraphy and Texts of Monastic Buddhism in India*. 1996.

von Schroeder, U. *The Golden Age of Sculpture in Sri Lanka*. Hong Kong. 1992.

Shaw, Julia. *Buddhist landscapes in Central India*. London. 2007.

Shimada, Akira. *Early Buddhist Architecture in Context. The Great Stupa at Amaravati (ca. 300 BCE–300 CE)*. Leiden. 2013.

Shimada, Akira and Michael Willis (eds.). *Amaravati: the Art of an Early Buddhist Monument in Context*. British Museum Research Publication 207. London. 2016.

Siudmak, John. *The Hindu-Buddhist Sculpture of Ancient Kashmir and its Influences*. Leiden. 2013.

Snellgrove, David. *Indo-Tibetan Buddhism. Indian Buddhists and their Tibetan Successors*. London. 1987.

Stargardt, Janice and Michael Willis (eds.). *Relics and Relic Worship in Early Buddhism: India, Afghanistan, Sri Lanka and Burma*. British Museum Research Publication 218. London. 2018.

Tomber, Roberta. *Indo-Roman Trade. From pots to pepper*. London. 2008.

UNESCO. *The Cultural Triangle of Sri Lanka*. Colombo. 2006.

Williams, Joanna G. *The Art of Gupta India. Empire and Province*. Princeton. 1982.

Willis, Michael. *Buddhist Reliquaries from Ancient India*. London. 2000.

Willis, Michael. *The Archaeology of Hindu Ritual. Temples and the Establishment of the Gods*. Cambridge. 2009.

Zwalf, Wladimir. *A Catalogue of the Gandhara Sculpture in the British Museum*. Vols. I and II. London. 1996.

3 诸王朝和虔信运动的兴起

Beltz, Johannes (ed.). *Shiva Nataraja. Der kosmisches Tänzer*. Zürich. 2008.

Blurton, T. Richard. *Krishna in the Garden of Assam*. London. 2016.

Dehejia, Vidya et al. *The Sensuous and the Sacred. Chola Bronzes from South India*. Seattle. 2002.

Dehejia, Vidya et al. *Chola. Sacred Bronzes of Southern India*. London. 2006.

Digby, Simon. 'Flower-Teeth and the Bickford Censer: the Identification of a Ninth-Century Kashmiri Bronze' in *South Asian Studies* 7. 1991.

Donaldson, T. E. *Hindu Temple Art of Orissa*. Vol. I (1985), II (1986), III (1987). Leiden.

Eschmann, A., Hermann Kulke and Gaya Charan Tripathi. *The Cult of Jagannath and the Regional Tradition of Orissa*. New Delhi. 1978.

Frykenberg, Robert. *Christianity in India. From the Beginnings to the Present*. Oxford. 2008.

Guy, John. *Indian Temple Sculpture*. London. 2007.

Huntington, Susan L. and John C. Huntington. *Leaves from the Bodhi Tree. The Art of Pala India (8th–12th centuries) and its International Legacy*. Washington. 1989.

Leoshko, Janice. *Sacred Traces. British Explorations of Buddhism in South Asia*. Aldershot. 2003.

Losty, Jeremiah P. *The Art of the Book in India*. 1982.

Michell, George. *Elephanta*. London. 2012.

Michell, George. *Temples of Deccan India. Hindu and Jain 7th–13th Centuries*. Woodbridge. 2021.

Michell, George and Gethin Rees. *Buddhist Rock-cut Monasteries of the Western Ghats*. Mumbai. 2017.

Miller, Barbara Stoler (ed. and trans.). *Love Song of the Dark Lord. Jayadeva's Gitagovinda*. New York. 1977

Pal, Pratapaditya. *Art of Nepal*. Los Angeles. 1985.

Peterson, Indira Viswanathan. *Poems to Siva. The Hymns of the Tamil Saints*. Delhi. 1991.

Ramos, Imma. *Tantra. Enlightenment to Revolution*. London. 2020.

von Schaik, S, Daniela De Simone, Gergely Hidas and Michael Willis (eds). *Precious Treasures from the Diamond Throne*. British Museum Research Publication 228. London. 2021.

von Schroeder, U. *Indo-Tibetan Bronzes*. Hong Kong. 1981.

De Simone, Daniela. 'Grave Goods from Megalithic Burials in the Upland Forests of the Nilgiri Mountains, South India: Analysis and Chronology' in *Asian Perspectives* 60(2). 2021.

Smith, David. *The Dance of Siva: Religion, Art and Poetry in South India*. Cambridge. 1996.

Srinivasan, Sharada. 'Dating the Nataraja Dance Icon: Technical Insights' in *Marg* 52(4). 2001.

4 德干苏丹国、莫卧儿帝国与拉杰普特王国

Ahluwalia, Roda. *Rajput Painting. Romantic, Divine and Courtly Art from India*. London. 2008.

Akbarnia, L. et al. *The Islamic World. A History in Objects*. London. 2018.

Asher, Catherine B. *Architecture of Mughal India*. Cambridge. 1995.

Brigitte, Nicholas and Jacqueline Jacqué. *Féerie indienne. Des rivages de l'Inde au Royaume de France*. Mulhouse. 2008.

Brownrigg, Henry. *Betel Cutters from the Samuel Eilenberg Collection*. London. 1991.

Canby, Sheila (ed.). *Humayun's Garden Party. Princes of the House of Timur and Early Mughal Painting*. Bombay. 1994.

Crill, Rosemary. *Marwar Painting. A History of the Jodhpur Style*. Mumbai. 1999.

Diamond, Debra (ed.) *Garden and Cosmos. The Royal Paintings of Jodhpur*. London. 2009.

Dimock, Edward C. *The Place of the Hidden Moon. Erotic Mysticism in the Vaisnava-Sahajiya Cult of Bengal*. Chicago. 1966.

Elgood, Robert. *Hindu Arms and Ritual: Arms and Armour from India 1400–1865*. Ahmedabad. 2004.

Glynn, Catherine, Robert Skelton and Anna L. Dallapiccola. *Ragamala. Paintings from India from the Claudio Moscatelli Collection*. London. 2011.

Gopal, Ram and Serozh Dadachanji. *Indian Dancing*. London. 1951.

Haidar, Navina Najat, Marika Sardar, et al. *Sultans of Deccan India, 1500–1700. Opulence and Fantasy*. New York. 2015

Koch, Ebba. *The Complete Taj Mahal and the Riverfront Gardens of Agra*. London. 2012.

Losty, J. P. and Malini Roy. *Mughal India. Art, Culture and Empire*. London. 2012.

MacGregor, Arthur. *Company Curiosities. Nature, Culture and the East India Company, 1600–1874*. London. 2018

Michell, George (ed.). *The Islamic Heritage of Bengal*. Paris. 1984

Michell, George. *Architecture and Art of Southern India: Vijayanagara and the Successor States 1350–1750*. Cambridge. 1995.

Michell, George and Mark Zebrowski. *Architecture and Art of the Deccan Sultanates*. Cambridge. 1999.

Mittal, Jagdish. *Deccani Scroll Paintings in the Jagdish and Kamla Mittal Museum of Indian Art*. Hyderabad. 2014.

Porter, Venetia. *Islamic Tiles*. London. 1995.

Shokoohy, Mehrdad. *Muslim Architecture of South India*. London and New York. 2003.

Skelton, Robert (ed.) *The Indian Heritage. Court Life and Arts under Mughal Rule*. London. 1982.

Stronge, Susan. *Bidri Ware. Inlaid Metalwork from India*. London. 1985.

Topsfield, Andrew. *Paintings from Rajasthan in the National Gallery of Victoria*. Melbourne. 1980.

Zebrowski, Mark. *Deccani Painting*. London. 1983.

Zebrowski, Mark. *Gold, Silver and Bronze from Mughal India*. London. 1997.

5 印度的欧洲人和英国人

Archer, Mildred. *Company paintings. Indian Paintings of the British Period.* London. 1992.

Bayly, C. A. (ed.). *The Raj. India and the British 1600–1947.* London. 1990.

Coomaraswamy, Ananda K. *Medieval Sinhalese Art* (2nd ed.). New York. 1956

Crill, Rosemary. *Indian Embroidery.* London. 1991.

Dallapiccola, Anna L. *South Indian Paintings. A catalogue of the British Museum Collection.* London. 2010.

Dallapiccola, Anna L. *Kalamkari Temple Hangings.* Ahmedabad and London. 2015.

Dalrymple, W. (ed.). *Forgotten Masters. Indian Painting for the East India Company.* London. 2019.

Goswamy, B. N. *Nainsukh of Guler, a Great Painter from a Small Hill State.* Zürich. 1997.

Kwon, Charlotte and Tim McLaughlin. *Textiles of the Banjara: Cloth and Culture of a Wandering Tribe.* London. 2016.

Llewellyn-Jones, Rosie (ed.). *Lucknow. Then and Now.* Mumbai. 2003.

Mallebrein, Cornelia. *Die Anderen Götter. Volks- und Stammesbronzen aus Indien.* Köln. 1993.

Mallebrein, Cornelia and Heinrich von Stietencron. *The Divine Play on Earth. Religious Aesthetics and Ritual in Orissa, India.* Heidelberg. 2008.

Markel, Stephen with Tushara Bindu Gude. *India's Fabled City. The Art of Courtly Lucknow.* Los Angeles. 2010.

Noble, Christina. *At Home in the Himalayas.* London. 1991.

Noltie, H. J. *Botanical Art from India. The Royal Botanic Garden Edinburgh Collection.* Edinburgh. 2017.

Noltie, H. J. 'Moochies, Gudigars and other Chitrakars: Their Contribution to 19th-Century Botanical Art and Science' in *The Weight of a Petal: Ars Botanica.* Mumbai. 2018.

Noltie, H. J. 'Indian Export Art? The botanical drawings' in Dalrymple, W. (ed.). London. 2019.

Skelton, Robert and Mark Francis (eds.). *Arts of Bengal. The Heritage of Bangladesh and Eastern India.* London. 1979.

Stewart, Tony K. *Witness to Marvels. Sufism and Literary Imagination.* Oakland. 2019.

Stronge, Susan (ed.). *The Arts of the Sikh Kingdoms.* London. 1999.

Stronge, Susan. *Tipu's Tigers.* London. 2009.

6 殖民地、独立与现代时期的印度

Alam, Shahidul. *My Journey as a Witness.* Turin. 2011.

van Banning, Nicky, Shanay Jhaveri, and Stephan Sanders. *Lionel Wendt. Ceylon.* Amsterdam. 2017.

Blackburn, Stuart. *Himalayan Tribal Tales. Oral Tradition and Culture in the Apatani Valley.* Leiden. 2008.

Craske, Oliver. *Indian Sun. The Life and Music of Ravi Shankar.* London. 2020.

Dadi, Iftikhar (ed.). *Anwar Jalal Shemza.* London. 2015.

Dallapiccola, Anna L. *Reverse Glass Painting in India.* New Delhi. 2017.

Dalmia, Yashodhara. *Painted World of the Warlis: Art and Ritual of the Warli Tribes of Maharashtra.* New Delhi. 1988.

Datta, Sona. *Urban Patua. The Art of Jamini Roy.* Mumbai. 2010.

Dehejia, Vidya (ed.). *Delight in Design. Indian Silver for the Raj.* Ahmedabad. 2008.

Dewan, Deepali and Deborah Hutton. *Raja Deen Dayal. Artist-Photographer in 19th-Century India.* New Delhi. 2013.

Dutta, Krishna and Andrew Robinson. *Rabindranath Tagore. The Myriad-minded Man.* London. 1996.

Dwyer, Rachel and Divia Patel. *Cinema India. The Visual Culture of Hindi Film.* London. 2002.

Elwin, Verrier. *The Art of the North-East Frontier of India.* Shillong. 1959.

Falconer, John. 'Photography in Nineteenth-Century India' in Bayly, C. (ed.). London. 1990.

Guha, Ramchandra. *India after Gandhi. The History of the World's Largest Democracy.* London. 2007.

Hyman, Timothy. *Bhupen Khakhar.* Bombay and Ahmedabad. 1998.

Jain, Jyotindra (ed.). *Other Masters. Five Contemporary Folk and Tribal Artists of India.* New Delhi. 1998.

Jain, Jyotindra. *Kalighat Painting. Images from a Changing World.* Ahmedabad. 1999.

Jain, Rahul. *Minakar: Spun Gold and Woven Enamel.* New Delhi. 1997.

Javeri, Shanay. *Mrinalini Mukherjee.* New York. 2019.

Jumabhoy, Zehra and Boon Hui Tan. *The Progressive Revolution: Modern Art for a New India.* London. 2018.

Kapur, Geeta, Sabeena Gadihoke and Christopher Pinney. *Where Three Dreams Cross. 150 Years of Photography from India, Pakistan and Bangladesh.* London. 2010.

Malani, Nalini. *Can You Hear Me?* London. 2021.

Mason, Darielle (ed.). *Kantha. The Embroidered Quilts of Bengal.* Philadelphia. 2010.

Mehra, Mona (compiler). *Foy Nissen. The Quiet Genius.* Mumbai. 2017.

Mitter, Partha. *Art and Nationalism in Colonial India 1850–1922. Occidental orientations.* Cambridge. 1994.

Mitter, Partha. *The Triumph of Modernism. Indian Artists and the Avant-garde.* London. 2007.

Mohanti, Prafulla. *Shunya. Prafulla Mohanti Paintings.* London. 2012.

Neumayer, Erwin and Christine Schelberger. *Popular Indian Art. Raja Ravi Varma and the Printed Gods of India.* Oxford. 2003.

Oppitz, Michael, Thomas Kaiser, Alban von Stockhausen, Rebekka Sutter and Marion Wettstein. *Naga Identities. Changing Local Cultures in the Northeast of India.* Ghent. 2008.

Robinson, Andrew. *The Art of Rabindranath Tagore.* London. 1989.

Robinson, Andrew. *Satyajit Ray. The Inner Eye* (3rd ed.). London. 2021.

Sheikh, Gulammohammed (ed.). *Contemporary Art in Baroda.* New Delhi. 1997.

Sunish, Lina Vincent. *Between the Lines: Identity, Place and Power.* Chicago. 2012.

Taylor, Roger and Crispin Branfoot. *Captain Linnaeus Tripe. Photographer of India and Burma, 1852–1860.* Munich. 2015.

Tonelli, Edith A. and Lee Mullican (eds.). *Neo-tantra. Contemporary Indian Painting Inspired by Tradition.* Los Angeles. 1985.

Weeraratne, Neville. *43 Group. A Chronicle of Fifty Years in the Art of Sri Lanka.* Melbourne. 1993.

Willcox, Timothy (ed.). *Pakistan. Another Vision. Fifty years of painting and sculpture from Pakistan.* London. 2000.

致谢

本书为配合大英博物馆南亚新展厅开幕而作。该展厅由约瑟夫·霍东爵士慈善基金慷慨资助,并由伊丽莎白二世女王于 2017 年 11 月启幕。书中出现的内容既反映了新展厅,也反映了作者本人对南亚历史的特别关注。

博物馆藏品所涵盖的宏大时间和空间范畴意味着本书必然力有未逮。另外,新冠疫情也为制作手稿带来了挑战。因此,我请求了许多人的帮助,有些人阅读了书中的部分内容,还有些人慷慨地提供我无法获得的信息。关于大英博物馆的工作人员,我很感谢简·波特尔(亚洲部保管员);还有我的策展同事亚历山德拉·格林、霍吉淑、苏什玛·詹萨里、伊玛·拉莫斯和迈克尔·威利斯。我很高兴能感谢苏菲·索朗德吉,如果没有她,本书中的图片就无法汇总;我欠她一个特别的人情。另外,前同事丹妮拉·德·西蒙尼(目前工作于根特大学)在考古和其他方面都给予了极大的帮助。在这个部门,我还要感谢西蒙·普伦蒂斯和其他工作人员,保罗·奇恩赛德、斯蒂芬妮·理查森、露西·罗梅里尔、达里尔·塔平、本·沃茨,还有内森·哈里森。米卡·本杰明—曼尼克斯和考特尼·洛韦尔很好地提供了行政支持。关于博物馆的其他部门,我要感谢菲利普·阿特伍德、罗伯特·布莱西、乔·克里布、维斯塔·萨克霍什、柯蒂斯、伊丽莎白·厄林顿、欧文·芬克尔、伊莫金·莱恩、维尼蒂亚·波特、罗伯塔·汤伯、海伦·王、莎拉·沃森、海伦·沃尔夫和埃文·约克提供的建议。关于摄影,我特别感谢凯文·洛夫洛克和约翰·威廉姆斯,还有大卫·阿加、斯蒂芬·多德、乔安·费尔南德斯、杜德利·哈伯德、克劳迪奥·马里、索尔·佩卡姆和麦克·罗。我还要感谢博物馆的安保人员。最后,虽然马乔里·凯吉尔已经退休,但她仍然是博物馆历史的一个重要信息来源,要对她表示特别感谢。

博物馆的出版团队确保了文本得以最终撰写,我对克劳迪娅·布洛赫、贝瑟尼·霍姆斯,特别是凯瑟琳·布卢姆菲尔德心存感激。泰晤士与哈德逊出版社的菲利普·沃森、苏珊娜·英格拉姆和苏珊娜·劳森一直给予我支持。我还要感谢本·普拉姆里奇作为文字编辑所做的出色工作,以及为本书进行校对的安贾里·布利;最后 —— 但绝非最不重要 —— 我还要感谢设计师阿夫尼·帕特尔。

那些为本书提供图片并慷慨提供建议的人,包括托马斯·安东尼、安娜·达拉皮科拉、纳西姆·汗、科内利亚·马勒布雷因、香提·帕普、阿努什卡·香卡、苏坎亚·香卡、迪克康、普伦、佩皮塔、塞思和兰托·辛格。我对他们表示感激。

我特别感谢电影史学家纳斯林·蒙尼·卡比尔,她使我能够将有关印度电影和音乐的物品纳入博物馆收藏。另外,在英国、欧洲大陆、美国和南亚,我还要感谢以下人士:罗达·阿鲁瓦利亚、尼克·巴纳德、斯图尔特·布莱克本、梅赫林·奇达–拉兹维、奥利弗·克拉斯克格、罗斯玛丽·克里尔、史蒂芬·科恩、索纳·达塔、安·戴维、拉詹·多拉赫阿瑟·达夫、古鲁·杜特的家人、罗伯特·弗莱肯伯、罗伯特·哈丁、赛福·伊斯兰、拉兹·卡普尔的家人、梅赫布·汗的家人、努罗尔·汗、罗西·卢埃林–琼斯、小唐纳德·S. 洛佩兹、克里斯蒂安·卢卡尼茨、阿瑟·麦克格雷戈、皮乌斯·马拉坎达蒂尔神父、乔治·米歇尔、伐由·奈杜、克里斯蒂娜·诺贝尔、亨利·诺尔蒂、已故的格雷厄姆·帕莱特、海伦·菲隆、克里斯托弗·平尼、桑迪普·雷、纳斯林·拉赫曼、比马尔·罗伊的家人、斯内尔·沙阿、迈赫达德、萧库希、N. 西瓦桑布、莎罗达·斯里尼瓦桑、托尼·斯图尔特、理查德·威德斯、迈克尔·伍德和秦莫逆。

所有尚存的错误或不准确的地方都归咎于我。

版权说明

我们要感谢版权所有者允许使用图片。我们已尽力追踪本书中受版权保护的图像的准确所有权。如发现任何错误或遗漏，请您通知我们，我们会在后续版本中进行纠正。

索引

图书在版编目（CIP）数据

大英博物馆印度次大陆简史 / (英) T. 理查德·布
勒顿 (T. Richard Blurton) 著；杨怡爽译. -- 北京：
社会科学文献出版社, 2023.12
　　书名原文: India：A History in Objects
　　ISBN 978-7-5228-2143-6

　　I. ①大…　II. ①T…　②杨…　III. ①文化史-印度
IV. ①K351.03

　　中国国家版本馆CIP数据核字（2023）第156815号

大英博物馆印度次大陆简史

著　　者 / ［英］T. 理查德·布勒顿（T. Richard Blurton）
译　　者 / 杨怡爽

出 版 人 / 冀祥德
责任编辑 / 王　雪　杨　轩
责任印制 / 王京美

出　　版 / 社会科学文献出版社（010）59367069
　　　　　　地址：北京市北三环中路甲29号院华龙大厦　邮编：100029
　　　　　　网址：www.ssap.com.cn
发　　行 / 社会科学文献出版社（010）59367028
印　　装 / 北京利丰雅高长城印刷有限公司

规　　格 / 开　本：787mm×1092mm 1/16
　　　　　　印　张：20.5　字　数：295千字
版　　次 / 2023年12月第1版　2023年12月第1次印刷
书　　号 / ISBN 978-7-5228-2143-6
著作权合同
登 记 号 / 图字01-2022-5876号
审 图 号 / GS（2023）1162号
定　　价 / 168.00元

读者服务电话：4008918866